中文社会科学引文索引（CSSCI）来源集刊
中国人文社会科学期刊综合评价（AMI）核心集刊
中国经济史学会会刊

中国经济史评论

2023年第3辑
（总第21辑）

CHINA
ECONOMIC
HISTORY
REVIEW

主　　编／魏明孔　戴建兵
执行主编／隋福民

社会科学文献出版社
SSAP
SOCIAL SCIENCES ACADEMIC PRESS (CHINA)

主办： 中国经济史学会

河北师范大学历史文化学院

《河北师范大学学报》编辑部

目　录

专题研究

学术反思

晚清浙东厘金的征收与报解

——以英德续款为中心的考察

孙　健*

摘　要：甲午战后，清廷为筹措对日赔款先后三次举债，英德续款为其中最后一次。本文对英德续款抵押所涉浙东货厘进行了梳理，关注浙东厘金基层征收中的货币问题，并以英德续款抵押中浙东厘金“征收—报解”为切入点，分析厘金款项货币兑收的区域特性。征收特殊性主要体现在两方面：一是基层征收过程中货币类型与清廷所掌握的数字存在差异，制钱在基层市场流通中具有广泛性；二是厘金征收过程中官方执行的各类货币的兑换比例与市场不同，将“以钱代银”纳厘的税率提高了3%左右。英德续款抵押中浙东厘金报解，展现出晚清官方对以钱庄为代表的民间金融机构的利用，揭示了银钱货币体系下，在厘金作为外债抵押被汇往外商银行的过程中官府和民间金融机构的深层交往。

关键词：清末；浙东；厘金；英德续款

征收厘金最初是筹措镇压太平天国运动军费的临时方法，后厘金逐渐演变为内地固定的商业税收，在晚清官方收入中的地位日益重要。专题研究方面，学人已有丰硕成果。日本学者吉田虎雄、金子隆三、木村增太郎、井出季和太及中国学者杨烈、王振先对厘金进行了开拓性研究。① 罗玉东对厘金的起源发展、收支概况及各省厘金进行了系统梳理。② 何烈关

* 孙健，男，河南鹤壁人，中国社会科学院经济研究所博士后，研究方向为中国近代经济史。

① 参见吉田虎雄『支那関税及釐金制度』、北文館、1915；金子隆三『支那出張復命書』二、大蔵省、1918；木村増太郎『東亜事情彙報』第4号『支那の釐金制度』、大倉高等商業学校東亜事情研究会、1926；井出季和太『支那内国関税制度』其3『釐金』、南支那及南洋調査第176、203号、台湾総督府総督官房調査課、1932；杨烈《常关厘金新编》，中华印刷局，1924；王振先《中国厘金问题》，商务印书馆，1927。另可参见陈锋《20世纪的晚清财政史研究》，《近代史研究》2004年第1期。

② 罗玉东：《中国厘金史》，商务印书馆，1936。

注厘金流弊、财权下移、裁厘加税、人事制度等问题，对厘金进行宏观的综合考察。[①] 周育民、任智勇等在前人研究的基础上对厘金创办等重要问题进行了修正。[②] 郑备军讨论了厘金转嫁、归宿效应，以此为基础论述厘金制度变迁背后中央与地方的博弈关系。[③] 徐毅以江苏省为研究区域，将“趋势史”与“事件史”相结合，梳理厘金制度推广过程中利益集团间的关系，分析其对厘金制度推行的影响。[④] 具体到浙江厘金研究，侯鹏对浙江厘金的创办及其与地方商品市场的关系进行了多维度考察。[⑤] 熊昌锟对浙江主要厘金类型的开征时间、收支数量以及货币结构进行了分析。[⑥] 学人在厘金制度起源和发展、制度变迁及其系统性梳理、制度运行区域特色及重要人物、大宗市场的税制反馈等方面取得了重要进展。由于近代市场的分层发展、多样化的货币使用，百货市场作为厘金的重要税源，体现了地方细分市场的内容。[⑦] 税收中的货币结构，相当程度上表明了细分市场中货币的流通情况。大宗商品缴纳厘金的货币与百货并不相同，其价格的重要支撑也来自不同货币的市场价值。不同货币报解时，则各有应对。因而，在厘金税制衍生问题上，仍有讨论空间。

甲午战后，清廷为筹措对日赔款先后三次举债，英德续款为其中最后一次，由于海关收入抵押不足涉及地方厘金，其颇显特殊。浙东货厘占此项抵押的20%。[⑧] 现阶段有关英德续款的研究，一般着重细节勾陈与三次举债之后晚清政局的重大变化，以及抵押中重要官员对税源交涉的讨论，但对债务摊还过程中的技术环节和衍生影响关注不多。[⑨] 本文主要利用旧

---

① 何烈：《厘金制度新探》，台北：私立东吴大学，1972。

② 周育民：《清末〈各省厘金创办年月及人名表〉的订正与评议》，《上海师范大学学报》（哲学社会科学版）2008年第2期；任智勇、水海刚：《厘金起源脞考》，《中国经济史研究》2022年第3期。

③ 郑备军：《中国近代厘金制度研究》，中国财政经济出版社，2004。

④ 徐毅：《江苏厘金制度研究：1853—1911年》，上海财经大学出版社，2009。

⑤ 侯鹏：《晚清浙江丝茧厘金与地方丝茧市场》，《史林》2009年第5期；侯鹏：《晚清浙江棉花市场与厘金征收》，《兰州学刊》2013年第5期；侯鹏：《晚清浙江茶叶市场与厘金征收》，《苏州科技学院学报》（社会科学版）2013年第5期；侯鹏：《晚清浙江厘金制度与地方商品市场》，《清史研究》2013年第1期。

⑥ 熊昌锟：《近代宁波的洋银流入与货币结构》，《中国经济史研究》2017年第6期；熊昌锟：《晚清浙江厘金的开征及收支结构》，《清史研究》2019年第5期。

⑦ 〔日〕滨下武志：《中国近代经济史研究：清末海关财政与通商口岸市场圈》，高淑娟、孙彬译，江苏人民出版社，2006，第407页。

⑧ 王铁崖编《中外旧约章汇编》第1册，生活·读书·新知三联书店，1957，第735页。

⑨ 卢汉超：《赫德传》，上海人民出版社，1986，第233~239页；汪敬虞：《赫德与近代中西关系》，人民出版社，1987，第267~276页；戴一峰：《近代中国海关与（转下页注）

海关出版物、浙江省档案馆所藏海关档案等材料，关注浙东厘金基层征收中的货币问题。并以此为切入点，在以海关为代表的“外力”介入条件下，论述浙东货厘作为抵押在报解过程中的细节，进而分析厘金款项货币兑收的区域特殊性。不当之处，祈请方家斧正。

一　英德续款成立与浙东货厘抵押

浙东货厘是英德续款的重要抵押物。光绪二十四年（1898）正月，总理衙门所奏《总署奏续借英德商款订立合同以税厘作抵折　附合同》，在陆续提付日本赔款及威海军费7759万余两后，财政仅余银300多万两。日本赔款尚欠7250万两，如不续借款项照约于二年之内将赔款全数还清，“已付之息不能扣回，威海之军不能早撤，中国受亏甚巨”。[①] 清廷若能在1898年5月8日前偿清赔款，总计可省息银1000多万两及驻威海卫的军费150万两，这对当时财政困顿的清廷来说十分重要，亦是英德续款签订的重要背景。[②]

在筹措经费的现实条件下，清廷对已掌握的收入应对各类开支已达极限，“各关关税每年约收二千一二百万两，内提出使经费、各关经费、船钞等项，并提还以前借款本息，所余无多，不敷抵借”；盐课、地丁虽有着落，然均系每岁正供，不宜作抵。通盘筹算，总理衙门最终选择将“苏州、松沪、九江、浙东等处货厘，宜昌及鄂岸盐厘，照广东六厂办法，札派总税务司赫德代征，以便按期拨付本息，不致迟误。此项货厘、盐厘每年约征银五百万两，抵偿借款，当可取信洋商，而他国不致有所借口”。[③]

罗玉东在《中国厘金史》中称：“光绪二十四年（1898）英德借款，

（接上页注⑨）中国财政》，厦门大学出版社，1993，第207～216页；许毅等：《清代外债史论》，中国财政经济出版社，1996，第413～452页；马陵合：《晚清外债史研究》，复旦大学出版社，2005，第85～124页；马金华：《外债与晚清政局》，社会科学文献出版社，2011，第119～159页；张志勇：《赫德与英德续借款》，《江苏社会科学》2014年第4期；马忠文：《张荫桓与英德续借款》，《近代史研究》2015年第3期；王静雅：《清末财政纾困筹策失败探析》，《历史研究》2022年第2期。

① 《总署奏续借英德商款订立合同以税厘作抵折　附合同》，王彦威、王亮辑编《清季外交史料》第5册，李育民、刘利民、李传斌、伍成泉点校整理，湖南师范大学出版社，2015，第2541页。

② 《马关新约》（光绪二十一年三月二十三日），王铁崖编《中外旧约章汇编》第1册，第614～619页。

③ 《总署奏续借英德商款订立合同以税厘作抵折　附合同》，王彦威、王亮辑编《清季外交史料》第5册，第2541页。

清廷拨苏沪、浙东、九江等处厘金作为抵押，并由海关代征，其后虽无长久代征，但对于此数处厘金已做过详细调查。"[①]但厘金所负担的外债抵押，并不仅此一事。晚清用以归还外债的各省厘金抵押共计8种，俄法借款、英德借款、英德续款是甲午战争后对日赔款的主体。[②] 这些款项导致了此前不曾出现的后果，即"债务市场在中国首次变得十分重要。清政府无法从现有的税收中获得足够的经费，所以只得向国际银行财团申请了三笔大的贷款"。[③] 借款的前提就是担保，由于海关自身较为详细和公开的组织结构，其也为外界所信任。如《辛丑条约》规定，中国需要向各国赔款共计4亿5000万两白银，按4%年息，分39年还清。为偿还赔款，条约规定以海关税、常关税和盐政收入作担保，并规定"在各通商口岸之常关，均归海关管理"。[④] 但这些抵押基本以海关所管辖业务为中心。英德续款较为特殊，通过此次借款抵押，海关总税务司试图全面介入地方的财政收入管理工作。海关关注的税源不仅包括常关，还包括地方征收的厘金。

马忠文认为，英德续款抵押商谈过程中张荫桓和李鸿章出于各自的政治考量，曾对不同的借款源各有偏向，但最后张荫桓和赫德进行合作，通过汇丰银行和德华银行落实了款项。[⑤] 赫德在和驻伦敦办事处税务司金登干的往来电文中也明确指出："作为借款担保的厘金，由海关代征。"[⑥] 在这个过程中，赫德也尽力扩大海关的影响力，他与金登干1898年2月20日的通信称："1600万镑借款草合同已签字，我得到总理衙门的同意，由我管理厘金和盐税，以每年500万两的收入作为借款担保，并允将来扩大管理范围。"[⑦] 但同时，赫德也表示"管理厘金不是一件好玩的事，尤其是因为各省当局都会反对。但是这样就可以开始改革财政，这是我一直希望经办的事——现在才交给我管，可能已经太晚了"。[⑧]

---

① 罗玉东：《中国厘金史》，第177页。

② 厘金所负担的8种外债抵押分别为西征洋款、台湾事变借款、汇丰镑款、克萨镑款、瑞记洋款、俄法借款、英德借款、英德续款。参见罗玉东《中国厘金史》，第206~208页。

③ 〔英〕方德万：《潮来潮去：海关与中国现代性的全球起源》，姚永超、蔡维屏译，山西人民出版社，2017，第175页。

④ 王铁崖编《中外旧约章汇编》第1册，第1006页。

⑤ 马忠文：《张荫桓与英德续借款》，《近代史研究》2015年第3期。

⑥ 中国近代经济史资料丛刊编辑委员会主编《中国海关与英德续借款》，中华书局，1983，第38页。

⑦ 中国第二历史档案馆、中国社会科学院近代史研究所合编《中国海关密档——赫德、金登干函电汇编（1874—1907）》第9卷，中华书局，1996，第177页。

⑧ 中国第二历史档案馆、中国社会科学院近代史研究所合编《中国海关密档——赫德、金登干函电汇编（1874—1907）》第6卷，中华书局，1995，第807页。

《中外旧约章汇编》载，《英德续借款合同》于光绪二十四年二月初九日，即1898年3月1日，由总理各国事务衙门在北京代中国向汇丰银行及德华银行代德英银行总会订立。[①] 经赫德与该行往复商论，该项商款4厘5利息，总额1600万镑，合库平银1亿两，借款定为45年还清本银，每年付还115230镑，加上利息则合每年72万镑，即每月应还本利69602镑13先令4便士，由中国国家付还汇丰银行暨德华银行上海分行等，均分各半，"付还之数目、日期，按另备单内所开办理。按此单日期付还之项，照上海银两合算，以便该行等预备金钱，每一镑合银若干两，应与该两银行等同日商办"。此外，此项付还本利经手人的费用，计每400镑另加费用1镑，合每年金镑约2086镑1先令8便士，应由中国交付该银行等，按另备单内所开日期办理。[②]

关于英德续款当中厘金抵押的详细情况，《中国海关与英德续借款》一书的附录《关于英德借款和有关厘金问题的文件》，对整个借款抵押过程及总税务司和总理衙门之间关于抵押交涉的情况进行了梳理。[③] 英德续款合同第六款则首次出现厘金抵押款项情形的内容，"此一千六百万镑之借款，除以前抵税所借未还之款仍应先为偿还外，全应以中国通商各关之洋税并后开之各项厘金，尽先为抵偿还"。所抵押各处厘金，共银500万两，其中包括苏州货厘约80万两、淞沪货厘约120万两、九江货厘约20万两、浙东货厘约100万两、宜昌盐厘约100万两、鄂岸盐厘约50万两、皖岸盐厘约30万两，均计划派委总税务司代征。[④]

二　浙东货厘的征收情况

据罗玉东的研究，浙江厘金制度的创行为同治元年（1862）左宗棠在衢州设牙厘总局，征收盐茶厘税，随后渐次推行于浙东各地。[⑤] 清廷克复浙江全省后共设8府局，即嘉兴、湖州、绍兴、宁波、台州、衢州、温州、

---

① 王铁崖编《中外旧约章汇编》第1册，第733～738页。

② 关于英德续款收支情形的具体状况，参见王铁崖编《中外旧约章汇编》第1册，第734页。

③ 中国近代经济史资料丛刊编辑委员会主编《中国海关与英德续借款》，第45～60页。

④ 王铁崖编《中外旧约章汇编》第1册，第735页。

⑤ 罗玉东：《中国厘金史》，第253页。熊昌锟修正了这一观点，浙省厘金于咸丰四年（1854）开始收取丝捐，咸丰五年五月征收茶捐，同治三年（1864）左宗棠在杭州设置厘捐总局，重新在浙省各府征收丝捐、茶捐等厘金，因而经历了开征—迁移—复征等过程。参见熊昌锟《晚清浙江厘金的开征及收支结构》，《清史研究》2019年第5期。

处州。此外，浙省百货厘金税率存在地区差别。浙东百货厘金税率为9%，浙西为4.5%，浙东是浙西的2倍。同时，“正厘而外，尚有二项附款，一为善举，一为储备公款。此两款皆随验捐抽收，浙西仅抽验捐一道，计收善举及储备公款各0.5%，浙东收两道，善举及储备公款每道各收0.25%，两道合计亦各收0.5%。正附合计，浙东货厘税率为10%（正厘9%，附款共1%），浙西为5.5%（正厘4.5%，两附款1%）”。[①] 海关报告所载厘金情形与中文史料稍有差异。[②] 海关方面的调查资料记载则相对粗略，只录有“起”“验”两费，一起税率3%，一验税率2%。浙东百货厘金为两起两验，相加后税率为10%。部分厘卡以验单作凭，货物可相应免税。较短路线上，有时省略一次验捐，相应税率为8%，而非10%。[③] 这一点在《浙省新定筹饷百货捐厘章程》《浙江通志·厘金门稿》等文献中得以验证。[④] 就征收机构而言，浙东厘金局大致可以体现为“省局—府局—正卡—分卡”4个层级。[⑤] 正卡以下由分卡开展具体的征收工作，但征收数字一般只反映到正卡一级。[⑥]

浙东厘金征收的特殊性主要体现在两方面：一是基层征收过程中货币类型与清廷所掌握的数字存在差异；二是厘金征收过程中官方执行的不同货币的兑换比例与市场存在差异。这两方面的差异所带来的影响有所不同，基层征收所得货币结构与清廷掌握的数字区别，表明了货币使用结构的差异；厘金征收过程中各类货币的兑换比例与市场兑换比例的差异，直接对厘金的实际税率产生了影响。下文笔者对浙东厘金征收过程中这两种较为特殊的情况分别论述。

---

① 罗玉东：《中国厘金史》，第254～255页。

② 清廷将7处地方厘金作为英德续款的抵押，划归海关代管偿还，浙东即是其中之一。海关即对浙东厘金征收进行了调查，旧海关出版物《九江、苏州和杭州的厘金征收》(Working of Likin Collectorates：Kiukiang，Soochow，and Hangchow）浙东部分，便是杭州关厘金副税务司向总税务司的报告。旧海关出版物分为第一类统计系列（statistical series）、第二类特种系列（special series）、第三类杂项系列（miscellaneous series）、第四类关务系列（service series）、第五类官署系列（office series）、第六类总署系列（inspectorate series）、第七类邮政系列（postal series）、他类之书8大系列。《九江、苏州和杭州的厘金征收》为第五类官署系列88号，下文简称为官署系列88号。

③ 官署系列88号，第135～136页。

④ 《浙省新定筹饷百货捐厘章程》，《国家图书馆藏清代税收税务档案史料汇编》第59册，全国图书馆文献缩微复制中心，2008，第29163～29166页。

⑤ 顾家相纂修《浙江通志·厘金门稿》卷上，1919年铅印本，第8页。

⑥ 官署系列88号，第145页。

（一）浙东厘金基层征收的货币类型

浙东征收办法中规定了几种主要的厘金货币类型。一般而言，茶厘缴银锭，茧厘缴银元，百货厘缴制钱。熊昌锟根据重新整理的档案资料中的浙省厘金收支原数做的考证，认为清末浙江百货厘金中银锭所占比重最大，占总数的 48.26%；制钱次之，占总数的 28.37%；洋银所占份额最小，占总数的 23.37%。“在丝捐的收项中，几乎全是洋银，仅有少量制钱，银锭几可忽略不计。”茶厘主要收项是银锭，“洋银和制钱的数额极小”。[①] 这些数据基本是根据浙省地方向清廷奏报汇合而得，但在基层征收中，货币类型的使用往往并不与奏报体现的形式相统一，这与银钱并行的货币体系内白银与制钱需求层次差异紧密相关。

中国传统时代银钱并行的货币体系，“一方面是各方参与人策略互动、共同确认的结果，另一方面也是中国历史上长期沿用的货币制度与惯例决定”。[②] 在银钱并行的货币体系内，白银与制钱分别满足的是不同层次的市场需求，其职能和作用不能互相替代。[③] 反映在厘金征收过程中，基层市场的贸易开展的货币载体，大宗商品如丝、茶体现为银锭与银元；种类繁多的零星百货由广大民众转运，其税收支付载体主要是制钱。清末铜元开始兴起，基层市场中不仅使用制钱，铜元也扮演了重要角色。厘金税款中有制钱而无铜元，这与制钱实值重于名价有关，以制钱改铸铜元颇有余利。[④]

---

① 熊昌锟：《晚清浙江厘金的开征及收支结构》，《清史研究》2019 年第 5 期，第 126 页。

② 燕红忠：《中国的货币金融体系（1600—1949）——基于经济运行与经济近代化的研究》，中国人民大学出版社，2012，“序”第 2 页。

③ 燕红忠：《中国的货币金融体系（1600—1949）——基于经济运行与经济近代化的研究》，第 65 页。

④ 19 世纪末 20 世纪初，因国内制钱实值已超过名价，销毁了很多制钱，以致货币大感缺乏，清廷财政拮据，已无力再铸制钱。光绪二十六年（1900）广东铸行“光绪元宝”铜元，重 2 钱，每枚当制钱 10 文，和制钱平行流通，颇受社会欢迎，其后清政府下令沿江各省仿造。浙江省遂于光绪二十九年（1903）在杭州报国寺旧军装局制造毛瑟枪子场内设铜元局，并于光绪三十一年（1905）在西大街宝浙局旧址增设铜元分局，开铸“光绪元宝”铜元，后因清政府整理币制，面文改“光绪元宝”为“大清铜币”。浙江省铸造的铜元，中间有一“浙”字，俗称“中心浙”。不久铜元局被裁撤，“总厂三十二年十二月底停铸，分厂三十一年年底停铸，共折合当十铜元 821017384 枚”。参见浙江金融志编纂委员会编《浙江金融志》，中国金融出版社，1990，第 19 页；中国人民银行总行参事室金融史料组编《中国近代货币史资料》第 1 辑下册，中华书局，1964，第 921 页；王显国、李延祥《清末铜元余利及其影响》，《中国科技史杂志》2016 年第 3 期；方前移《近代长江口岸市场铜元套利现象研究——基于旧海关资料的分析》，《历史教学》2019 年第 2 期；等等。

故厘捐章程中除银两、银元外，只收制钱，而无铜元。《浙江捐厘新章》称："查百货厘金均系钱款，应照章统收一律通足制钱，如茶厘洋药等捐定章，系收银款，按章程核收足色库平纹银，以杜银水低昂搀和短少之弊。"[①]《浙省新定筹饷百货捐厘章程》载："厘捐钱文应通饬各局一律收钱也。查各处厘局或有钱洋并收者，非高抬洋价，即搀杂低洋，流弊渐多。此后应通饬各厘局一律收钱，如抽收畅旺，钱数较多者应随时禀请总局察访时价，斟酌分易批解，以省解费且便放用。"[②] 以上章程中，开列绸缎绫罗羽呢类、绣货类、皮货类、布匹类、锡箔纸札类、铜铁铅锡类、瓷器类、食物类、药材类、竹木类、油类、杂货类等12大类，所规定起验的货币均为制钱。[③] 按海关册记录，光绪二十三年（1897），浙东五府厘金局卡百货厘金部分收支情况如表1所示。

绍兴、宁波、台州、温州、处州浙东五府局百货厘金收入为制钱、银元和银两三种，三者分别为661483331文、199804.748元、121824.442两，按照海关册记载，当时温州府局市场汇率洋钱和银钱兑换价格分别为925文和1395文，[④] 制钱、银元和银两三者占收入的比例分别为65.09%、18.19%和16.72%，制钱所占比重最大。这与熊昌锟据官方档案数据所得制钱、银元和银两比例分别为20.73%、42.89%、36.38%有所差别。[⑤] 此外，表1中包含了小南门茶卡、大荆茶卡等部分茶卡银两收入，但不包含丝、茧等大宗商品的情况，因而整体来看，若计入丝、茶、茧等大宗商品，浙东五府局厘金收入的货币结构也会发生相应变化（绍兴府局辖区茧税征收情况见表2）。百货厘金制钱使用的广泛性不可忽视，善举捐和储备公款收入基本也是制钱，二成附加款收入一些银元和银两，但额度不大。就支出项目而言，无论是局员月薪、分局土地租金，还是炮船租金、其他支出等项，全部以制钱形式支付，支出额度约占收入项的3.09%。

虽然百货、丝捐等均规定用一种货币结算，但也允许在折算的基础上用另一种货币代替。如最大宗的百货厘金，多以制钱征解，"厘捐钱文应通饬各局一律收钱也。查各处厘局或有钱洋并收者，非高抬洋价，即掺杂

① 《浙江捐厘新章》，《国家图书馆藏清代税收税务档案史料汇编》第59册，第29015页。

② 《浙省新定筹饷百货捐厘章程》，《国家图书馆藏清代税收税务档案史料汇编》第59册，第29160～29161页。

③ 《浙江捐厘新章》《浙省新定筹饷百货捐厘章程》，《国家图书馆藏清代税收税务档案史料汇编》第59册，第29015、第29160～29161页。

④ 官署系列88号，第158页。

⑤ 熊昌锟：《近代宁波的洋银流入与货币结构》，《中国经济史研究》2017年第6期。

表 1　光绪二十三年（1897）浙东五府局及下辖分卡的收支情况

府局及分卡	收入							支出			
	制钱（文）	银元（元）	银两（两）	其他附加收入				局员月薪（制钱）	分局月租金（制钱）	炮船月租金（制钱）	每年其他支出（制钱）
				善举捐（制钱）	储备公款（制钱）	二成附加款（左银元，右银两）					
绍兴府局	21148226	1241.46	5257.550	—	—	—	—	445800	—	6000	3500000
西兴卡	14104389	—	—	51836	3815616	—	—	241500	24000	3500	217000
闻堰卡	46620000	—	—	4364116	6611517	—	—	270000	29000	6500	460000
义桥卡	85251738	—	316.246	3895037	3895337	—	—	305000	27800	31000	566000
临浦卡	33022517	—	3486.930	934647	8255407	—	—	262500	18000	39000	304000
安昌卡	6179126	75150.06	—	112954	—	—	—	421400	29300	48000	657000
曹娥卡	58382412	103.05	36627.774	2720006	—	—	—	452000	29400	19500	913000
百官卡	7524350	4647.15	—	257981	—	—	—	266000	27200	24000	279280
余姚卡	12383364	50595.04	693.800	663078	—	—	—	370000	11460	19000	830000
宁波府局	6560000	6547.768	2775.652	—	—	—	—	5636000	7000	3000	747870
船货捐卡	74762406	1377.894	—	—	—	45.272	—	306200	29000	14000	918476
洋广卡	10800000	—	54268.418	—	—	—	1267.113	296600	41000	8800	1399200
闽捐卡	1664004	17609.358	—	—	—	—	—	186160	24000	—	446000
北门卡	105550085	—	—	11066853	—	5505.371	—	497000	33900	20500	988000
濠河卡	9167111	—	—	224467	—	47.585	—	169500	13000	6000	216000
镇海卡	12972642	28746.333	11.958	—	—	39.655	—	277900	33000	6000	780000

续表

府局及分卡	收入							支出			
	制钱（文）	银元（元）	银两（两）	其他附加收入				局员月薪（制钱）	分局月租金（制钱）	炮船月租金（制钱）	每年其他支出（制钱）
				善举捐（制钱）	储备公款（制钱）	二成附加款（左银元，右银两）					
蟹浦卡	6169244	13786.635	—	287452	—	—	—	207000	25500	30000	632290
柴桥茶卡	103138	—	502.944	—	—	—	—	86200	10400	—	235200
台州府局	—	—	—	—	—	—	—	197875	—	—	186750
海门卡	27847963	—	255.40	—	—	—	—	257000	21100	37600	132000
西垫卡	5995170	—	85.07	—	—	—	—	195000	10800	—	278400
关岭卡	3375000	—	261.20	—	—	—	—	127500	7800	—	117600
箬里卡	4842971	—	—	—	—	—	—	138500	14200	6000	248500
江厦卡	2163306	—	—	—	—	—	—	91000	10200	—	111600
温州府局	—	—	—	—	—	—	—	274800	14000	—	444000
洋广卡	2400000	—	6272.678	—	—	—	—	263600	4000	—	18400
东门卡	11175203	—	—	—	—	—	—	128400	4800	3000	60000
双门卡	3140503	—	—	—	—	—	—	83800	3000	—	150960
西门卡	29633186	—	—	—	—	—	—	142400	—	—	385800
状元桥卡	2363690	—	—	—	—	—	—	71000	6000	—	86400
瑞安卡	4654609	—	—	—	—	—	—	97800	8700	900	135636
青田卡	19209767	—	160.126	—	—	—	—	156800	3000	—	129600
平阳卡	5435828	—	3647.858	—	—	—	—	157400	10400	3000	276000

续表

府局及分卡	收入							支出			
	制钱（文）	银元（元）	银两（两）	其他附加收入				局员月薪（制钱）	分局月租金（制钱）	炮船月租金（制钱）	每年其他支出（制钱）
				善举捐（制钱）	储备公款（制钱）	二成附加款（左银元，右银两）					
小南门茶卡	—	—	6109.814	—	—	—	—	62000	1500	—	44800
竹屿卡	1066566	—	—	—	—	—	—	49000	3000	—	54000
大荆茶卡	—	—	644.104	—	—	—	—	67000	13000	—	15000
处州府局	—	—	—	—	—	—	—	158700	8000	—	280800
厦河卡	5699903	—	339.78	—	—	—	—	87500	6000	2000	55000
栝苍卡	11055718	—	107.14	—	—	—	—	128100	4000	2400	58040
松阳卡	3001416	—	—	—	—	—	—	59000	4000	—	51820
龙泉卡	6057780	—	—	—	—	—	—	86700	2400	1600	96100
总计	661483331	199804.748	121824.442	24578427	22577877	5637.883	1267.113	13777635	572860	341300	17506522

资料来源：据官署系列 88 号第 196 ~ 201 页制作。

表 2　绍兴府局辖区征收的茧税（未列入表 1）

单位：银元

地区	茧捐	地区	茧捐
诸暨	2696.912	新昌	13262.327
嵊县	62353.987	萧山	28993.334
总计	107306.560		

资料来源：据官署系列 88 号第 137 页制作。

低洋，流弊渐多。此后应通饬各厘局一律收钱”。[①] 但晚清制钱匮乏，一些地方使用银元折价后缴纳，宣统二年（1910）十月，处州商会分会函称，收捐之洋每元只作钱880文。而在征粮时，太邑每元作钱960文，黄邑每元1000文。海门厘卡每元作钱880文，分卡每元860文，关捐每元930文，分关每元910文。而严州所属征粮洋价除桐庐作钱1000文外，建德、淳安、遂安等县概作950文，寿昌、分水仅作910文。[②] 从浙省各地折价的情况来看，制钱相对于银元，具有较高的升水。[③] 银锭同样可以代替制钱缴纳百货厘金，如通过洋广卡的茶厘和百货厘金以银两形式缴纳。[④] 多元化的货币结构与制钱在基层市场中的广泛使用，构成了厘金征收中货币兑换的制度和社会背景。

（二）浙东厘金基层征收的货币兑换

除了上文提及浙东厘金征收的货币状况，在厘金实际征收过程中，缴纳货币有相当大的变通空间。抵达厘卡后，司事、巡丁搜查商船后开列货物清单，书办即对照清单计算相应税厘，若以银元或银两缴厘，商人向书办支付税款即可，若用制钱支付，税厘则缴予巡丁。[⑤] 票照由司事核查审批，商船得以放行。每日所得厘金收入由专门人员进行整理，转交都道府县的地方钱庄，汇往省厘金总局。汇往省厘金总局的收款由报销司事[⑥]管理。“一般情况下，如果商家更方便，百货厘金可以按照市场汇率以银元支付。”[⑦] 关于厘金款项转交地方钱庄报解这一问题，下文将专门论述。

厘金征收计税，银钱兑换一般按照官方汇率予以折算。银元与制钱兑收价格每十天由省厘金总局修正一次。[⑧] 官钱局在实际兑收中随时调整，“局中洋价，五日一定，不随市上为涨落，每届一六日，由局宪发下告条，遍贴通衢，以便周知。凡完纳钱粮厘税，均照局定，价钱不准参差”。[⑨] 宣统元年

① 《浙省新定筹饷百货捐厘章程》，《国家图书馆藏清代税收税务档案史料汇编》第59册，第29160～29161页。

② 《浙江谘议局文牍》第2编，宣统年间铅印本，上海图书馆古籍部藏，索书号：624540－41。

③ 熊昌锟：《晚清浙江厘金的开征及收支结构》，《清史研究》2019年第5期，第127页。

④ 官署系列88号，第158页。

⑤ 官署系列88号，第133页。

⑥ 原文如此，英文为“Pao-hsiao ssu-shih”。

⑦ 官署系列88号，第133页。

⑧ 官署系列88号，第136页。

⑨ 《浙江：官钱局杂记》，《萃报》第1期，1897年，第19页。

（1909）咨议局成立，议员认为将厘金改办统捐尚需时日，但厘金积弊已深，于是有厘捐改用银元折中定价议案，其称银元价格“据各属市价折中规定。……电查各属市价，先后覆到平均计算，每银元为一千一百文，拟请通饬各局卡照此核收，小银圆一角作钱一百文，不满一角者以铜圆及制钱完纳”。[①]

温州府局以1125制钱折合1银元，1695制钱折合1银两。[②] 温州府局银钱官方汇率与市场汇率产生了相当大的差别。因而，“（温州）府局在第一项汇兑（银元与制钱汇兑）中（每单位）可以得到200文[③]的盈余，在第二项汇兑（银两与制钱汇兑）中（每单位）得到300文的盈余。省局已经指示府局每年只保留3200串，并汇出收支平衡之外所获款项。然而，府局委员已对该项安排表示抗议，因为他担心如果这类兑收业务收缩，自己会失去这个职位”。[④] 按照此记载，温州府局市场汇率应为每银元可兑换925文，每银两可兑换1395文。以钱为替代银元或银两缴纳相应的厘金，实际税率在原税率的基础上分别提升了21.62%和21.51%。

地区之间厘局的银钱比价也有差别，不同层级的厘金征收机构在银钱兑换中皆有获取盈余的操作空间。处州下辖的分卡每月向总局汇款，以1030文折合1银元，而处州府局向省局汇款时以1160文折合1银元，两者存在130文的差价。[⑤] 若以温州府局制钱银元的市场价格类比，每银元可兑换925制钱，处州下辖之分卡及府局分别有105文和235文的差价，那么在厘金实际征收过程中，按市场汇率计算，在缺少现银的情形下以钱代缴相应厘捐，税率提升了11.35%～25.40%。绍兴府局下辖的义桥卡，由于贸易中缺乏银元，往往以制钱缴纳厘金。若以制钱纳厘，则每吊需多纳16文防止银元价格的变动，防止提解过程中的损失，该税项每年可达到1600银元。按海关册中对义桥卡收入的估计，其每年总收入可以达到3000银元。若所记属实，其余1400银元则是直接以银元形式支付的收入，另外1600银元则是制钱代缴的盈余。“这种索费持续了相当长的时间，而且对于商人而言，这是默认且心甘情愿缴纳的。”[⑥]

此外，“由于负责西垫卡的委员，必须交拨维持朱岙收厘分卡所需经

---

① 《咨议局关于厘金之议案》，顾家相纂修《浙江通志·厘金门稿》卷上，第67～68页。

② 官署系列88号，第158页。

③ “文”，即制钱单位。

④ 官署系列88号，第158页。府局委员对省局兑收业务安排的抗议，与对府局委员考核有关。下文有详细论述。

⑤ 官署系列88号，第163页。

⑥ 官署系列88号，第140页。

费，其以 2 银元折合 1 银两的税率征收茶厘，而（台州）府局汇兑维持在 1.55 银元折合 1 银两，因而西垫卡在汇款过程中，每银两获得了 0.45 银元的盈余”。[①] 若以上情形属实，每银两兑换银元过程中西垫卡相较台州府局兑换率高出 29.03%。若以此为准，浙东在各地税厘征收过程中，特别是在厘卡向分局汇款的步骤中，以提升官方工作汇兑比价的方式整合所收钱款，尽量增加各厘卡、各分局实际收入。以市场汇率为基准，这些措施实际上将“以钱代银”纳厘的税率提高了 3% 左右。

最后，我们对厘金基层征收过程中局卡牟利现象做一简单说明。造成这一现象的原因有三。第一，各类货币兑换确有相应的操作空间，这是多种货币并行流通中客观存在的缺点，“以钱代银”纳厘可以提升税率，增加收入。第二，厘金制度条件下对厘局人员的考核模式，强化了厘局的牟利动力。光绪初年，浙江办厘“以元年收数为准，比较盈绌，以定委员去留功过”。[②] 委员一年期届，不足元年收数即撤，满额即留，不足之数应由委员赔付。[③] 第三，厘金局员中，特别是掌握制钱收入的巡丁等基层人员，其制度收入较低，需要额外的勒索方能维生，进而形成了潜规则。[④]

三 浙东厘金报解及特殊性

清代前期财政管理体制主要体现为统收统支，各省征收赋税及收支实行存留、起运、冬估、春秋拨、京饷、协饷、奏销、考成等一系列制度。[⑤] 无论是州县起运钱粮至省还是钱粮由省解出，均有一套严格烦琐的制度。厘金作为各省自筹饷需的产物，自诞生之始控制于各省，各省每年对厘金的奏销只是例行公事，究竟收数多少、开支何项，其报解数目也难以查对。

各省报款，有时也用商号。如光绪十九年（1893）户部拨广东厘金银 8 万两作东北边防经费，广东布政使司筹银 4 万两汇解赴部投纳，“于厘金项下再筹银四万两作为第二批仍交殷实商号日升昌、百川、百川通、蔚泰厚、蔚长厚、新泰厚汇兑至京。饬委补用知县何维桓等领汇单文批附搭轮

① 官署系列 88 号，第 154 页。

② 顾家相纂修《浙江通志·厘金门稿》卷中，第 1 页。

③ 罗玉东：《中国厘金史》，第 262 页；参见《厘金比较功过章程》，顾家相纂修《浙江通志·厘金门稿》卷中，第 1～7 页。

④ 周育民：《晚清厘局人员之收入与生活述略》，未刊稿。

⑤ 史志宏、徐毅：《晚清财政：1851—1894》，上海财经大学出版社，2008，第 7 页。

船进京支取银两，赴部投纳”。[①] 光绪二十七年（1901），广东筹解银 18 万两，由商号蔚泰厚等汇解江海关道兑收，用为归还英德之款。[②] 以上日升昌、蔚泰厚等商号，多为晋商开办实力雄厚的票号。此外，各省厘金款项汇解，有时并非单独运送，如浙江为筹解光绪二十八年（1902）第二批厘金京饷，将盐税与厘金一并运送，差人“带解赴沪，由沪附搭轮船运津解京交纳”。[③] 浙江筹解盛京户部银两，“两委候补知县晏锡琦循成案解沪附搭轮船运津，再由天津解至盛京户部交纳”。[④]

可见厘金款项由于用途的差别，其报解方式也有所不同。汇兑多用票号，至目的地后再行提解；有时也用船运。厘金作为地方税收，其报解方式也有浓厚的地方特点。海关册内以钱庄报解浙东厘金的记录有很多，如义桥卡“汇往绍兴府局的款项是通过该镇的一家钱庄”，[⑤] 温州府局向省局汇款由当地钱庄完成，“即祥记钱庄或裕通钱庄”。[⑥] 宁波府局的北门卡和洋广卡将所收银元和银两直接转交府局，该府局下辖其他所有分卡“使用过账的方式进行征收和移交钱款。府局雇用了两个钱庄，即‘源长’和‘瑞余’”。当宁波府局需要进行汇款时，相关款项由其中一家钱庄执行。[⑦] 宁波钱庄业最大的特点，是各行各业与钱庄交往均采用“过账”制度进行，不用现金。[⑧]

---

① 刚毅：《奏为太仓昭文宝山镇洋四州县海塘新出险工情形危急估需修费请由江海关苏沪两厘局先行筹借即于受益熟田项下摊征归款以全要工恭折奏闻（附三：奏为筹解东北边防经费片）》，《宫中档奏折·光绪朝》，光绪十八年五月十五日，台北故宫博物院，故宫 140024 号，件 4。

② 陶模：《奏为报解广东省光绪二十七年八月应还洋款数目恭陈事（附二：汇解抵补松沪货厘由片）》，《宫中档奏折·光绪朝》，光绪二十七年八月二十四日，台北故宫博物院，故宫 139540 号，件 1。

③ 任道镕：《奏为筹解光绪二十八年第二批厘金京饷银两由》，《军机处档折件》，台北故宫博物院，故机 151758 号，件 1。

④ 杨昌浚：《奏为筹银二万两解沪附搭轮船运津再由天津解至盛京户部交纳由（折片）》，《军机处档折件》，台北故宫博物院，故机 117439 号，件 1。

⑤ 官署系列 88 号，第 140 页。

⑥ 官署系列 88 号，第 158 页。

⑦ 官署系列 88 号，第 146 页。

⑧ 张介人、朱军：《清代浙东钱业史料整理和研究》，浙江大学出版社，2014，序言第 2 页。以往对钱庄的研究，大致可以分为三个方面：一是 20 世纪初出版的许多关于钱庄的经营与管理的论著；二是将钱庄与中国由传统向近代转变相联系的史料汇编和研究；三是 20 世纪 90 年代以后对钱庄的性质功能、经营模式、制度变迁、经营兴衰以及钱业家族等的专题研究。钱庄研究最直接的材料，一般是民间文书、实物票证与留存账册。钱庄与官方如何进行合作，则缺少直接文献证明。

浙江省档案馆藏有杭州关内部档案《厘金信稿》（Likin Book）和《厘金统计季报》［Likin Returns（Quarterly）from 1900 to 1920］两份文件，较为立体地反映了英德续款浙东部分报解情况，是钱庄与官方合作的直接材料。[①]《厘金信稿》为记录杭海关与地方钱庄合作，周转英德续款偿付款项的信札。《厘金统计季报》记载了1900年第一季度至1920年第四季度完整的汇款，两者互为参照。《厘金信稿》通信双方为浙东厘金副税务司（Deputy Commissioner General Likin，Eastern Chekiang）与汇丰银行（Hongkong & Shanghai Bank），其内容包含各钱庄拆借周转，向汇丰银行汇款数据。《厘金信稿》的记录显示，自1909年3月开始，浙江银行[②]逐渐接手厘金汇款的业务，取代了此前多家钱庄共同向汇丰银行账户汇款的模式。汇款单位按照所订立合同规定，皆以上海两偿付，逐月将款项报解至汇丰银行规定账户。钱庄汇划及浙江银行每月固定向汇丰银行固定账户汇91333上海两，中间虽有波动，但差别不大。上海两折合库平银的过程中，每笔汇款的10%为银行手续费。

按照《厘金信稿》的记录，参与英德续款厘金报解的钱庄，列有明确报解数字的有崇余、宝顺、同和、晋和、正大、承裕、日升昌、庆余、元茂、钜元、恒德、同福、宝顺、信大、义善源、会余、源丰润、汇康、恒德、大庆、明德、源吉等24家，其中崇余、承裕同名钱号各有2家。[③] 未有明确报解数字的有寿康1家。其中宝顺、承裕、日升昌3家钱庄自1904年2月至1908年3月参与的厘金转解次数较多。日升昌、源丰润2家是浙省最大的钱庄，“他们开展各种业务，并在全国各地设有分行”。[④] 囿于钱

① 浙江省档案馆藏《厘金信稿》（Likin Book），档案号：L059－001－0324；浙江省档案馆藏《厘金统计季报》［Likin Returns（Quarterly）from 1900 to 1920］，档案号：L059－001－369。

② 浙江省银行是民国时期浙江省地方金融的中心机构。清宣统元年（1909）初创时称“浙江银行”，总行设杭州，由官商合办。辛亥革命后改称“中华民国浙江银行”。1915年改称“浙江地方实业银行”。1923年3月23日官商分股，官股改组称“浙江地方银行”。1947年7月3日改称“浙江省银行”，并改为总行制，地址在杭州中山中路195号，总行员生227人，设董事会、监察人、总经理，内设机构有秘书室、会计室、经济研究室、业务部、信托部、储蓄部。该行经营的业务为存款、放款、储蓄、农贷、信托、代理国库及为中央信托局代办各种保险业务，还发行过钞票、兑换券。经济研究室编印出版《浙江经济月刊》。该行分支机构（分行、支行、办事处、分理处）共105家。1949年5月杭州解放，该行为杭州市军管会接管。参见浙江省档案馆有关浙江银行资料的介绍：http://www.zjda.gov.cn/art/2007/10/11/art_1378530_12511156.html。

③ 浙江省档案馆藏《厘金信稿》（Likin Book），档案号：L059－001－0324。

④ 陈梅龙、景消波译编《近代浙江对外贸易及社会变迁：宁波、温州、杭州海关贸易报告译编》，宁波出版社，2003，第236页。

庄经营的因素，周转报解厘金款项一般由 3 家以上的钱庄共同完成，且同官方和汇丰银行合作的钱庄经常变化。

上述钱庄，由于历次金融风潮大量倒闭，很多资料难以寻找，笔者初步对宁波镇海方氏开设的几家钱庄进行查对。宁波镇海方氏家族，新方在上海开过 17 家钱庄，加上外地 7 家，共 24 家；老方在上海开过 9 家钱庄，加上外地 10 家，共 19 家。新、老方一共开过 43 家钱庄。[①] 这些钱庄的业务开展，体现了钱业经营的家族特征。宁波镇海方氏部分涉及英德续款报解的钱庄的相关情况参见表 3。

表 3　宁波镇海方氏部分涉及英德续款报解的钱庄

姓名	简介	钱庄名	经营情况	其他
方润斋	初期承父传糖业，后兼营土布、杂货生意，五口通商后在上海开设“方振记”字号，专营进出口贸易。与洋行有贸易关系。以商业获利、投资于金融业为主	寿康钱庄	1843 年后设履和分庄（后称北履和钱庄），1866 年改组寿康钱庄。上海北市。经理屠云峰。早期专营钱庄业务，长期存款很多，犹是各联庄的总号	1911 年后收歇
		汇康钱庄	义余钱庄 1870 年改组为汇康钱庄。与其兄方仁和、弟方仁本合办	1920 年收歇。（有一说法是方性斋开设）
		承裕钱庄	由其下辈方选青、方季扬及金山富商黄公续及其子辈伯惠、仲长、季玉合办。经理谢纶辉	1894—1942 年
方性斋	二房的方润斋、四房的方梦生死后，主要由七房继承发展。方性斋通晓英语，是早期租界最早的主要商人之一，曾任四明公所董事。十分有名望，人称“七老板”	瑞康钱庄	宁波营业	
方仰乔	其父方建康最初在上海创设泰和钱庄、“方泰和”糖业店。方仰乔继承父业，经营颇为得法，业务日益扩展，商业利润都用于投资开设钱庄	晋和钱庄	杭州营业	1904 年开设，1911 年歇业
		会余钱庄	杭州营业	1905 年开设，1910 年歇业
		同和钱庄	宁波营业	

资料来源：张介人：《清末民初宁波镇海方氏开设的钱庄》，张介人、朱军：《清代浙东钱业史料整理和研究》，第 210 ~ 211 页。

① 张介人：《清末民初宁波镇海方氏开设的钱庄》，张介人、朱军：《清代浙东钱业史料整理和研究》，第 211 页。

此外，厘金报解也并非仅通过某家钱庄或采用某种单一金融手段，同时间有现银运输。各地分卡的征收情况每10天向府局报告一次，并将所征收的税厘转交，西垫卡和箬里卡例外，两者每月向府局报告一次。“各府局每个月向省局汇报一次，但相关的税厘汇转的时间则是3个月到6个月不等，即需要贮存到一定额度时即行汇兑。”① 部分税厘交付至海门镇充作军饷，因此府局必须征收到报解至省局和海门镇的税厘，镇台所需部分在宁波交付。镇台收到省局税厘款项后，自宁波府局提取，相关金额记入省局在宁波瑞康钱庄的账户。钱庄在这一过程中，起到了汇划周转的作用。“如果当地没有税款需求，税厘则会使用汽轮直接运往宁波。在这两种情况下，有关的金额最终都归于位于杭州当地裕源钱庄的省局账户。台州府局并没有雇用当地钱庄。”②

1909年3月开始，浙江银行逐渐接手厘金汇款的业务，取代了此前多家钱庄共同向汇丰银行账户汇款的报解方式。光绪三十四年（1908）浙省设立官钱局，资本50万元。③ 该行成立后发兑制钱，搭换银元，以济制钱之不足。④ 次年，浙府增韫以浙江官钱局业经奏明改设银行，饬派藩司颜钟骥为督办，董元亮为监督。⑤《浙江银行揽解厘饷》对浙江银行接手厘金汇款的业务一事亦有记载。按旧例，浙省各厘局向总局报解厘金等款，“统由各钱庄或各银号代为转解，乃近来往往于公文则有意迟延，于银色则参差不一，殊非郑重”，浙江银行系该省官商合办，含有地方银行性质，因而此项厘金解款改归浙江银行移解，迅捷之余还便于验收。“拟请宪台饬下厘饷总局，通饬各局卡以后凡有应解银洋各款，一律改由本行报解总局，并令于解批填明由浙江银行报解字样，以一事权而免歧误等情，当奉增中丞批厘饷总局查核饬遵。”⑥ 浙江银行取代了钱庄成为官款报解的主体。

结　语

近代市场的分层发展和多样化的货币使用，直接体现在以百货市场为

---

① 官署系列88号，第152页。

② 官署系列88号，第152~153页。

③ 忆亚、中英：《浙江官钱局、浙江银行及其发行的钞票》，《中国钱币》1991年第4期。

④ 《浙江：官钱局杂记》，《萃报》第1期，1897年，第19页。

⑤ 《浙抚派员办理浙江银行》，《申报》1909年2月12日，第12版。

⑥ 《浙江银行揽解厘饷》，《申报》1910年1月27日，第11版。

税源的厘金税款货币结构中，这在相当程度上表明了细分市场中货币流通情况。多样化货币使用在英德续款这一特殊的“外力”介入下，官方采用特殊办法对厘金税款予以报解。本文对英德续款所涉及浙东厘金进行了梳理，研究表明浙东厘金“征收—报解”在这一事件过程中具有显著的地域特殊性。其一，浙东厘金征收具有地域特殊性。征收特殊性主要体现在两方面：一是基层征收过程中货币类型与清廷所掌握的数字存在差异；二是厘金征收过程中官方执行不同货币的兑换比例与市场存在差异。海关册所载浙东五府局百货厘金收入中制钱、银元和银两三者占收入的比例分别为65.09%、18.19%和16.72%，制钱所占比重最大。就支出项目而言，基层厘局局员月薪、分局土地租金等项目，全部以制钱形式支付，充分说明了制钱在基层市场流通的广泛性。厘金征收过程中各类货币的兑换比例与市场兑换比例的差异，直接对厘金的实际税率产生了影响。特别是厘卡向分局汇款的步骤，以提升官方工作汇兑比价的方式整合所收钱款，增加了各厘卡、各分局实际收入。以市场汇率为基准，这些措施实际上将“以钱代银”纳厘的税率提高了3%左右。其二，浙东厘金报解具有地域特殊性。有别于其他省份官方汇兑多用票号或轮船运输的情况，浙江由于钱业经营的发达，钱庄体系深度参与抵押报解过程。钱庄经营受市场行情影响会产生波动，以及官方报解款项对时效和货币成色的要求，具有官方背景的浙省银行承揽了厘金报解的业务。英德续款的浙东厘金报解过程，不但体现“中央—地方”互动关系，而且反映银钱并行货币体系下，厘金作为抵押在被汇往外商银行过程中官方对民间金融机构的利用等诸多复杂面相。

The Collection and Repayment of Likin in Eastern Chekiang in the Late Qing Dynasty: An Investigation Focusing on the British and German Renewals

Sun Jian

Abstract: After the Sino-Japanese War, the Qing government borrowed money three times to raise reparations against Japan, and the renewal of the loan from Britain and Germany was the last of them. This article sorts out the Likin in Eastern Chekiang involved in British and German renewals. The research shows that the " collection – repayment" process of Likin in Eastern Chekiang has significant regional characteristics. The particularity of expropriation is mainly reflected in two aspects: first, there is a difference between the currency type during the collection process at the grassroots level and the figures mastered by the Qing government, and the currency is widely circulated in the grassroots market; secondly, the official execution of the exchange of various currencies during the collection process the ratio is different from the market, and the tax rate for "cash in lieu of silver" is increased by about 3%. The particularity of the report is mainly reflected in the government's use of private financial institutions represented by banks, revealing the deep exchanges between the government and private financial institutions in the process of remitting gold as foreign debt collateral to foreign banks under the monetary system.

Keywords: Late Qing Dynasty; Eastern Chekiang; Likin; the Renewed Loan from England and Germany

白银流入过剩对明朝中后期农业结构和经济体系的冲击*

薛　冰　尹建龙　许　茹**

摘　要：历史上，中国本土银矿产量较少，成色欠佳，提纯困难。历朝历代的经济结构和财政运行制度缺少对白银的系统考量。明朝中后期，来自日本和美洲的白银在中外贸易推动下如潮水般涌入中国。彼时中国对于白银的依赖程度，已远超他国对中国商品的需求程度。在财政政策配套制度成熟之前，巨额白银的输入冲击了传统农业结构和原有经济体系，在社会多方面产生了类似揠苗助长的效应。白银通过商品经济的流通，促使粮食作物被经济作物替代；白银窖藏代替了粮食窖储；农业基础和结构的被动性调整，使社会流民不断增多。明朝中晚期一片繁荣的背后是严重的结构性粮食短缺。社会的白银量又取决于海外银矿的采出，依赖国际贸易的不稳定输入，一旦出现财政危机，政府无法行使铸币权来调控经济。各种困境共振，动摇了明朝的统治根基。通过史料考证结合国内外先学的研究可知，海外白银流入过剩是造成明朝社会危机的重要原因之一。

关键词：明朝；货币白银化；财政货币化；财政危机；粮食危机

一　前言

明代的白银问题研究，一直是中国经济史研究中的一个重要方面。以

---

* 本文为2021年度国家社科基金一般项目“企业家群体与英国自由贸易的兴衰研究（1770—1932）”（批准号：21BSS022）的阶段性研究成果。

** 薛冰，男，河南焦作人，安徽大学历史学博士，助理研究员，研究方向为中国史；尹建龙，男，山东临沂人，安徽大学历史学院教授，博士，研究方向为中外关系史、世界史；许茹，女，安徽合肥人，安徽大学历史学博士，研究方向为历史文献学。

梁方仲、全汉昇、傅衣凌、彭信威、白寿彝、孙毓棠为代表的老一辈历史学者，较多地关注了国内外银矿开采情况，明代存银以及内流白银的数量问题。① 相关研究也涉及了明代的财政货币化、货币白银化②进程，以及白银成为主币对于明代社会变迁的作用等内容。其一系列研究成果和统计数据多为后学引用、修正，构成了研究明代白银问题的重要基础。目前关于白银在明朝扮演的角色问题，学界通常认为它是商品经济的主角、社会变革的动力、财政收入的支柱、国际交流的媒介③等。而细化到明代“白银经济”的意义和财政赋税革新等方面的研究，万明、陈春声、刘志伟、赵毅、丁亮、胡克诚、刘光临等学者也都通过著书或撰文进行了回应。关于大航海时代之后出现在中国的“白银经济”现象，通过中西对比的视野往往能发现一些深层次的问题。因此海外学者关于明代白银如何影响社会秩序、财政结构、生产发展等方面的研究同样值得重视。黑田明伸④指出了需求和流动的地域性是跨区域研究货币史的重要考量因素，在此指导下他将明代中国的白银、铜钱、宝钞与世界其他地区的货币进行了对比研究。岸本美绪⑤在东亚视域下，揭示了白银大规模流入对以前旧社会秩序的改变。此外，小竹文夫、桑田幸三、大庭修、百濑弘、滨下武志等日本学者都从不同的角度对明代白银内流问题进行了探讨。热衷关注中国经济史的

---

① 参见吴承明《市场・近代化・经济史论》，云南大学出版社，1996，第 270 页；万明主编《晚明社会变迁：问题与研究》，商务印书馆，2005，第 16 页。

② “白银货币化”是指白银开始承担起通货的职能，这一过程集中于宋金时期，并在元朝建立前后发展成熟。“货币白银化”是指白银开始成为主要货币，这一过程显露于明前期宝钞、铜币系统崩坏之后。“财政货币化”是指货币代替了帛、粟、米、绢、力、兵等实税或徭役，实现了折色输纳。后两者结合起来，便形成了明代独特的“财政白银化”。

③ 参见晁中辰《明后期白银的大量内流及其影响》，《史学月刊》1993 年第 1 期；陈春声、刘志伟《贡赋、市场与物质生活——试论十八世纪美洲白银输入与中国社会变迁之关系》，《清华大学学报》（哲学社会科学版）2010 年第 5 期；赵轶峰《试论明代货币制度的演变及其历史影响》，《东北师大学报》1985 年第 4 期；〔日〕岸本美绪《东亚和东南亚传统社会的形成》，《岩波讲座世界历史》，东京：岩波书店，1998，第 15 ~ 28 页。值得一提的是，万明教授以“白银货币化”与明代的社会变迁为主题进行了系统研究并发表了系列文章，参见万明《明代白银货币化的初步考察》，《中国经济史研究》2003 年第 2 期；《明代白银货币化与制度变迁》，《暨南史学》第 2 辑，暨南大学出版社，2003，第 302 页；《关于明代白银货币化的思考》，《中国社会科学院院报》，2002 年 5 月 18 日，第 3 版；《白银货币化视野下的明代赋役制度改革》，《学术月刊》2007 年第 6 期。

④ 〔日〕黑田明伸：《货币制度的世界史——解读“非对称性”》，何平译，中国人民大学出版社，2007，第 201 ~ 212 页。

⑤ 参见〔日〕岸本美绪《风俗与历史观：明清时代的中国与世界》，梁敏玲等译，广西师范大学出版社，2022。

“加州学派”[①] 对于15—19世纪中国的经济体制、江南经济的发展、白银使用现象也提供了自己的观点，其中以彭慕兰、王国斌、黄宗智、李伯重为代表。

上述研究分析了白银对明朝社会的影响，绝大多数结论指明了白银成为主币后对社会繁荣的提振作用，肯定了赋役折银对减少实物劳役型财政体制的运行成本大有裨益，论及了货币白银化对经济扩张、市场繁荣的意义。关于白银积极影响的揭示和归纳，鉴于已有上述或其他学者在明代银税改革或明清货币史等相关研究中做过系统的学术史梳理，本文在此不再详细展开。而随着相关资料的不断挖掘和揭示以及研究范围的扩大、研究方法和思路的更新，一些学者开始关注海外白银大规模流入对明朝社会的经济结构、财政体系、社会秩序等方面的冲击。同时对财政货币化之后明朝社会的失衡、失序等反面效应进行了讨论。以时空为导向，以问题为经纬，重新梳理学界关于白银内流过剩带来的负面效应这一问题的已有研究，意义重大。

有关明朝社会对白银输入的依赖性研究方面，何平从世界货币职能的角度强调了16世纪西方殖民者东来引起的白银大量内流等外部作用对白银货币地位确立的影响，并进一步指出明朝白银的被动供给具有较大的负面作用。[②] 陈春声、刘志伟[③]研究认为，白银在赋役征收环节中的作用过大，16—18世纪，官僚与民间对其依赖性骤增，乃至国家的正常运转都需要白银的巨额输入。贡德·弗兰克在分析明朝时期世界范围内流入中国的白银数量的基础上，提出在17世纪中国并未遭受银货危机，而是财政危机。[④]

黄阿明关注了明代白银的货币化过程和一概征银的负面问题。[⑤] 他通过考察明代货币制度和政策的缺陷，指出明廷在货币白银化过程中存在立法等方面的滞后问题。[⑥] 其博士学位论文《明代货币与货币流通》，揭示了

① 加州学派，是指加州大学尔湾（Irvine）分校的部分学者，他们关注中国经济史，反对“欧洲中心论”，该学派成员组合松散，来源广泛，除了王国斌、彭慕兰等代表人物，黄宗智、贡德·弗兰克也被归为这一学派。中国大陆学者李伯重，因为曾在该校留学、讲学，其观点与他们相近，也可被归为这一学派。

② 何平：《世界货币视野中明代白银货币地位的确立及其意义》，《中国经济史研究》2016年第6期。

③ 陈春声、刘志伟：《贡赋、市场与物质生活——试论十八世纪美洲白银输入与中国社会变迁之关系》，《清华大学学报》（哲学社会科学版）2010年第5期。

④ 〔德〕贡德·弗兰克：《白银资本：重视经济全球化中的东方》，刘北成译，中央编译出版社，2000，第93、107~120页。

⑤ 黄阿明：《明代赋税征银中的负面问题》，《史林》2007年第6期。

⑥ 黄阿明：《明代货币白银化与国家制度变革研究》，广陵书社，2016，第42~47、214~226页。

明代货币白银化过程中，白银的征收、装鞘、运送等环节使胥吏渔利其间，平民百姓深受其害。黄氏聚焦了江南这一区域来具体分析货币的流通状况，注意到了明代白银在流通过程中存在伪作、套利、窖藏[①]等现象。萧清在分析了明清之际的“银荒”问题之后，将促动原因归为统治阶级的赋税搜刮和社会盛行的窖藏白银风气。[②] 在赋役白银改革对地方财政的损害方面，高寿仙关于明后期北京地区赋役的研究揭示出底层州县财政严重困竭的事实。[③] 他还认为地方物价资料显示明代赋役改革并未完成，赋役折银是财政表象，地方财政状况其实在趋于恶化。[④] 岩井茂树、谷口规矩雄在研究明代赋役变革与赋役折银之后，揭示了明代赋役体制本身所具有的内在缺陷与改革过程中的局限性。

一些学者也对明朝以白银为主的财政货币体系的稳定性和合理性提出了质疑。任均尚认为明朝白银成为主币的原因在于朝廷对法定货币铜钱、宝钞管理与控制失当，由此导致了财政货币体系的紊乱与政治腐败，社会矛盾不断加剧。[⑤] 张建民、周荣、叶振鹏[⑥]认为明代财政货币制度较为混乱，与实物征收制存在矛盾。相关结论也得到了千家驹等人的认可。[⑦] 魏俊认为明代货币制度不断试错，从铜、钞到铜、钞、银兼行，最后到白银升为主币的过程违背了经济规律，是一种依靠国家强权进行推广的不合理制度。[⑧] 马良在博士学位论文中指出16—19世纪中国发生了白银货币的泛化，削弱了政府对财政金融和货币主权的控制程度。[⑨]

关于白银成为主币与社会停滞、动荡之间的因果关系研究方面，李宪堂认为白银内流使明朝原始手工业得到发展，一定程度上推动了经济进步，却没有催生出新制度。社会反而因资源的过度损耗而陷入内卷化发展

---

① 参见黄阿明《明代中后期的伪银流通与国家应对》，《浙江社会科学》2010年第1期；《崇祯末年行钞过程考述》，《兰州学刊》2008年第10期，第135～137页。

② 萧清：《中国古代货币史》，人民出版社，1984，第271～280页。

③ 参见高寿仙《明万历年间北京的物价和工资》，《清华大学学报》（哲学社会科学版）2008年第3期；《明代京边马草的课征与召买》，《故宫学刊》2021年第1期。

④ 高寿仙：《财竭商罄：晚明北京的“公私困惫”问题——以〈宛署杂记〉资料为中心的考察》，《北京联合大学学报》（人文社会科学版）2010年第4期。

⑤ 任均尚：《明朝货币政策研究》，《西南师范大学学报》（人文社会科学版）2003年第3期。

⑥ 张建民、周荣：《明代财政史》，叶振鹏主编《中国财政通史》第6卷，湖南人民出版社，2015。

⑦ 参见千家驹、郭彦岗《中国货币发展简史和表解》，人民出版社，1982。

⑧ 魏俊：《明代白银货币化进程及其启示》，《求索》2016年第1期。

⑨ 马良：《明清时期白银货币泛化研究（16—19世纪中叶）》，博士学位论文，辽宁大学，2013。

的“高度平衡的陷阱”。[①] 赵轶峰认为白银成为主导货币使明朝政府在金融领域失去控制权，明末财政的混乱缘于政府未能强化货币管理，因而无法对大量内流白银做出有效管控。赵轶峰特别强调了明朝的白银财政改革由于超出了以往王朝行政、金融、财政管理的经验范围而加速了自身帝制体系经济功能的失序。[②]

以上对于“白银经济”负面问题的关注体现了学界在白银问题研究中逐步走向深化和细化的过程。同时，这些观点纠正了部分学者过分强调和称赞白银在明代赋役改革中的正面意义的倾向。但在整体观视角下叙述海外白银对明朝社会的冲击时，往往专注于全貌，反而忽视了微观，尤其缺少对农业结构和经济体系的观照。首先，尽管学界对明朝有“白银帝国”“白银终极密窖”等评价，但14—19世纪的中国依然是典型的农业国家。海外白银注入社会经济循环之中，诱发了农业结构的不合理调整，沃田本有的粮食作物纷纷被经济作物替代，这些沃田既存在于九边重镇，更广泛见于江南地区，由此加重了粮荒的程度。而这种片面追求经济效益的农业结构正是在白银大量内流的影响下形成的。这一因果现象在先学的研究中涉及较少。其次，白银流入过剩推动了税役折银输纳，政府财政调控手段弱化甚至丧失，贫富差距在“沿海—内陆”等不同区域间、在不同阶层间不断扩大，社会物价和经济景气程度深度仰赖海外白银的输入情况。这些因素又对明季的经济体系产生巨大冲击。综合考量两点因素后，我们就必须更为谨慎地看待白银与赋役改革的复杂关系。本文希望站在先学思考的基础上，对相关论题继续深入分析探讨，以期对后续研究提供有益之借鉴。

进一步而言，笔者认为明朝中后期白银作为一种舶来品，并非完全适应当时社会的发展需要。白银在明朝大量涌入中国的结果有其两面性。它在强化或稳固了某种本质性结构的同时，也广泛造成了某些结构的分解和重构。在关注白银对明代社会进步产生推动作用的同时，我们也应该充分认识到这种贵金属实际上和明朝之前几千年的封建秩序几乎没有联系。所以，一旦白银取代了铜钱[③]、纸钞的通货地位甚至代替了粟、米、帛、力

---

① 李宪堂：《白银在明清社会经济中生发的双重效应——兼评弗兰克与彭慕兰的“全球经济观”编造出的新神话》，《河北学刊》2005年第2期。

② 参见赵轶峰《明代白银货币称量形态对国家—社会关系的含义》，《史学月刊》2014年第7期；《试论明代货币制度的演变及其历史影响》，《东北师大学报》1985年第4期；《明代经济的结构性变化》，《求是学刊》2016年第2期。

③ 明末徐光启认为：“唐、宋之所谓财者，缗钱耳，今世之所谓财者，银耳。”（明）徐光启：《徐光启全集》卷6，上海古籍出版社，2011，第329页。缗钱，用绳穿连成串的钱。

役等原本充当赋税的物、力之后，一旦赋役折色推动了京师库藏、太仓库银、边镇军费等财政分支项目统计银量化的成形，白银也就成为左右政治、经济、军事、文化等领域的重要力量。尤其是作为一种先进的支付手段，它和庞大而又根深蒂固的小农经济基础又显得方枘圆凿。由于对全世界白银的巨大需求，明朝在15世纪以后的大航海时代已经成为全球贸易的中心舞台。在“丝银贸易”[①] 中，明朝自觉或不自觉地卷入世界经济体系。白银迅速从民间自下而上地支配了国家的经济体系，并且推动了财政货币化的进程。

白银作为王朝后期的主要支付工具，其开采量、输入量太过受制于国际局势和全球存量，这增加了财政系统的不稳定性和脆弱性。万历中后期，白银输入量骤然变少，明朝经济出现了严重的通货紧缩。民间社会应对这一危机的方法竟然是“高筑墙，广囤银”，这进一步刺激了银价上涨。同时，由于江南地区商品经济的迅猛发展，以及赋役折银的政策规定，经济作物早已大面积代替粮食作物。当时松江府的百姓只有多卖棉纱，才能完纳官租。比如明人顾彧《海上竹枝词》曰：“昨日官租科正急，街头多卖木棉纱。”[②] 粮价此时也水涨船高，随之带动其他商品涨价，导致这一时期通货紧缩、粮食涨价、结构性通胀等现象同时出现，加重了明朝的社会危机。叶梦珠在《阅世编》中详细记载了崇祯年间松江地区的米价变化。“（崇祯五年）壬申夏，白米每斗价钱一百二十文，值银一钱，民间便苦其贵”，崇祯十一年（1638），“米价顿长，斗米三百文，计银一钱八、九分”，“然未有若十五年春之甚者。时钱价日贱，每千值银不过四钱几分，白米每石纹银五两，计钱十二千有奇，自此以往，米价以二、三两为常”。[③] 在富庶的松江地区，仅十年间，以白银为基准，米价竟然上涨了4倍。而铜钱相对于白银贬值了50%，相对于米价更是贬值了600%。

在研究白银与明朝国家转型之间的关系后可以发现，明中期以后白银的海量涌入，不仅影响了商品经济领域，更主要的是冲击了原有的财政体制和社会财富结构，而二者是经济体系的主要构成。财政体制是国家进行财政统治和管理的基本框架与制度约束，在白银流入之前，国家进行财税管理和分配的最强手段是控制铸币权。一旦受国外输入白银的支配而失去

① 万明主编《晚明社会变迁：问题与研究》，第243页。

② （明）万历《上海县志》卷1《风俗》。

③ （清）叶梦珠：《阅世编》，上海古籍出版社，1981，第153页。一两等于十钱，一石等于十斗。

货币铸造权后，[1] 国家将失去对整个经济体系的控制权。失去货币铸造权就无法对财政经济进行调控，同时政府也无力对支付体系的不均衡发展进行有效改良。社会地域不平衡也在白银冲击下不断加深，主要表现为两点：行业财富分配不均衡和地区贫富分化严重。前者是因为商人拥有赚钱的手段和越来越多的本钱，并且实现了对粮价的间接控制。关于后者，由于明后期推行的“一条鞭法”所要求的实物折银对商品经济尚不发达地区的农民是欠缺公平的，因此它进一步致使内地税赋压力升高。长此以往，这些差距和不公平逐渐累积放大，最后酿成民变，这就是明末农民大起义最先爆发于陕西等西北内地的主要原因。以上现象表明，明朝从上到下诸多领域无法适应“以银为本”这种先进的货币经济体系。以白银为核心的一系列财政改革超出了以往王朝行政、金融、财政管理的经验范围。[2] 社会逐渐朝着失序的方向不断发展，形成恶性循环，最终导致明清易代。

二　白银内流、赋税折色与农作物的商品化

（一）海外白银涌入与明朝财政货币化

洪武初年，沿用元朝的钱钞法，以铜币和纸钞作为法定流通货币。随着铜资源出现短缺，朝廷甚至命令百姓把家里的铜具砸掉上交国家，[3] 但问题依然存在。为了弥补通货不足，政府加大了大明宝钞的发行力度。但当时人们还没有通货膨胀和准备金的概念，这种违背金融规律的“无根”纸钞很快就在不断贬值的过程中变成一沓沓的废纸。在洪武二十三年（1390），距离大明宝钞发行的时间仅过去15年，其面值已经贬值了3/4。[4] 宣德七年（1432），宝钞1贯值铜钱5文；正统十三年（1448），宝钞1贯只值1文到2文铜钱；嘉靖年间，宝钞1000贯只值铜钱约280文；铜钱对纸钞的比价涨了近3570倍。[5] 宝钞注定被淘汰。已经流通的铜钱作为古老的支付工具不仅原料匮乏，而且携带和运输十分不便，存储过久又会锈

① 万明教授通过研究指出白银货币化对于国家财政的不利之处包括了白银货币化造成的国家对货币管理权的消失。参见万明《明代白银货币化与明朝兴衰》，中国社会科学院历史研究所明史研究室编《明史研究论丛》第6辑，黄山书社，2004，第412页。

② 赵轶峰：《明代经济的结构性变化》，《求是学刊》2016年第2期。

③ 吴树国：《民之通货：历代货币流变》，长春出版社，2008，第189页。

④ 彭信威：《中国货币史》，上海人民出版社，1958，第461~465页。

⑤ 孔晖：《历史沉浮：中国历代通货膨胀录》，中国金融出版社，2017，第83页。

蚀，劣、伪币还屡禁不止。此时迫切需要一种新的通货来代替纸钞和铜币，以适应不断扩大的国家财政体系。这时，白银作为民间自发使用的支付工具，逐渐进入统治阶层的视野。

宣德五年（1430），工部右侍郎周忱负责督管税粮，在考察南直隶等府县赋税轻重不一、部分百姓负担较重的情况后，创行“平米法”。原则是将不平等的科则加以均平，并允许科则重的田地缴纳负担较轻的折色——例如缴纳白银——这样可以大大减轻民运负担。宣德以后，白银使用范围更为广泛。正统初年“弛用银之禁，朝野率皆用银”，[①] 白银作为民间支付工具和流通货币的功能得到加强。随着商品经济和财政货币化的发展，到明朝中期，白银已成为常用通货。成化时，官员的俸禄也基本实现了折银发放。正德以后，市场上的大小买卖都选择以银结算。但是这时的白银除了前朝留下的存货以及广西、云南等地的银矿，没有更多的来源。所以，嘉靖之前的赋税折银注定是小范围的、偶发性的、阶段性的。

16 世纪 40 年代以后，白银开始频繁现身对外经贸活动中。这一时期，日本银矿提炼技术取得突破——在之前“吹灰法”的基础上发展出“汞齐化法”。日本白银的流通迎合了嘉靖时期商品经济扩大化的需要，而中国产出的瓷器、丝织品、铁器、药材等商品充分满足了日本社会的消费需求，所以中国和日本之间的私人贸易或明或暗地发展起来。当时，在海上从事中日“白银易货”的商船有 20 多艘，出口到中国的白银在数量上相当可观。《朝鲜王朝实录》记载，嘉靖二十三年（1544），一艘中国商船遭遇台风，向北漂流至朝鲜半岛，朝鲜方面问船主为何而来，船主回答：“以贸银事往日本，为风所漂而至此。”[②] 这表明嘉靖中期以获取白银为目的的对日贸易逐渐成为当时中国对外贸易的重点之一。据统计，从 1540 年至 1644 年，平均每年大概有 75 吨白银从日本流入中国，总计 7500 吨左右。[③] 葡萄牙人逐渐发现中国货物和日本白银的贸易交换有利可图，也开始加入这一贸易路线。他们往返于浙江、长崎、东南亚，把中国货物运往日本和东南亚换得白银与香料，再把后两者运往中国换取商品。由于当时统一的国际市场还没有正式形成，等价交换的概念尚不存在，葡萄牙人往返一次贸易就能获得十倍甚至近二十倍的利润。

白银贸易真正迎来鼎盛时期要到西班牙人参与进来之后。嘉靖年间，

① 《明史》卷 81《食货志五·钱钞》，中华书局，1974，第 1964 页。

② 吴晗辑《朝鲜李朝实录中的中国史料》，中华书局，1980，第 1365 页。

③ 万明主编《晚明社会变迁：问题与研究》，第 240 页。

西班牙人经过不断勘测钻探，分别在波托西（今属玻利维亚）和萨卡特卡斯（今属墨西哥）发现超大型银矿。这为跨太平洋贸易奠定了通货基础。隆庆元年（1567），御史涂泽民上奏“请开海禁，准贩东西二洋”，得到了皇帝的支持。[①] 此后，美洲白银和日本白银源源不断地输往中国。西班牙人满载白银，从美洲殖民地出发，经伊比利亚半岛西南端，满载欧洲商品和银币向南绕过好望角，跨越印度洋到达印度。沿途一边航行，一边贸易。在果阿港又添载来自西南亚、北非、地中海等地流入印度的白银，向东驶过马六甲海峡运至澳门，换成中国货物之后再部分销往日本、东南亚。在东南亚采购大量香料，将其和剩余的中国货一起运回欧洲销售。这样一种贸易循环模式使西班牙商船在 16 世纪末至 17 世纪初，每年从果阿港运至澳门的白银达到了 6000 公斤至 30000 公斤的巨大规模。[②]

除了以上的经典贸易路线，西班牙人还开辟了从美洲阿卡普尔科跨越太平洋直达马尼拉的贸易路线，由于运输工具是平底大帆船，所以这一贸易又被称作“马尼拉大帆船贸易”。之后，西班牙人和中国海商再从马尼拉把白银运到中国换购商品。艾维泗指出，从阿卡普尔科运到马尼拉的白银，每年有 125 吨，万历中期达到 300 吨。[③] 乔治·索萨统计，1590 年至 1644 年，通过美洲—菲律宾—中国这条路线流入中国的白银总量约为 4620 吨。[④] 另有学者统计，隆庆至崇祯时期，流入中国的白银总量占当时美洲白银的 1/3 以上，保守估计为 2 亿两到 3.3 亿两。关于明朝中国社会本土白银产量、白银流入量、白银存量这些数据已有部分学者进行过研究。相关数据统计见表 1。[⑤]

---

① （明）张燮：《东西洋考》卷 7《饷税考》，中华书局，2000，第 131 页。

② 董建中：《中国与十七世纪危机》，商务印书馆，2013，第 86 页。

③ William S. Atwell, “International Bullion Flows and the Chinese Economy, circa 1530 - 1650”, *Past and Present*, No. 95, 1982, p. 74.

④ G. B. Souza, *The Survival of Empire*, Cambridge: Cambridge University Press, 1986, pp. 84 - 85.

⑤ 此外，刘光临认为海外输入中国的白银是明代白银存量的 4 倍。参见刘光临《明代通货问题研究——对明代货币经济规模和结构的初步估计》，《中国经济史研究》2011 年第 1 期。晁中辰推算明代中后期内流白银为 1 亿两左右。参见晁中辰《明后期白银的大量内流及其影响》，《史学月刊》1993 年第 1 期。关于通过中菲贸易输入中国的白银数量存在较大争议。严中平认为西属美洲殖民地通过“马尼拉大帆船”航线向菲律宾运送的约 4 亿比索白银，大多数辗转输入中国。参见严中平《丝绸流向菲律宾白银流向中国》，《近代史研究》1981 年第 1 期。韩琦认为美洲采出的白银约 80% 被输出，绝大多数通过贸易路线流入中国。参见韩琦《美洲白银与早期中国经济的发展》，《历史教学问题》2005 年第 2 期。吴承明修正后认为 16—17 世纪，除澳门外经菲律宾内流的白银累计 （转下页注）

表 1　明代国产白银量、国外流入白银量、白银存量的统计

	国产白银量	国外流入白银量	白银存量
梁方仲	1000 万两（375.94 吨）	1.05 亿两（3947.37 吨）	1.15 亿（4323.31 吨）
全汉昇	1139 万两（428.2 吨）	2.5 亿两（9398.5 吨）	2.6139 亿两（9826.7 吨）
庄国土	——	2.625 亿两（9868 吨）	——
王裕巽	2635 万两（990.6 吨）	3.3 亿两（12406 吨）	3.5635 亿两（13396.6 吨）
万明	——	3.3569 亿两（12620 吨）	——
弗兰克	——	1.862 亿 ~2.66 亿两（7000 ~ 10000 吨）	——
万志英	——	1.94 亿两左右（7000 ~ 10000 吨）	——
估算均值	——	约 2.5 亿两（9556 吨）	——

资料来源：梁方仲：《梁方仲经济史论文集》，中华书局，1989，第 132 ~ 179 页；梁方仲：《明代国际贸易与银的输出入》，《梁方仲文集：明清赋税与社会经济》，中华书局，2008；全汉昇：《16—18 世纪中国、菲律宾和美洲之间的贸易》，中国社会科学院历史研究所明史研究室编《明史研究论丛》第 5 辑，江苏古籍出版社，1991，第 470 ~ 476 页；全汉昇：《美洲白银与明清间中国海外贸易的关系》，《新亚学报》第 16 卷（上），1983 年，第 1 ~ 22 页；庄国土：《16—18 世纪白银流入中国数量估算》，《中国钱币》1995 年第 3 期；王裕巽：《明代国内白银开采与国外流入数额试考》，《中国钱币》1998 年第 3 期；万明：《明代白银货币化：中国与世界连接的新视角》，《河北学刊》2004 年第 3 期；〔德〕贡德·弗兰克：《白银资本：重视经济全球化中的东方》，刘北成译，第 210 页；R. von Glahn，"Myth and Reality of China's Seventeenth-century Monetary Crisis"，*The Journal of Economic History*，No. 56，1996，pp. 429 – 454。

白银涌入中国后，充分发挥了贵金属所具有的天然货币功能，在商品经济和财政上起到了纸币、铜钱无法取代的作用。中国甚至出口黄金以换取白银，① 白银在支付领域逐渐取得垄断地位。到了万历九年（1581）前

（接上页注⑤）达 6322.8 万两。参见吴承明《市场·近现代化·经济史论》，第 270 ~ 273 页。随着新材料的不断挖掘及估算方式的不同，也由于资料来源的不一致（既有官方文献也有私人札记），学者们统计年代不一致，统计单位也不一致（计量单位包括两、公斤、盎司、吨等），故转换时存在差错概率，最终结果莫衷一是。赵轶峰先生在《重新思考明清鼎革——兼谈"17 世纪危机""大分流""新清史"》一文中也指出关于晚明白银输入量的估计结果，至今还没有足够可靠的数据统计。但诸多学者计算的总额基本符合 2 亿两至 3.3 亿两的数值区间。

① 关于"以金易银"的贸易，贡德·弗兰克在《白银资本：重视经济全球化中的东方》中总结道：在中国，金银的比价从 1600 年前后的 1∶8 上涨到该世纪中晚期的 1∶10（即黄金升值，白银贬值），到 18 世纪末则翻了一番，达到 1∶20。但是，与世界其他地方相比，中国的金银比价仍较低。例如，从 1592 年到 17 世纪初，在广州用黄金兑换白银的比价是 1∶5.5 到 1∶7，而西班牙的兑换比价是 1∶12.5 到 1∶14。因此，中国的银价是西班牙银价的两倍。只要中国的黄金价格比较低，而白银价格几乎高出一倍，（转下页注）

后张居正进行财政改革时，全社会已形成“天下自京师达四方无虑皆用白银”[①] 的局面。

随着白银在全社会经济领域中重要地位的确立，要求进行赋税改革的呼声越来越高。赋税折银和劳役折银这两大措施贯穿明中叶的财政改革，到明朝后期，二者逐步合二为一。各地官员先后做过许多改革尝试。部分地区试行过诸如征一法、一串铃法、十段锦册、鼠尾册等办法。[②] 万历中期，张居正顺势在全国推行“一条鞭法”。[③] 其要义是把原来的田赋、徭役、杂税项统一合并为新的田赋项，一概以白银的形式上缴政府。这一制度废除了实物税，统一以白银充当税赋。同时，新制度旨在减少征税的中间环节，节约民力，优化税制，降低输纳成本。改革之前，张居正通过清丈土地的方式来彻查全国的耕地。万历十一年（1583），历时近九年的清丈工作结束后，全国新增地亩约 1828542 顷。[④] 因此这一制度的扩大逐渐招来地主豪强在朝廷代言人的激烈反对和保守人士的担忧。

“一条鞭法”的实行看似帮助明朝政府确立了货币财政征收制度。但是，在明朝后期世风日下、百官逐利的背景下，它的短暂成功完全掩盖了当时的社会危机，甚至类似于一次揠苗助长，为晚明的大危机埋下隐患。官员们往往借推广“一条鞭法”之机行剥削民脂民膏之实，变成“名虽一条鞭，实则杀民一刃刀也”。[⑤] 首先，“一条鞭法”将税收的征收权下放给地方政府，其落实力度只依赖于地方官员的个人道德和施政决心。结果州县官员就通过加收来提高地方收入，在一些地方，这一制度最终沦落为新的剥削方式。此外，“一条鞭法”要求百姓将所交碎银熔化重铸为银锭后才能作为赋税存入国库，由于冶炼技术缺陷，碎银变为银锭势必会产生损耗——“火耗”。[⑥] 这要求必须再向百姓征收“火耗钱”，地方胥吏征收的

（接上页注①）白银就会被吸引到中国去交换黄金，中国就会出口黄金。国际市场的这种白银循环带来的货币套利行为把西欧、东亚、新大陆紧密地联系在了一起。〔德〕贡德·弗兰克：《白银资本：重视经济全球化中的东方》，刘北成译，第 192 页。

① （清）孙承泽：《春明梦余录》卷 38《户部四·宝泉局》，江苏广陵古籍刻印社，1990。

② 韦庆远：《张居正和明代中后期政局》，广东高等教育出版社，1999，第 618 页。

③ 《明史·食货志》记载“一条鞭法”的内容如下：“一条鞭法者，总括一州县之赋役，量地计丁，丁粮毕输于官。一岁之役，官为佥募。力差则计其工食之费，量为增减；银差则计其交纳之费，加以增耗。凡额办、派办、京库岁需与存留、供亿诸费，以及土贡方物，悉并为一条，皆计亩征银，折办于官，故谓之一条鞭。”李洵：《明史食货志校注》，中华书局，1982，第 80～81 页。

④ 陈梧桐：《四百年后再看张居正的改革》，《博览群书》2017 年第 7 期。

⑤ （明）李开先：《李中麓闲居集》卷 12《苏息民困或问》，齐鲁书社，1997。

⑥ 齐涛：《中国古代经济史》，山东大学出版社，2011，第 201 页。

火耗钱往往大于实际火耗，这之间的差额就成了各级官僚的额外收入。由此产生了新的腐败和浪费。[①] 顾炎武曾以山东德州的情况表达自己对火耗的看法："愚尝久于山东，山东之民，无不疾首蹙额而诉火耗之为虐者。独德州则不然。问其故，则曰：州之赋二万九千，二为银八为钱也。钱则无火耗之加，故民力纾于他邑也。"[②] 这一事实影响了顾炎武对财政白银化的看法，坚定了他"重钱轻银"的立场。

以银代赋在生产领域也产生了一系列弊端，造成一部分人"去农迁业"，放弃种田，从而引起粮食产量下降。"诸方赋入折银，而仓廪之积渐少矣。"[③]特别是官府所征赋额，皆有定数，不得减少，乃至于有增无减。而民间米价变化无常，贵贱时有，以银折纳，谷贱则必伤农。"一条鞭法"税制尤其在西北和中原一带遭遇了巨大阻力。上文提到该制度用银两彻底代替实物来充当赋税或徭役。在白银充盈、商品经济发达的南方自然问题不大，但在商品流通不发达、依然以小农经济为主的西北腹地就完全不同了。顾炎武曾经描述了陕西地区的"银荒"现象，陕西时年虽然粮食大丰收，但是商品经济滞后，百姓无法凑齐需要缴纳的白银税额，以至于出现了"民且相率卖其妻子""至征粮之日，则村民毕出，谓之人市"等惨况，原因是"有谷而无银也"。他进一步指出白银在边远地区的稀缺状况，"山僻之邦，商贾之所绝迹，虽尽鞭挞之力以求之，亦安所得哉"。[④] 可见这种"一刀切"式的赋税白银化改革是不公平的。以上问题使社会贫富差距、地域分化进一步扩大，阶级矛盾更加突出。

此外，"一条鞭法"以及它的实质——赋役白银化，本质上是政府利用强权干预生产资料和劳动力转换、流通的一种手段。它把原先实物流通下杂乱的物流体系重新用货币予以计量，部分降低了流通过程中的实物损耗，提高了在商品经济发展背景下一些社会资源的配置效率，但直接作用也仅此而已。张居正去世后，"一条鞭法"旋即被废止，改革红利没有充分被平民享受。这种"一概征银"的改革还掩盖了土地兼并、自由劳动力

---

① 此外，民众进行换银和秤兑环节，奸商、管库胥吏、富户往往利用银贵米贱、砝码不一的漏洞赚取民脂。而官府在投柜、煎销、装鞘、解运等过程中，通过成色稀释、火耗、代煎、出役（高利贷）等手段满足了柜头、揽户、解户等胥吏以及富户、游侠刁民等群体的灰色收入。一切损耗最终还是由普通百姓承担。参见黄阿明《明代货币白银化与国家制度变革研究》，第289～298页。

② （清）顾炎武：《钱粮论下》，《顾亭林诗文集》，中华书局，1983，第20页。

③ 《明史》卷78《食货志二·赋役》，第1896页。

④ （清）顾炎武：《钱粮论上》，《顾亭林诗文集》，第17页。

丧失的现实，更没有缓解经济发达地区城市化、商业化的需求与全国整体维持小农经济惯性之间的矛盾。

（二）经济作物对粮食作物的替代

明初制定了鼓励种植棉花桑麻的政策，[①] 不按规定种植这些经济作物者，要承担额外税赋。古语有云："自古中国所以为衣者丝、麻、葛、褐四者而已。"[②] 所以鼓励种植纤维作物的政策本意是为了解决穿衣保暖问题，同时保障北方边镇的冬季军需供应。但此时经济作物的规模化发展也为王朝后期经济作物大面积取代粮食作物奠定了经验基础。成化朝之后，在赋税折银的影响下，商品经济获得飞速发展，带动了农业结构的广泛调整。种田产粮，本就力苦利薄，再加上银谷比价变化莫测，往往于粮农大为不利。中国历史上，也向来是"末富居多，本富尽少"。而单纯凭借粮食作物，是无法应付"上供赋税，下给俯仰"的负担的。面对这一现实，为了完纳税粮、养家糊口，也只有少种田、多种经济作物，才能摆脱"有谷而无银"的困境。正如徐光启所言"但虑丰年谷贱，公家折色银，输纳甚艰，民间急宜多种桑株育蚕，拟纳折银可也"。[③] 同时，在丝织品、棉纺织品、茶叶、糖、烟草等大量出口畅销品的推动下，江南百姓纷纷把农田里的粮食作物改种成桑、棉、茶、蔗、油菜、香料、染料植物、药材、葛麻、水果等经济作物。这样不仅可以在国内换取更多的银子用以交税，也可以把下游产品广泛地出口到国外赚取白银。但是，就像管仲利用鲁缟在鲁国、梁国制造危机一样，经济作物的大量种植和出口会使社会产生一种错觉，即卖得好的作物比能管饱的粮食更重要，以至于晚明江南地区的粮食要靠湖广接济，多地的农作物结构在"白银化"的社会中出现了不合理调整。

例如，明代中晚期，棉花作为最普及的经济作物，"其种乃遍布于天下，地无南北皆宜之，人无贫富皆赖之，其利视丝、枲盖百倍焉"。[④]《农政全书》记载松江府"官民军灶垦田几二百万亩，大半植棉，当不止百万亩"。[⑤] 另有文献记载松江的各县"农田种稻者不过十之二三，图利种棉者，则有十之七八"；仅松江府上海一地的棉花种植，竟"与稻相等"；苏

---

① "凡民田五亩至十亩者，栽桑、麻、木棉各半亩，十亩以上倍之。……不种桑，出绢一匹。不种麻及木棉，出麻布、棉布各一匹。"《明史》卷78《食货志二·赋役》，第1894页。

② （明）丘濬：《大学衍义补》，上海书店出版社，2012，第203页。

③ （明）徐光启：《农政全书》，罗文华等校注，岳麓书社，2002，第426页。

④ （明）丘濬：《大学衍义补》，第204页。

⑤ （明）徐光启：《农政全书》，罗文华等校注，第265页。

州太仓“郊原四望，遍地皆棉”，“占地十之六七”。[①] 棉花经过明早期的规模化种植，到明朝中后期，其生产规模在中外贸易的前沿省份福建省实现了进一步扩大。泉州、建宁、福州、漳州、兴化、延平六府及福宁州都在广泛种植棉花。福州府棉花“诸县间有之，古田平沃处种者稍多”。[②] 泉州府同安至龙溪间“扶摇道旁，皆是棉花”，安溪县“桑拓少植，惟种木棉”，南安、晋江“二县山村，家家皆种”。[③] 福建山多地少，原来本地产粮尚足供本省之民，即“力耕之原足给全闽之食”，后因多植甘蔗、果树，“耗地已三分之一”，又“烟草之植，耗地十分之六七”，“如此闽地即去七八，所种粳稻、菽麦亦寥寥耳”。[④]

和福建相比，广东植桑范围不断扩大。桑树和鱼塘相互搭配组合出现，“基种桑，塘蓄鱼，桑叶饲蚕，蚕矢饲鱼，两利俱全，十倍禾稼”；因蓄鱼岁利亦可几倍于农，省中“诸大县村落中，往往弃肥田以为基，基下为池以蓄鱼，大者数十亩”。[⑤] 水稻种植面积不断缩小。到明朝末年，广东桑树种植面积已达历史之最。[⑥] 崇祯十五年（1642），仅顺德县的种桑面积即达到58094亩。[⑦] 明朝中后期珠三角植桑业的发展，使广东成为全国有名的蚕桑业基地。丝织业继而后来居上，嘉靖《广东通志》[⑧] 记载，广东绸缎质优色鲜，超过了南京、苏州、浙江等地的产品。明末清初学者屈大均在《广东新语》[⑨] 中列举了至少六种广东地区的丝织品，并直言它们是畅销海内外的高档产品。作为原料的生丝获得大量出口。英国学者博克舍统计，万历八年（1580）至万历十八年（1590），每年从澳门运到果阿的

---

① 参见（清）贺长龄、魏源等编《皇朝经世文编》补卷《高晋疏》中华书局，1992年影印本；（清）叶梦珠《阅世编》卷7；崇祯《太仓州志》卷14、卷15。

② 弘治《八闽通志》卷25《食货·土产》。

③ 参见（明）王世懋《闽部疏》；嘉靖《安溪县志》卷1；钞本《安海志》卷4。

④ （清）郭起元：《论闽省务本节用书》，（清）贺长龄、魏源等编《皇朝经世文编》卷36。

⑤ 李育中等注《广东新语注》，广东人民出版社，1991，第493、522页。

⑥ 据《珠江三角洲农业志》第3册所收集的资料统计，万历九年（1581），南海县有课税桑树鱼塘48326亩，顺德县40084亩，番禺县10702亩，新会县6588亩，三水县10250亩，香山县711亩，高明县7810亩，宝安县2698亩，东莞县32659亩，九县合计，共159828亩。珠江水利委员会《珠江水利简史》编纂委员会：《珠江水利简史》，水利电力出版社，1990，第159页。

⑦ 招汝基主编《顺德县志》，方志出版社，1999，第106页。

⑧ 原文：“粤缎之质密而匀，其色鲜华，光泽滑泽”，“金陵、苏、杭皆不及”。樊树志：《晚明史：1573—1644》上册，复旦大学出版社，2015，第110页。

⑨ 原文：“广之线纱与牛郎绸、五丝、八丝、云缎、光缎，皆为岭外、京华、东西二洋所贵。”李育中等注《广东新语注》，第376页。

生丝有3000余担，至崇祯九年（1636）达到6000担。[①] 其产品基本是广东本地生丝。果树、异卉在广东也得到大量种植，“富者以稻田利薄，每以花果取饶”，荔枝种植最受欢迎。“家有荔枝千株，其人与万户侯等”，“有荔枝之家，是谓大室”，“荔枝龙眼致豪华”，广州“凡矾围堤岸，皆种荔枝、龙眼。或有弃稻田以种者”。[②]

和广东相比，广西选择大力发展麻类作物种植。嘉靖《广西通志》记载，广西麻织品除了著名的瑶斑布，还有苎麻布、蕉布、葛布、青麻布、青布等不同种类。麻的种植范围以南宁府、梧州府为中心遍及广西全境。有些地方“力田日少，日用饮食多以麻易”，[③] 可以看出，由于麻的种植数量和重要性超过了粮食作物，百姓甚至直接用麻来换得粮食。麻类作物可以织造成多种多样的麻布，畅销于平民大众之间。受广西种麻扩大化的影响，广东也开始推广种植麻类作物，之后更是把重点放在了麻布的生产上。万历《广东通志》记载，广、潮、肇、雷、琼诸府均出产蕉布、麻布、葛布。广东的葛布名目繁多，评价颇高。[④] 其中增城和雷州的葛布达到了极高的工艺水平，甚至百钱一尺仍然供不应求。由此可见，广西、广东一个作为麻类植物原料产地，另一个作为下游成品加工地，相互配合，产品行销天下。

我国甘蔗种植历史悠久，华南地区是本土甘蔗的发源地。蔗糖提取法在东汉就有相关记载。[⑤] 明朝中期以后，广东地区开始大量种植甘蔗。东莞、增城、阳春、番禺等县的甘蔗田连岗接阜，蔚然成片，几乎和稻田面积相等。由于甘蔗分布广、产量多，制糖业也十分发达。到明朝后期，粤东蔗糖已经成为天下所资的商品。[⑥] “糖之利甚溥，粤人开糖房者多以致

---

① C. R. Boxer, *The Great Ship from Amacon, Annals of Macon and Old Japan, 1555 - 1640*, Appendix 1, Lisiben, 1963, p. 182.

② 李育中等注《广东新语注》，第40、548页。

③ （明）黄佐：《广西通志》卷29《兵防》，《四库全书存目丛书·史部》第187册，齐鲁书社，1996，第822页。

④ “产于阳春者曰春葛，产于雷州者曰雷葛，产于博罗者曰善政葛，产于龙江者曰龙江葛，产于琼州者曰美人葛。”增城葛布“弱如蝉翅，重仅数铢”，雷州葛布工艺水平也很高，“百钱一尺，盛行天下”。谢国桢编《明代社会经济史料选编》上册，福建人民出版社，1980，第138页。

⑤ 东汉杨孚的《异物志》记载：“甘蔗，远近皆有。交趾所产甘蔗特醇好，本末无厚薄，其味至均；围数寸，长丈余，颇似竹，斩而食之既甘，迮〔榨〕取汁如饴饧，名之曰糖，益复珍也。又煎而曝之，既凝而冰，破如砖，其食之入口消释，时人谓之石蜜者也。”（清）梁廷楠、（汉）杨孚等：《南越五主传及其它七种》，杨伟群校点，广东人民出版社，1982，第46页。

⑥ 谭光万：《农业商品化：历史与启示》，东南大学出版社，2018，第161页。

富，盖番禺、东莞、增城糖居十之四，阳春糖居十之六，而蔗田几与禾田等矣。"① 除了广东，福建是明朝中后期另一个主要的甘蔗产地。成熟的甘蔗会被制成蔗糖行销四海，内地富商也"持重货往各乡买糖"。"居民磨以煮糖，泛海售焉，其地为稻利薄，蔗利厚，往往有改稻田种蔗者，故稻米益乏，皆仰给于浙、直海贩。"②

在江南腹地，生丝、绸缎、棉布、茶叶等商品的生产规模越发扩大。利玛窦估算，明朝末年，仅上海地区纺织产业工人数量就有近 20 万。③ 虽然这一数字未必准确，但足以说明纺织业从业人数之众。吴江一带，成、弘以后"居民乃尽逐绫绸之利"。④ 隆庆万历年间，张瀚感叹说："余先世亦以机杼起，而今三吴以机杼致富者尤众。"⑤ 明人还认为稻田被桑树侵占后的损失远小于收益，即"浙西之利，茧丝为大，近河之田，积土可以成地，不三四年，而条桑可食矣；桑之未成，菽麦之利，未尝无也。况举一圩之田，所损者少，所益者多"。⑥ 明朝中晚期大量记载也充分表明江浙发展丝、棉种纺业的必要性。正德《松江府志》记载"邑之民业，首借棉布，家之租庸、服食、器用、交际、养生、送死之费，胥从此出"；嘉靖时徐献忠认为松江"以布缕为业，农氓之困，借以稍济"；顾炎武记载"崇邑田地相埒，故田收仅足支民间八个月之食，其余月类易米以供，公私仰给，惟蚕息是赖"；徐光启记载松江府"所繇供百万之赋"，"全赖此一机一杼而已"，此外，"苏、杭、常、镇之币帛枲纻，嘉、湖之丝纩，皆恃此女红末业，以上供赋税，下给俯仰"，徐光启还强调"若求诸田亩之收，则必不可办"；明末清初文学家叶梦珠提到，苏松等地由于广植棉花，纺纱织布，行于天下，故"民间赋税，公私之费，亦赖以济"。⑦

---

① 李育中等注《广东新语注》，第 604 页。

② （明）陈懋仁：《泉南杂志》卷上，《四库全书存目丛书·史部》第 247 册，齐鲁书社，1996，第 836 页。

③ 〔意〕利玛窦、〔比〕金尼阁：《利玛窦中国札记》上册，何高济等译，商务印书馆、中国旅游出版社，2017，第 9 页。

④ （清）倪师孟、（清）沈彤：《（乾隆）吴江县志》，《中国地方志集成·江苏府县志辑》第 20 册，江苏古籍出版社，1991，第 176 页。

⑤ （明）张瀚：《松窗梦语》卷 4《商贾纪》，中华书局，1985，第 85 页。

⑥ （清）张履祥辑补《补农书校释》（增订本），陈恒力校释，王达参校、增订，农业出版社，1983，第 164 页。

⑦ 参见（明）陈威、（明）顾清《（正德）松江府志》卷 4《风俗》，《天一阁藏明代方志续编》第 5 册，上海书店，1990，第 212 页；（明）徐献忠《长谷集》卷 1《赋类》，《四库全书存目丛书·集部》第 86 册，齐鲁书社，1997，第 160 页；（明）徐光启《农政全书》卷 35《蚕桑广类·木棉》，罗文华等校注，岳麓书社，2002，第 565 页；（清）叶梦珠《阅世编》，第 156 页。

以上末业创造的利益，使各种支出“胥从此出”，有了这些经济作物，则“困借可稍济”，而几乎“公私仰给，惟蚕息是赖”，这些末业保证了“上供赋税，下给俯仰”，若是“求诸田亩之收，则必不可办”。随着织造业的兴盛，相关原材料价格随之暴涨。昔日富饶多产的江南粮仓，开始更大范围地改种桑树等作物。据李伯重估计，明中期以后江南的桑树种植面积至少达到了70万亩。[①] 此外，随着炒青技术的推广和饮茶方式的改变，南方的种茶区进一步扩大。17世纪初，茶叶允许大量出口，进一步增加了茶园的面积。除了上述经济作物，产油作物也是南方地区大力替代粮食种植的重要作物。明代南方油料作物种类丰富，包括乌桕、芝麻、油菜、油桐、油茶等。这些作物榨出的油脂广销海内外。明中叶以后，由于粮田大量改种他物，即使正常年景，江南等地的粮食也开始需要从外地购买补充。

富庶的江南为了折银缴税、发展外贸和应对商品经济带来的城镇化，大力发展经济作物种植，受此影响，西北甚至边关重镇也开始热衷经济作物的推广种植。由于白银大部分集中在东南地区，北方和西部流通较少，所以山西、陕西的百姓缴纳白银赋税时更为艰难，因此他们更愿选择回报周期短、具有比较优势的高附加值经济作物来代替粮食作物，这样资金回笼快，单位土地的产值更高，可以最大限度减轻纳税负担。明朝后期，陕西烟草侵田的现象比比皆是，汉中“沃土腴田尽植烟苗，盛夏日霁，弥望缘野，皆此物也”。[②] 山西的桑丝和棉花生产在全国十分突出。成化八年，各府州县共计栽桑990046株。[③] 栽桑必须“十步一树，阴相借者，则妨禾豆”，[④] 按此栽种方法计算后可知，每亩土地宜种2～3棵桑树，[⑤] 如此算来山西各府州有30万～33万亩的土地种桑，在山西可耕田有限的情况下，这一面积还是比较大的。河东地区素有“勤农织”之称。潞、泽二州[⑥]在明朝与江、浙并称为我国三大丝织专区之一。潞州府更是发展成为北方名副其实的纺织业中心。“潞绸”成为山西最负盛名的产品，和杭缎、蜀锦齐名，一度作为高端消费品热销海外。凭借高超的织造技艺、优良的产品

---

① 李伯重：《江南农业的发展：1620—1850》，王湘云译，上海古籍出版社，2007，第262页。

② （清）贺长龄、魏源等编《皇朝经世文编》卷36《户政十一·农政上》，第21页。

③ 李侃：《山西通志》卷6，1933年景钞明成化十一年刻本。

④ （明）徐光启：《农政全书》，罗文华等校注，第362页。

⑤ 田阡、黄先智：《北朝隋唐桑树种植与蚕桑文化的发展》，《丝绸》2010年第8期。

⑥ 潞州：今山西长治。泽州：今山西晋城一带。明人载：“西北之机，潞最工。”（明）郭子章：《蠙衣生蜀草》卷6，万历十八年刻本，第19页。徐光启在《农政全书》中也有相同记载。

质量、先进的资本运作方式，“潞绸”成为晋商必不可少的创收产品。麻、丝、棉织业等上游产业的发展，又推动了山西地区染坊和颜料行的发展。[①]曲沃、襄陵、临汾等县都种植蓝靛[②]，并专设有贸易集市。平遥县颜料商还在京城设有平遥颜料商会馆，清末该馆成了北京颜料行同业公会会址所在地。在晋商的影响和带动下，烟草、亚麻、桑树、棉花这些经济作物纷纷成了山西省农民首选的种植对象。

但是，山西省是九边重镇的重要粮食来源地。山西镇、大同镇、宣府镇三大边镇共计驻兵超过百万。而明朝实行卫所制和营兵制，和募兵制不同，这是一种职业军人制度，兵将通常携带妻儿同驻卫所。这么多人每年耗粮数百万石，虽然明初边镇就开始军屯，但在后来商屯泛滥的情况下，边镇对土地的管理权和使用权几乎丧失。而平坦肥沃的土地更是晋王、代王、沈王三大山西宗藩进行土地兼并的首选。在这种情况下，如果没有充足的可垦农田保障粮产，一旦耕种不足、青黄不接，或者遭遇自然气象灾害，将会酿成严重的社会危机。

通过以上研究可知，成、弘以后我国粮食播种面积大幅减少的情况不是个别地区的偶发现象，而是一种以东南沿海最突出、遍及大江南北的全国现象。明朝中后期由于白银大量流入，刺激了商品经济的极大发展，同时，为了满足税赋折银的需要，大量农田改种回报快、利润高的经济作物。制茶业、纺织业等劳动密集型产业的蓬勃发展，又使商人从这些高附加值的产业中获得了丰厚的回报，他们有财力购买商业粮，所食用的粮食开始广泛依赖外省输入。随着“一条鞭法”为代表的货币赋税制度的推进，华北和西北这些远离进出口贸易港的内陆省份也不得不卷入经济白银化的浪潮，在“纳银不纳粮”的规定下，种植经济作物和弃农从商是更合理的选择，山陕商人获得发展。明中叶以后粮食种植面积究竟减少了多少，史籍并无详细完整的材料，再加上文字的分散、缺失，很难加以全面具体考订。但从上述各地所透露出来的经济作物与粮争田的一些信息看，其数量已相当可观。从各地方志记载的“他种占田多，则米出益少”“稻米益乏”的内容中，可知粮食产量形势严峻。范金民统计了江南几个产粮区粮食作物和经济作物耕种面积的变化情况，认为自明后期至 17 世纪中叶，杭州府田减 30 顷，经济作物升了 180 顷；嘉兴府田减 1354 顷，经济

① 黄鉴晖：《晋商兴盛与境内商品经济的关系》，《山西文史资料》1996 年第 2 期。

② 蓝靛，多年生草本，可做染料。

作物升 1560 顷；湖州府田减 79 顷，经济作物升 28 顷。[①] 而海外白银的规模化输入更加速了农业结构调整模式的循环、复制和推广。但这些做法危害了明朝社会的粮食安全，削弱了军队的后勤保障能力，侵蚀了明朝的综合国力。

三　社会经济体系的被动调整与财政危机的出现

（一）白银窖藏代替粮食窖藏

上文的论述揭示了明朝中后期全国粮食作物的种植面积越来越少，粮价在逐渐攀升。同时，财政银量化、税役折纳化使社会流通的白银越来越受重视。把白银窖藏起来开始成为大多数人尤其是富商大贾的通行做法。由于社会中的铜钱一直没有退出流通市场，有学者将这一时期的货币体系总结为“银、钱平行本位制度”。白银作为称量货币是基本足值的，而铜钱私铸情况严重，往往含有杂质，政府也不愿意为劣币、伪币作信用背书。在格雷欣法则下，劣币驱逐良币，更加强化了全社会储蓄白银的意愿。

弘治朝宦官李广，被抄家时搜出“黄白米各千百石”。孝宗奇怪李广一家为何要吃这么多米，问道：“广食几何，乃受米如许。”侍卫说：米是代称，黄米即黄金，白米乃白银。[②] 正德朝的刘瑾，窖藏白银更是数量惊人。各级各类官员无论是入京受敕、升迁提拔，还是违律消罪等，均要重金贿赂刘瑾。其值“一千曰一千，一万曰一万，后渐增至几千几万矣”。[③] 被抄家后，籍没“银五千万余两，他珍宝无算”，这一数字尚显保守，按照嘉靖朝《继世纪闻》记载，刘瑾的家产是“金共一千二百零五万七千八百两，银共二万五千九百五十八万三千六百两”。[④] 正德朝的另一名权监钱宁被籍没家产时，也搜得“黄金十余万两、白金三千箱”。[⑤] 同样是正德朝的权臣江彬，被抄家时搜出“黄金七十柜，白金二千三百柜”。[⑥]

---

① 范金民：《明清杭嘉湖农村经济结构的变化》，《中国农史》1988 年第 2 期。

② 原文：“帝疑广有异书，使使即其家索之，得赂籍以进，多文武大臣名，馈黄白米各千百石。帝惊曰：‘广食几何，乃受米如许。’左右曰：‘隐语耳，黄者金，白者银也。’帝怒，下法司究治。”《明史》卷 304《李广传》，第 7784 页。

③ 王树民校证《廿二史札记校证》，中华书局，1984，第 845 页。

④ 王树民校证《廿二史札记校证》，第 845 页。

⑤ 《明史》卷 307《钱宁传》，第 7892 页。

⑥ 王树民校证《廿二史札记校证》，第 810 页。

《明实录》《天水冰山录》都记载了严嵩、严世蕃被抄家时的财产清单，江西严府“抄没净银二百零一万三千四百七十余两，银器一万三千三百五十余两，银首饰二百五十余两，净银、银器、银首饰共重二百零二万七千余两”，“北京严府抄没银一万二千六百余两”。[①] 而当时户部太仓银库额定年收入不过二百万余两，严氏财富中仅白银就将近204万两，和银库年收入相当。相比之下，严世蕃更热衷于窖藏白银。晚明笔记《泾林续记》记载严世蕃筑窖以藏银，“掘地深一丈，方五尺，四围及底，运银实其中，三昼夜始满”，严嵩起初并不知情，世蕃“遣奴邀嵩至窖边，灿然夺目”“（嵩）复询深若干，左右以一丈对”，严嵩听到深一丈后，“掩耳返走”，口中嗫嚅道“多多积者必厚亡，奇祸，奇祸”。[②] 按现在的体积单位计算，此窖约有10立方米，至少能贮藏百万两的银锭。这也符合清代史学家赵翼的估计，即“每百万为一窖”。[③] 相同规模的地窖，赵翼认为严世蕃有“十数窖”。所以才有严家用了三天三夜才将所有地窖堆满的说法。朝廷抄没严家资产时，遣车船运银，结果“车运至潞河，载以十巨艘，犹弗胜”。[④] 在严嵩的祖籍江西分宜县，严世蕃还挖了一个更大的银窖，“世蕃于分宜藏银，亦如京邸式，而深广倍之”。[⑤] 由此可见严家藏银之巨。

李自成占领北京后，从官僚府中搜出来的白银总数高达7000万两。[⑥] 这仅仅是北京官员的藏银，如果加上地方官宦、贵胄、豪绅、巨贾的家藏，总数更多。但起义军发现，明朝内外府库却缺金少银。黄宗羲认为“富商、大贾、达官、猾吏，自北而南，又能以其资力尽敛天下之金银而去”，结果便导致国家“银力枯竭”“市易无资”。[⑦] 由此，社会陷入了严重的通缩。当时有识之士已经意识到消费对财富流动、分配的重要性，明代陆楫就反对厉行节俭和过度储蓄，他认为“自一人言之，一人俭则一人或可免于贫；自一家言之，一家俭则一家或可免于贫，至于统论天下之势

① （清）吴允嘉：《天水冰山录》，商务印书馆，1937，第22～25页；《明世宗实录》卷549，“嘉靖四十四年八月”条；（明）田艺衡：《留青日札》卷35《严嵩》等均有记载。

② （明）周元玮：《泾林续记》，中华书局，1985，第3页。

③ 王树民校证《廿二史札记校证》，第810页。

④ （明）周元玮：《泾林续记》，第3页。

⑤ “世蕃于分宜藏银，亦如京邸式，而深广倍之，复积土高丈许，遍布椿木，市太湖石，累累成山，空处尽栽花木，毫无罅隙可乘，不啻万万而已。”（明）周元玮：《泾林续记》，第5页。

⑥ 白寿彝总主编、王毓铨主编《中国通史》第9卷《中古时代·明时期》，上海人民出版社、江西教育出版社，2015，第1717页。

⑦ （清）黄宗羲：《明夷待访录·财计一》，古籍出版社，1955，第36～39页。

则不然”。[1] 陆楫鲜明指出了社会的崇俭黜奢、敛富藏银不会使社会百姓免于贫穷。嘉、万时期记录社会生活的章回小说《金瓶梅》提到白银时认为：“兀那东西是好动不好静的，曾肯埋在一处？也是天生应人用的，一个人一堆积，就有一个人缺少了。因此，积下财宝，极有罪的。”[2] 明末的郭子章指出，“天地生财，非徒陈积于天下，充溢委府，固将有以用之也”，“财聚则民散，财散则民聚，财聚似俭而基祸，财散非俭而受福”。[3] 以上关于银钱的评论都深刻指出了藏银对整个社会经济的巨大抑制效应。

随着藏银风气席卷全国，西北地区也受到影响。晋、陕二省大陆性气候显著，粮食适合储存，自古有“窖粟”的传统。白银大量流入后，却导致粮窖变为银窖。秦商和晋商把贩盐鬻货得到的白银囤积起来。大量的商业利润回归故乡，最终在奢侈性消费中被消耗殆尽，斩断了山陕商人向工商业投资的道路。这样一个怪圈不仅反映了他们“以末尽财、以本守之”的保守心态，也是内陆商帮无法迅速向近代商人转型的根本原因。当我们看到山陕商人走出黄土之乡，不辞艰辛，万里投荒的创业精神时，也要看到他们最终无法走出故园，还是要回归乡村的小农意识。这是自然经济条件下的一种必然选择。略有不同的是，江南地区气候潮湿，当地百姓没有囤积粮食的习惯。白银的重要性使他们更热衷修造储银的地窖，然后把出口商品赚来的银子囤积起来。而且，这些富商大贾也意识到，白银这种贵金属自己存起来一两，市场上就少一两，所以窖藏的白银只会升值不会贬值。

关于明朝后期白银窖藏的数量，吴承明估计明末中国流通的白银占60%，窖藏占40%，能挖出的存银总额大约为1亿两。[4] 彭信威得出的数字更多，他认为至明朝结束时民间窖藏的白银就达2.5亿两之多。[5] 宗藩贵胄、富商大贾、官宦豪绅每家每户都在积极藏银，在他们看来，白银是财富的象征、生活的依靠、满足欲望的条件，藏银是为了自己家族未来更好地生存，防范可能出现的重大危机。在那个信息闭塞的时代，他们很难获知全国的粮食生产情况，不知道国家已经陷入了粮食危机。很快，这些银子就难以买到食物，巨额的藏银成了满人入关后发展经济建设的垫脚石。

在古代中国，用以保障百姓生存的食物、衣物都不适合长期储藏。超

---

① （明）陆楫：《蒹葭堂杂著摘抄》，《纪录汇编》卷204。

② （明）兰陵笑笑生：《金瓶梅》，香港：亚洲文化事业公司古籍部，1980，第562页。

③ （明）郭子章：《奢俭论》，《青螺公遗书》卷21，光绪八年刻本。

④ 吴承明：《中国资本主义发展史》第1卷，人民出版社，1985，第172～179页。

⑤ 吴勇、张克立：《历史货币与货金业务研究》，阳光出版社，2019，第82页。

过一定保存期限，它们就会变质腐烂，成为废物。这就导致唯利是图者无法依靠无限的存储物资达到控制社会的目的。但白银的出现违反了这一规律。贡德·弗兰克称呼16世纪以后的中国是世界白银的终极秘窖。[①] 白银最终代替粮食成为第一大窖藏。这种储蓄方式被马歇尔认为是农耕民族应对未来危机的惯用方法。[②] 可见，白银在明朝中后期一直有限地存在于流通领域，更没有广泛地进入生产领域，更多情况下只行使了一种贮藏功能。

（二）白银通缩与结构性通胀并存

明代白银作为主币后一直是称量货币的形态，并没有形成像铜钱一样的铸币，货币白银化使市场因素被放大，政府的管制效果愈发弱化。又因为从赋税征收到商业交易基本都用白银结算，自然推动了市场上白银的流通，社会经济发展越来越依赖白银。加之隆庆开海催发的出口贸易浪潮引致巨额白银内流，明朝的经济秩序更加受制于市场这只看不见的手以及海外白银的持续性输入。20世纪80年代，艾维泗就发文指出，1530—1650年，国际白银输入量的变化在很大程度上颠覆了明帝国最后数十年的经济和政治稳定。[③]

17世纪以后，西方爆发贸易与商品经济危机，明朝社会白银输入量开始下降。[④] 具体表现为以下一系列事件。英国和荷兰海上势力崛起后，中、西贸易经常受到他们的劫掠，包括运输白银的商船。同时，西班牙政府借口中国商品挤占西班牙商品在美洲的市场空间而开始进行诸多的贸易限制。17世纪20年代起，西欧国家经历的一系列严重社会和财政危机引发了连锁的“价格革命”。西班牙等国放弃了原来的多边贸易政策，为了遏制白银外流，开始奉行重商主义。崇祯二年（1629），中国停泊于马尼拉的商船由原来的年均40多艘变为每年仅剩6艘。[⑤] 海外贸易愈发萧条，商人不再热衷于银货贸易。17世纪30年代以后，美洲白银的产量转为下降趋势。四年之后，西班牙在原来限制贸易的基础上再次颁布了严苛的征税

---

① 〔德〕贡德·弗兰克：《白银资本：重视经济全球化中的东方》，刘北成译，第182页。

② 〔英〕阿尔弗雷德·马歇尔：《货币、信用与商业》，叶元林译，商务印书馆，1985，第49页。

③ William S. Atwell, “International Bullion Flows and the Chinese Economy circa 1530 - 1650”, *Past and Present*, No. 92, 1982, pp. 68 - 90.

④ 〔瑞士〕戴维·伯明翰：《转动罗盘：葡萄牙史》，东方出版中心，2020，第26页。

⑤ 《中国经济发展史》编写组：《中国经济发展史：公元前16世纪—1840》第3卷，上海财经大学出版社，2019，第1274页。

令。1631 年发生了西班牙统治者首肯的大规模屠杀华人事件，1640 年马尼拉再度发生此类事件，据说有 37000 名华人在马尼拉郊区遇害。[①] 华人出海经商的意愿再次下降，通过菲律宾流入中国的美洲白银骤减。17 世纪 40 年代，白银输入量下降到每年 70 吨，50 年代下降到每年 50 吨，到 60 年代下降到每年 40 吨。[②] 1639 年至 1640 年，德川幕府禁止日本人与外国人交往通商。[③] 日本逐渐断绝了与澳门的所有贸易往来，曾经给中国带来大量日本白银的贸易路线也宣告关闭。1641 年，荷兰人占领马六甲，澳门和印度果阿港的贸易路线也被迫中断。以上国际剧变波及了世界范围内的白银流通，导致流入中国的白银总量逐年下降。

值得注意的是，在 20 世纪中叶，以横向整合的宏观视角和全球普遍联系的视野考察历史变动成为历史研究的趋势之一，部分中外学者将明朝末年的危机和欧洲存在的以贸易凋敝、经济衰退、政治动荡为内涵的“17 世纪普遍危机”[④] 进行了联系与对比。这种考察模式的提出是值得肯定的。因为在 17 世纪，中国与同纬度气候类似地区的社会震荡、贸易萧条、经济停滞等现象确实具有事件共时性和背景相似性。而在全球历史进入现代化社会以前，世界各地间存在一定的联系和互动。此外，深化对明末动荡在全球历史大变迁中角色的认识，推动对明清鼎革与同时期欧洲乃至世界诸多变化相关联的关注，也能够拓展研究视野，获得更深层次的认知，得出一些宏观的结论。随着探索的扩大，这种考察模式把 17 世纪“小冰期”带来的气候变化、生态挑战作为解释中国变局的要素之一，同时将明末清

---

① 樊树志：《晚明史：1573—1644》上册，第 57 页。

② 〔德〕贡德·弗兰克：《白银资本：重视经济全球化中的东方》，刘北成译，第 205 页。

③ 〔德〕贡德·弗兰克：《白银资本：重视经济全球化中的东方》，刘北成译，第 327、343 页。

④ 1954 年霍布斯鲍姆首次在论文《17 世纪危机》中明确提出“17 世纪普遍危机”这一概念。1965 年特雷弗·阿斯顿的《欧洲危机：1560—1660》一书讨论了各国 17 世纪存在的危机现象。随后在 20 世纪 70 年代，“欧洲危机”研究的时间范围扩展为整个 17 世纪，空间范围开始溢出欧洲而延伸至几乎整个欧亚大陆。目前学界关于“17 世纪普遍危机”“大分流”等涉及中世纪晚期和早近之交的跨国交流、互动的讨论既有更统一的一面，又有其碎散的一面。1973 年新西兰学者阿谢德的《17 世纪普遍危机在中国》是较早讨论“17 世纪普遍危机”与中国历史关系的论文。作者认为“中、欧社会差异的起源是在 17 世纪产生的，原因是欧洲和中国对 17 世纪爆发在各自领土的政治、社会和经济等不同危机的反应和对策不相同。欧洲社会从这场危机的重建中兴起，比以前更加强大、进取，而中国社会则保持了相对的不变，出现了一种分化”。参见 S. A. M. Adshead，“The Seventeenth Century General Crisis in China”，*Asian Profile*，Vol. 1，No. 2，Oct.，1973，pp. 271 - 280。作者在此将“17 世纪普遍危机”和中、欧间的“大分流”进行了连贯式的分析，观点较为新颖。

初的东亚纳入“17 世纪普遍危机”中展开讨论。但是这些讨论在推动相关研究的同时，也夹杂了许多误解、夸大和似是而非的论证。一些学者甚至将瓦剌蒙古人在内亚的崛起，日本的战乱与统一，奥斯曼帝国、莫卧儿帝国、越南等国的危机一道和明末动乱联系起来作为欧洲“17 世纪普遍危机”影响下的事件进行解读。[①] 可以认为，部分国家和地区间某些关联的效用在解释 17 世纪全球历史变动时被放大了。与之相反，贡德·弗兰克认为 17 世纪欧亚大陆各地的确发生一些局部危机，中国的一系列事变与气候及国际贸易带来的白银输入量相关，但并不存在一个“普遍化的长期的‘17 世纪危机’”，更不存在亚洲的“17 世纪危机”。[②]

笔者认为，分析 17 世纪欧洲危机和明末动荡、明清鼎革之间的关联性时要注意把握好尺度，不能仅因为中、欧部分事件拥有共同气候背景或某些共时性、相似性原因，就泛化了欧亚大陆不同空间系列结果间的联系、互动。但是，如果以白银这种没有国界的全球贸易支付媒介的开采、贸易间流动、跨国转移等变化波动作为欧洲“17 世纪普遍危机”和明末危机的联动因素，并将这种因素作为两个地区在财政乃至社会经济体系方面再次出现“大分流”的原因之一，这种做法在理论、实证、逻辑上是可以解释得通的。明清易代在西欧主导的全球化进程中，既有相关性，又充满独特性。改朝换代在中华文明聚合的长期历史运动中有着不同于外部的本土因素。另外，即便在欧洲内部，17 世纪危机的普遍性也值得讨论，比如 17 世纪西班牙、意大利、法国确实危机四伏，但对英国、荷兰来说，该世纪正是它们仗剑经营、武力拓殖、迅速壮大的黄金时期。这说明 17 世纪欧洲的危机可能并没有那么普遍，遑论奥斯曼帝国、莫卧儿帝国以及明朝等亚洲国家也存在“普遍危机”这种说法了。

欧洲部分国家的危机并不一定通过陆地或海上贸易路线完全传导到中国，但由于各种因素，明代白银输入量在 17 世纪上半叶确实有所减少。江南地区的财主们率先嗅到“银荒”的危机，进一步加速了对白银的储藏。这导致国内商品市场中流通的银两日益不足。再加上前期物价回落慢，社会陷入高物价、银短缺的局面，经济越发萧条。理查德·坎蒂隆[③]把一定时空下社会流通货币的充裕程度看作评价国家综合实力和社会富裕程度的

---

① 相关解读参见 S. A. M. Adshead, “The Seventeenth Century General Crisis in China”, *Asian Profile*, Vol. 1, No. 2, Oct., 1973, pp. 271 - 280。

② 〔德〕贡德·弗兰克：《白银资本：重视经济全球化中的东方》，刘北成译，第 321 页。

③ 〔爱尔兰〕理查德·坎蒂隆：《商业性质概论》，余永定等译，商务印书馆，1997，第 89 页。

决定性标准。这就能解释为什么16世纪中期以后的明朝堪称白银帝国，却没有实现国富民强，甚至导致了经济体系的崩坏。

按照经济学常识来说，白银囤积和流入减少导致的通货紧缩应该产生“银贵货贱”的局面，此时物价理应迅速下跌，但是，明朝面临的问题显然更加复杂，17世纪前后明朝广泛出现的物价上涨其实是结构性通胀引起的。简而言之，就是粮食等基础产品价格上涨，带动其他一系列商品价格协同上涨。上文述及，正是白银在外贸中表现出来的吸引力、在货币税收中表现的垄断性、在自然状态下的易贮藏特性等因素才使民众对白银青睐有加，并且纷纷放弃种植粮食作物。粮食危机的重要原因之一正是国际白银流入过剩。即便是富甲一方的江浙地区，在明朝后期也出现了粮荒。晚明文人叶绍袁在《启祯记闻录》中描述了苏州城内的危机：每斤大米的价格上涨到90多个铜钱，街道上有无数瘦弱的乞丐，大量的人死于饥饿，城中许多住宅都人去房空，一些宅院贬值出售也无人问津。[①] 富庶的苏州尚且如此，南方其他地方的情况更显糟糕。还有文献记载，当时江苏地区百姓的生活是这样的：“县不产米，仰食四方，……城门十日不启，饥人号呼，得不自乱乎？”[②]

在商品经济的刺激下，在白银流通的裹挟下，江南大部分地区已把主要作物由粮食变为经济作物，原本的“鱼米之乡”到17世纪初就已需要通过从外地购买谷物来解决缺粮的问题了。而全国1/5以上的税粮来自仅占全国1/16田土面积的江南八府。[③] 其中，苏、松二府更以仅占全国2.31%左右的田亩，承担着全国12.36%左右的税粮。[④] 这里的粮食产出关乎全国的供粮局面。一旦国际贸易局势恶化，流通白银渐少，他们手中大量的茶、桑、棉就会因为无法及时出售造成大量囤积，变得一文不值。所以出现了十室九空、饿殍遍野的局面。白银被视作待价而沽的商品藏进了地窖，农民折银纳税的成本越来越高。官府既无力增发货币也无法调节税收体系，只能不断加税，明朝社会也在复杂的危局中迎来了最终的破产。

值得注意的是，明末经世派代表人物黄宗羲、顾炎武、王夫之等人面对社会白银盛行、铜钱贬值、粮价上涨的情况，提出了“重钱轻银”甚至“废银用钱”的主张。比如黄宗羲在《明夷待访录·财计》开篇就指出

① 孙丽、肖燕飞、劳春南：《货币银行学》，延边大学出版社，2018，第19页。

② （清）顾炎武：《天下郡国利病书》卷20《苏松备录》，上海古籍出版社，2012，第589页。

③ 范金民：《明清江南重赋问题述论》，《中国经济史研究》1996年第3期。

④ 方兴：《从“苏松重赋”到“三饷均摊”》，《中国经济史研究》2010年第1期。

“后之圣王而欲安天下，其必废金银乎”，并认为明末白银成为唯一可用的流通货币，实为“天下之大害”。他还指出了禁银的若干好处，其中第一条“粟帛之属，小民力能自致，则家易足”，第三条“不藏金银，无甚贫甚富之家”，第四条“轻赍不便，民难去其乡”，分别指出了禁止白银流通后，小民百姓能够更好地负担起税役；官宦富家放弃藏银，社会贫富差距将会缩小；还可以固定流民，防止人口随意流动。[①] 上文提到顾炎武目睹了关中山区百姓为了凑足税银，不得不卖妻鬻子；山东百姓为了完成税银缴纳，只得疾首蹙额，忍受“火耗之虐”。因此他支持钱米并用，废止白银流通，主张山区等交通闭塞地区采取“粮主钱辅”的模式交税，即“凡州县不通商者，令尽纳本色，不得已，以其十之三征钱”。[②] 王夫之综合了顾、黄二人的提议。他肯定了铜钱的好处，即“利生民之用，自太公以来迄于今，无如钱矣”，[③] 认为“自银之用流行于天下，役粟帛而操钱之重轻也，天下之害不可讫矣”，[④] 同样主张偏远地区以本色纳税为宜，即“本色为主，远不能至而参之以钱”。[⑤] 明末清初三大思想家，生活于明清鼎革之际，从他们作为亲历者的角度看待问题的发生和结果，情境更为真切。他们的态度和观点也从侧面揭示了明晚期内流的巨量白银对社会各方面的冲击是多么严重。

（三）农业破产与财政危局的出现

封建社会的生产关系依靠的是小农经济基础。充足稳定的粮食生产是社会正常运行的保障。财政白银化作为具有现代税收特征的先进经济制度并不适合小农经济占主体的明代社会。明晚期，江浙二省和山西分别成为南方和北方粮食危机的主要策源地。上文提到，江南地区的本土耕田要么被经济作物替代，要么被抛荒，农民在城镇化的带动下纷纷进城从事手工业。剩下的农民由于耕地被兼并，只能沦为地主家的佃农，要承受多重压迫。而粮荒的局面更是愈演愈烈，“苏湖熟，天下足”的景象不复存在。江浙两省，常年所产之米“不足供本地之用，若江广之米，不特浙属借以运济，即苏属亦望为续命之膏”。[⑥] 若遇不熟之年，江南“全恃湖广、江西”；

---

① （清）黄宗羲：《明夷待访录·财计》，中华书局，2011，第139、146、149页。

② （清）顾炎武：《钱粮论下》，《顾亭林诗文集》，第18页。

③ （清）王夫之：《噩梦》，《船山遗书》第6卷，北京出版社，1999，第3828页。

④ （清）王夫之：《读通鉴论》卷20《唐太宗》，中华书局，1975，第1592页。

⑤ （清）王夫之：《读通鉴论》卷20《唐太宗》，第1594页。

⑥ 参见刘石吉《明清时代江南市镇研究》，中国社会科学出版社，1987，第59页。

平常年景已是“半仰食于江楚庐安之粟”；此外嘉定等县“仰食四方……中人之家，朝炊夕爨，负米而入者，项背相望也”；常州府无锡等地，“邑中之田所收尚未足供邑人之食，更欲接济他省，势必不能，每岁乡民棉布易粟以食，大抵多借客米，非邑米也”；嘉兴府“每不能自给，待食于转输者十之三”；湖州“本地所产之米，纳粮外不足供本地之食，必赖客米接济”。[①] 曾经的产粮重县崇德“田收仅足支民间八个月之食，其余月类易米以供”。[②] 和江浙地区一样，闽粤地区在隆、万以后也屡次出现粮荒事件。福建“虽丰年不能自给”，“仰粟于外，上吴越而下广东”；福、漳、泉、兴（化）四郡“在南则资于广，而惠、潮之米为多，在北则资于浙，而温州之米为多，又不足则贩之江西”；珠江三角洲“少谷，恒仰于西粤（广西）”。[③] 以江浙为代表的东南沿海地区，由重点产粮区变为“仰食四方”之地。产粮重心由此开始逐渐转到以湖广为代表（包括江西、四川在内）的一些地区。这一过程可理解为“苏湖熟，天下足”变为“湖广熟，天下足”。

湖广之地虽有外来移民补充此地的劳动力，并且享受一定的轻税减赋的政策，但从实际来看，这一地区的粮食生产水平还很有限。万历《湖广总志》言此二省“泻卤瘠空莫楚之疆甚矣”，“度其地土之大，一县可当‘江浙一大郡’，而计其生产之蓄积，一郡却不敌‘江东之一大县’”。[④] 主要原因在于湖广地区受地形地貌等自然禀赋的限制。以二省部分人口较多的府州县为例：正、嘉前后，常德府“土瘠而民寡，每岁田亩所获，不能当江浙上郡十之四五”；另一大府衡州，“土宜稻，田虽旷，不甚腴，夏秋畏旱，亩收不过二石，上田倍之，下田不能一石”，“地有遗利，民有余力”，“衣食多窘”；岳州府“米菽丝絮，日用之常，生之则难，贸之则贱”。[⑤] 此

---

① 参见（明）陈继儒《晚香堂小品》卷23；（明）吴应箕《楼山堂集》卷10；万历《嘉定县志》卷15、卷19；（清）黄印《锡金识小录》卷1；康熙《嘉兴府志》卷10；（清）汪日桢《南浔镇志》卷24。

② （清）顾炎武：《天下郡国利病书》卷84《崇德志》，第2471页。

③ 参见（明）何乔远《闽书》卷38《风俗志》，福建人民出版社，1994，第942页；（清）陈梦雷《古今图书集成·职方典》卷1110《台湾府》，中华书局，1985；（清）屈大均《广东新语》卷14《食语·谷》，中华书局，1985，第371页。

④ 参见张建民《“湖广熟，天下足”述论》，《中国农史》1987年第4期。

⑤ 参见（明）陈洪谟《嘉靖常德府志》卷6《食货志》，《天一阁藏明代方志选刊》卷56，上海古籍书店，1982；（明）杨佩《嘉靖衡州府志》卷8《风土志》，《天一阁藏明代方志选刊》卷59，上海古籍书店，1982；（明）李元芳、（明）钟崇文纂修《隆庆岳州府志》卷11《食货考》，《天一阁藏明代方志选刊》卷57，上海古籍书店，1982。

外，武昌江夏县“种稑町畦，十不三四”；咸宁“境少沃野”，明末仍刀耕水耨；崇阳“山多于田”，“沙石杂沓，小有水旱，不厌糟糠”；大冶“僻处阪隅，民鲜素封之积”；汉阳县“地气卑湿，人家兴废无常”；承天府京山县“三面阻山，山高谷广，不能多得田，且壤瘠不能多得谷，虽巨室，鲜储蓄”；潜江“人稠地狭，绝少旷土，积潦之乡，不能种植”；沔阳“耕尚卤莽，虽广种而薄收”；安陆县“土硗，……民无余赀”；应城“西北山地忧旱，东南湖地苦潦，丰年少而歉岁多”；应山“当楚之北偏地甚贫瘠，俗亦简陋”；郧阳府“介荆陕之间，万山盘亘，其民刀耕火种”；房县“男子烧畲为田”；竹溪“耕而食，汲而饮，不知有纷华靡丽之物，故无求于人”；即使在清初，东湖县“农田硗埆，耕种必兼别业，乃免冻馁”；长乐“邑属岩疆，出产甚薄”；恩施“山冈砂石，不通牛犁”，“城市村集无茶寮酒肆”。咸丰“水陆不通，生计太薄”，“地瘠民贫”；宜都“山多田少”；远安“僻处深山”，“刀耕火种”；兴山“地僻山峻，田土瘠薄，少殷富”。[①]

足见在明末清初，湖广虽有一部分粮食外运，但多数地方商品经济落后，粮食生产也不发达。[②] 明末时人所谓“湖广熟，天下足”的含义仅限于该二省地域辽阔，地有余利，可“一岁再获”，开发粮食种植潜力大、前途广，并且长江流域的运道经此地中转便利，非他省可比，而并不是说湖广的粮食已大有积余，足供天下之食。全国各地人口聚居区仍然缺粮严重。

大范围的粮食危机致使各地百姓起义不断，即便最发达的松江等商业城镇，也出现了佃农暴动、抢劫富户的现象。他们借用当年农民领袖邓茂七的“铲平王”这一名号来组织暴动，即“诸佃各袭主人衣冠，入高门，分据其宅，发仓廪散之”。[③] 除了南方，长城沿线九边重镇分布的“军屯”和“商屯”在输边折银的影响下也逐渐废弃，边镇兵将的粮食只需支付白银就可以购得，而不用再费时费力地去自行耕种。弘治时期，户部尚书叶淇调整了原来的“开中制”，令各地“召商纳银运司，类解太仓，分给各边”。[④] 此举使太仓存银多至百余万，国家财政收入骤增。边地参与“开中制”的盐商大都举家内迁，边镇储粮也随之减少。

---

① 以上内容参见（清）杨承禧、（清）张仲炘等《湖北通志》卷21，1921；张建民《明清长江中游农村社会经济研究》，商务印书馆，2010，第190页。

② 自洪武末年迄万历初年，湖广税粮始终在200万石上下，只占全国8%左右。参见王培华《元明清华北西北水利三论》，商务印书馆，2009，第198页。

③ 同治《永新县志》卷15，顾诚：《明末农民战争史》，光明日报出版社，2012，第362页。

④ 《明史》卷80《食货志四·盐法》，第1939页。

其实赋税折银的政策在明中期就招来了保守大臣的批评。弘治时期反对征收货币地租，主张赋税征收实物的代表人物丘濬结合古代治世经验和历史传统后认为，粮食在进入粮仓前需要经过春种、夏耕、秋收、称量、转运、入库等一系列程序，而银子只需要贸易交换就能获得。自古盛世之治皆重粮食而轻钱财，要想让国家长治久安，必须广积粮，哪怕它们腐烂在粮仓里，也不能用银子替换它们。否则出现天灾人祸之时，粮食供应不足，而银子不能当作食物，百姓只能坐以待毙。① 没想到丘濬一语成谶，提前预料到了明后期的粮食危机。而山陕商人依靠“开中制”实现财富积累后，弃农从商的热情越发高涨。尤其在明朝“三藩三镇”对山西的压榨下，许多晋商不得不去获得更多银子，他们甚至冒险开辟了和女真人、蒙古人的边境贸易。

此外，相比于上文分析的社会藏银的宏大规模，明朝中央政府却是捉襟见肘。嘉靖时期，就有御史弹劾严嵩：“陛下帑藏不足支诸边一年之费，而嵩所积可支数年。”② 说明此时权臣对白银的贪噬已经影响了国家的边防支出。自万历四十八年至天启四年，朝廷共发帑银 1938 万有奇，天启后期，内帑日渐空虚。崇祯在还未登基时，国库正常开支已经难以为继。面对国库入不敷出濒临破产的局面，崇祯皇帝继位后采取的应对方法是加税和印钞。他连续七次增税以应对北方战事和国内起义，但收上来的钱一次比一次少，百姓对政府越来越不信任。《圣武记》记载，自万历以后，每年辽饷已达 600 多万。崇祯年间，又加收剿饷 280 万两，练饷 730 万两，先后共增加 1600 多万两白银。③ 这些临时增加的税收，又从社会抽取了流通的白银，让原本坚定支持国家的一些人也转而倒戈，使危如累卵的大明雪上加霜。1642 年，崇祯命户部每年发行 5000 万贯纸钞，每贯兑白银 0.97 两，打算 5 年内把全国大部分白银尽收国库。但此时大明王朝已经是风雨飘摇，各级政府已经瘫痪，百姓对国家已经失去信任。“百姓虽愚，谁肯以一金买一纸。”④ 1643 年，桐城人蒋臣赴京出任户部主事，沿途经

---

① 原文：“盖粟生于地，非一日所能致，钱出于人力，可旬月间而办也。自古识治体者恒重粟而轻钱，盖以钱可无而粟不可无故也，后世以钱物代租赋，可谓失轻重之宜、违缓急之序矣。故为国家长久之计者，宁以菽粟当钱物，使其腐于仓庾之中，备之于无用，不肯以钱物当菽粟，恐一旦天为之灾，地无所出，金银布帛不可以充饥，坐而待毙也。”（明）丘濬：《大学衍义补》，第 203 页。

② 王树民校证《廿二史札记校证》，第 810 页。帑，是指贮藏钱财的府库。帑藏，指国库。

③ 林美玲：《晚明辽饷研究》，福建人民出版社，2007，第 44 页。

④ 《明史》卷 251《蒋德璟传》，第 6502 页。又见（清）孙承泽《春明梦余录》卷 38。

历了家乡的民变。《桐变日录》中记载，当时天赤如血，流民万里，贫户去抢富户的白银早已司空见惯。[①] 1644 年，大顺军占领紫禁城。此时明朝内库仅剩白银 13 余万两。

明朝号称白银帝国，国库和内承运库却空空如也。首要原因是明朝税目结构不合理，朱元璋建国伊始在“商业无用”的思想指导下建立了最初的赋役征收制度，包括征收粮食税和征派劳役两项。国家主要财税源于农业税，商人在抑商政策下难以发展，典型的商业税税目没有得到设立。明朝中后期，国家对工商业的掌控趋弱，江南地区富可敌国的大商人不仅赚取了大部分白银，还不用承担过多的商业税收，只需为名下的田亩缴纳税款即可。如此不合理的税目结构本应及时改革，却得以延续下来，这和南方利益集团在朝中的游说、运作不无关系。他们作为地方财团和地主富商阶层的代理人，倾向于袒护江南的富绅大贾。嘉靖时期的抗倭大臣李纨就是因为刚正不阿，揭发了沿海官员串通倭寇和日本走私攫取白银的事实，后遭朝中相关利益集团弹劾，在狱中含冤而卒。他在临终前说：“去外国盗易，去中国盗难。去中国濒海之盗犹易，去中国衣冠之盗尤难。”[②] 当沿海富商察觉到流入国内的日本白银锐减之后，他们在朝中的代表又纷纷鼓动皇帝开海，以获得更多白银。这种“利己为先”的施政目标导致明朝的财政改革始终摆脱不了江南地区的指引和诱导。他们的施政风格也为一些政策方针披上了道德伦理的外衣，以至于有真知灼见的大臣都闭口不言。议和、迁都甚至被视作不合天理、有违祖制的行为。明朝至此丧失了停战修整、重振旗鼓的机会，也未能利用战略纵深去和后金周旋。京城即将被攻破时，崇祯叹息道“内外诸臣误我”。[③]

另一个原因是上文提到的，由于一系列国际事件，明朝后期流入中国的白银大幅减少，银价升值，商人开始加大白银的囤积储藏力度，这进一步造成市面流通的白银减少，促使白银进一步升值。这一恶性循环最终导致大量白银被私人存储起来。这种风气逐渐从南方波及全国大部分地区，朝廷却资金匮乏。崇祯元年，户部给事中黄承昊上奏道，国家划拨的税收根本无法满足边饷开支的需求，而且边饷在逐年增加，税收却连年减少。战争看似是军事力量的角逐，其实更是经济实力的抗衡。战争对金钱的需求巨大，但层层加派的税金又容易激起民变。欧洲中世纪后期，各国战争

---

① 任双伟：《货币里的中国史》，世界图书出版有限公司，2019，第 237 页。

② 《明史》卷 205《朱纨传》，第 5404 页。

③ 顾诚：《明末农民战争史》，光明日报出版社，2012，第 255 页。

不断，但他们的统治者也没有过于压榨本国人民，而是靠发行债券或者向第三方国家借款来满足军需。不仅战争产生的加增税收无法征足，晚明的普通税收的征收也无法得到保障。崇祯四年，全国近40%的县级单位赋税已经交不到一半，一百多个县分文未交。这一时期，很多地方失去控制，全靠官员自觉。一个王朝赋税制度的落实水平，实际上反映了它对治下人口和田地的掌控能力。如果农民被迫离开田地，人口隐匿出逃数量增多，国家财政就会恶化。这在晚明显然已成为现实问题。

明朝的衰亡过程，始终伴随着财政白银化产生的多重矛盾。白银被窖藏起来以及输入量的断崖式下跌都进一步加快了整个财政体系的崩塌。崇祯一朝需要同时面对白银的通货紧缩、货币主权丧失的问题，其中还叠加了信用危机导致的税收体系失序问题。明廷最终发现财政政策彻底失灵，根本无法救助灾民和支付军饷。此外，不只是白银的存储流通出了问题，晚明的财政分配和物资调拨系统也一片混乱。只靠调节货币本身，根本不能实现物资分配的有效均衡。向一个地方拨款数百万两白银，不等同于数百万两白银的物资的直接到位，只有价值数百万两白银的现实物资在目标市场可调节时间内及时到位，调拨才有意义。但是，农业结构的不合理调整以及粮食危机导致庄稼减产、粮价暴涨，社会此时几乎陷入无粮可调的局面。

余　论

关于明朝灭亡的原因，先学已有诸多研究。结论包括气候因素导致的大范围粮食绝收、民变频发致使内乱不断、满洲崛起叠加防务失利、朝廷党争导致决策失误等。但所有这些事件的背后都有白银在起作用。明朝灭亡的速度取决于国家对白银依赖程度的深浅。当1644年北京陷落之时，也是明朝社会被白银冲击得支离破碎的时候。一言以蔽之，白银流入过剩，极大促进了明廷因钱钞不振而推行的财政货币化改革，直至“一条鞭法”在全国推广，白银成为税役征收的唯一选择，朝廷也失去了调控经济的手段。大量外部白银涌入，加速了货币白银化和政府财政税收的货币化，明朝社会进入了农商并重的经济结构状态。[①] 而包括财税政策在内的国家管理制度虽有调整、改革，但未能与商品经济发展做到协调同步。这种不协调遭遇了白银流通不稳定、军事行动、宗室矛盾等一系列问题后，形成了

① 赵轶峰：《明代的变迁》，上海三联书店，2008，第232～277页。

难以化解的财政、边防、社会稳定等多重危机。

在税役折银输纳、商品经济发展和出口贸易高涨的背景下，全国的沃田倾向种植高附加值的经济作物，从南方水田到边镇屯田，由南到北，粮食作物被经济作物代替的现象十分普遍。伴随种粮面积骤减而来的是投入这一生产领域农业劳动力的日益减少。嘉靖以后农民大批去农迁业，有些地方多达十之六七，时人惊呼“谁复有种田之人哉！吾恐田卒污莱，民不土著，而地方将有土崩瓦解之势矣，可不为之寒心哉”。[①] 粮田减少和粮农减少，两者又互为影响，这也是晚明流民渐多的原因之一。农业结构的不合理调整加快了粮食短缺、粮价上涨的趋势。而折银输纳、地域间白银通货的不均衡流通又加剧了普通百姓的负担，社会贫富差距进一步扩大，阶级矛盾进一步激化。全社会对白银的刚需在窖藏白银成风和海外白银进口锐减的状况下得不到基本满足，明朝的农业结构和经济体系朝着更无序的方向发展。而政府的改革、农业结构的调整、民间对白银的依赖等也可视作对白银流入过剩的一种因应。

白银大量内流，社会财富暴涨，也改变了时人的价值观、消费观以及社会关系。在社会生产力水平有所提高之时，首先受益的是地主阶级。明朝后期，骄奢淫逸、贪图享乐的风气在全国蔓延。这引起了一些观念保守者的警惕，他们认为奢靡消费、纵情恣睢、追逐利益是世风日下、人心不古的表现，呼吁统治者采取措施让社会回到明初那种纯粹的自然经济时代。但是，白银已经流入社会肌体的每一根毛细血管中，明廷已经失去了对白银化的财政进行调控的能力。来自海外的白银从沿海地区涌入明朝社会，代替了铜币、纸钞，成为支付手段和流通货币，并且承担起政府财政计量的重任，百姓服从全国性的政策，开始放弃缴纳粮食、布帛等实物税，以折色赋税代替本色赋税。一系列措施导致政府在社会遭遇大范围自然灾害或战争动乱时不仅满足不了灾民的衣食之需，甚至边镇士兵也面临缺衣少粮的局面。灾民、难民、流民组成的起义队伍吸收了哗变的士兵，一同加速了明朝的灭亡。

中国传统文化中始终有“轻利益”的思想，公开谈论钱财会被士大夫认为是缺乏修养的一种表现。即便是明朝后期重商主义和经世致用思想广为流传的情况下，朝中那些“高尚”的官员仍然不愿意认真地审视白银在社会中的地位和影响。明代白银的货币职能并不完善，其属性始终介于商

① 谢国桢编《明代社会经济史料选编》下册，福建人民出版社，1981，第387页。

品和货币之间。白银更多是作为大宗货物与税收结算的支付手段来使用。[①]其中一小部分被分割成碎银，充当小额交易的货币替代品。[②] 因此，虽然白银成为货币财政的支付工具，但它不在政府的控制之下，没有受到国家的监管，没有统一的发行机构。终明一朝，白银始终不是法定货币。[③]

明朝也没有建立稳定的银本位体系。这和部分学者的乐观估计截然相反。[④] 其背后的原因也是本文研究所要揭示的，那就是明朝中国还没有出现现代财政理念。计量经济学、货币经济学、代数学都没有发展起来。白银的单位“两”是重量单位而不是像“分”“角”“元”等作为货币计量单位来单独定义。即便是清朝，也没有把白银确立为国家的法定货币。明清两朝的财政体系作为国家运行的顶层制度设计，始终缺少科学、高效、系统的货币计量学、财政法等理论的支撑。白银虽然自下而上地成为一种约定俗成的支付工具，但在19世纪前其地位却一直未能被抬升，未被纳入近现代财政体系之中。白银在富商巨贾那里终究只是像番薯一样被放在地窖里作为度过灾年的战略物资。白银退出了流通市场，由此还导致贫富差距拉大，阻碍了财富再分配，底层人民得不到足量白银，无法在社会立足，即“其地俭则其民必不易为生者也”。无业者以及收入贫瘠者只能终日游荡，成为社会不稳定因素。孙承泽指出，“弘治时，世臣富；正德时，内臣富；嘉靖时，商贾富；隆万时，游侠富。然流寓盛，土著贫矣”。[⑤] 这里的游侠，其实就是不事生产的无业游民中那些崇尚暴力、率性而为、梗悍不驯的不安分人员。四处流动、久居客乡的商人过上了富奢生活，但安土重迁的百姓却因穷而生变。

清朝建立后，充分吸取了明亡的教训。在赋税制度、农作物挑选和推

① 黄仁宇先生通过对赋税折银前后明代财政管理体制状况的对比认为“白银只不过充当了多个地区之间众多商品输纳的等价物，并不具有很大意义的货币含义”。参见黄仁宇《十六世纪明代中国之财政与税收》，阿风等译，生活·读书·新知三联书店，2001，第131页。

② 柯育彦：《中国古代商业简史》，山东人民出版社，1990，第313页。

③ 黄阿明：《明代货币与货币流通》，博士学位论文，华东师范大学，2008。

④ 到明代白银已货币化，中国真正成为用银之国。但实行的是“银两制”，以金属的重量计值，属于称量货币制度。宣统二年（1910）颁行《币制条例》，正式采用银本位制，以“元”为货币单位，重量为库平7钱2分，成色是90%，名为大清银币。但与此同时，欧美国家已经纷纷用金本位制度代替了银本位制度。此外，银本位制必须满足：（1）国家规定白银为法定货币金属，并要求铸成一定形状、重量和成色的银币等实物；（2）银行券可以自由兑换银币或白银。这两点明朝都没做到，所以明代实行的不是银本位制。曹龙骐：《金融学》，高等教育出版社，2006，第30～50页。

⑤ （明）刘侗、（明）于奕正：《帝京景物略》卷7《瓮山》，北京古籍出版社，1983，第308页。

广、农耕技术改进、基层社会治理、思想文化等方面全面改良与革新，维护了社会的相对稳定。但清政府也没有解决白银构建的财政经济体系和小农经济基础之间的矛盾。19—20 世纪，列强凭借坚船利炮打开了中国国门，明清时期由日本人和欧洲人带来的海量白银又像潮水般涌出。虽然商品经济的发展贯穿明清时期，并且符合世界经济发展的大趋势，我们也可以把明清的改朝换代视为商品经济的一种进步，但是，无论这是属于进步的开始抑或是进步的代价，明朝覆灭的重要原因是白银过剩和不合理的分配制度。

The Subversion of Silver Invasion on Agricultural Structure and Economic System in the Middle and Late Ming Dynasty

Xue Bing, *Yin Jianlong*, *Xu Ru*

Abstract: There is a lack of local silver in Chinese history. The output of local silver mines is small and the quality is not good. Therefore, the economic structure and financial operation system of all dynasties were not designed for silver. During the middle and late Ming Dynasty, silver from Japan and the Americas poured into China with waves of foreign trade and sea traders. At that time, the country's dependence on silver had far exceeded that of the West on Chinese goods. Before the supporting system of fiscal policy was mature, the huge amount of silver input subverted the traditional agricultural structure and the original economic system. Through the textual research of historical materials and the research of sages, the author believes that the collapse of the Ming Dynasty began with the invasion of silver.

Keywords: The Ming Dynasty; The Trend of Silver Dominated Currency; Fiscal Monetization; Financial Crisis; Food Crisis

大后方的后方：差序格局视域下抗战时期重庆周边县镇的发展*

——以铜梁为中心

刘岩岩**

摘　要：抗战时期大后方的陪都重庆在统筹全局、支持长期抗战方面做出了巨大贡献，并在战时环境下得到迅速发展，同时亦对周边的小县镇产生深远影响。因受大后方核心城市辐射程度的不同，重庆周边的卫星县镇形成了层次分明的差序格局。今天重庆的铜梁区在抗战时期隶属于四川，因靠近陪都，其社会经济方面发生了显著变化。与此同时，农耕文明的惯性推着铜梁在传统社会轨道上缓缓滑行，使其发展方向未曾发生根本改变，这点与位于重庆迁建区核心圈的北碚截然不同。通过与北碚的比较，可以看出铜梁新旧事物并存、政府和民间对抗战的迥异态度、传统和现代二元格局等特点，这使其在抗战时期社会经济的诸多领域呈现出多重面相，彰显出抗战时期大后方县镇发展的复杂性。以铜梁为典型的大后方小县镇，在和核心城市的互动中维系了社会经济的运转，这亦是抗战胜利的保障。

关键词：大后方；重庆；县镇；铜梁

* 本文为2018年度教育部人文社会科学研究青年基金西部和边疆地区项目“民国时期长江口岸城市工业互动研究”（18XJCZH006）、2020年度国家民委民族研究自筹经费项目“近代西部民族地区工业发展与社会变迁研究（1891—1949）”（2020－GMD－017）的阶段性成果之一。

** 刘岩岩，男，安徽界首人，武汉大学历史学博士，电子科技大学马克思主义学院特聘副教授，研究方向为中国近现代社会经济史。

目前学术界对抗战时期大后方城市发展的研究成果甚为丰富,[①] 但多集中在重庆、成都等典型的大城市上，对战时陪都重庆周边小县镇的研究还不够深入。今日之重庆作为直辖市，辖 26 个区、8 个县、4 个自治县，主城区外的不少卫星县镇，历史上和重庆的关系因为行政区划之变革，分分合合颇为复杂，其中距离重庆主城区 70 多公里的铜梁在抗战时期虽隶属四川，但作为大后方陪都的后方，亦发挥了积极作用。同时，铜梁在抗战洪流的推动下，亦尝试逐步融入大重庆地区近代化的浪潮中。

一　渊薮与示范：政府机关在铜梁疏散的效应

全面抗战时期，为了减轻日军对重庆持续大轰炸的损害，国民政府有计划地组织政府机关、教育机构和工矿企业等向重庆周边疏散，根据 1939 年公布的《重庆疏建委员会疏建方案》，重庆周边部分县城作为次要疏建地，包括“江北、巴县、合川、璧山、铜梁、永川、江津、綦江、长寿等县境内，除指定之主要疏建地点外，交通便利之各较大乡镇”。[②] 因为铜梁靠近重庆，且气候温和，物产丰富，极具地理优势，“公路四通八达，水运出涪江、嘉陵，可达长江，更有东西两山屏障，历为治军要地”，[③] 因此，在军事辖区上，铜梁在 1939 年被划入重庆卫戍总司令辖区，和长寿县、江北县、合川县及巴县、璧山县的各一部分属于渝北警备区管辖。[④] 基于此，国民政府的相关军事机关在抗战时期陆续迁到铜梁。1938 年，国民党中央陆军军官学校第 14 期，从湖北武昌移驻铜梁安居镇，战补总队第一期移驻铜梁虎峰。同年，国民党中央空军入伍生中队，从浙江移驻铜梁旧市坝，并成立空军入伍生总队。[⑤] 军事机关的到来，促使铜梁的社会风貌发生一定变化，军事人员及其家属使外来人口迅速增加，铜梁房租和物价也随之迅速上涨，“房租从两三元一年变成了五六元一月，卖米的，卖

① 典型著作如何一民主编《抗战时期西南大后方城市发展变迁研究》（重庆出版社，2015）、周勇主编《重庆抗战史：1931—1945》（重庆出版社，2013）、《重庆陪都史书系》编委会撰述《国民政府重庆陪都史》（西南师范大学出版社，1993）、隗瀛涛《近代重庆城市史》（四川大学出版社，1991）等。

② 《重庆疏建委员会疏建方案》，重庆市档案馆藏，档案号：0067－0001－00336－0000－021。

③ 胡远信、张钞、阮阳中：《国民党空军入伍生总队在铜梁》，铜梁县文史资料研究委员会编印《铜梁文史资料》第 2 辑，1988，第 33 页。

④ 《关于将永川、铜梁、合川划入重庆卫戍总司令辖区并重新划分各警备的密令》，重庆市档案馆藏，档案号：0053－0004－00129－0000－068－000。

⑤ 铜梁县志编修委员会编《铜梁县志　1911—1985》，重庆大学出版社，1991，第 15 页。

猪肉的，卖小菜的，卖一切日用家具的，像这时候的江水一样，立刻陡涨了起来”。[①] 各种消费场所也异常活跃，民以食为天，从天南海北内迁到铜梁的外来人口刺激了餐饮业的兴盛，“尤其是吃食馆子更忙得要命，原来的从新洗刷那些陈年封闭的尘埃，更多的是新才开张：南京老万全，南京四五六餐厅，新都经济食堂……人一走过，仿佛又回到我们的首都”。[②] 对于以川菜为主且位于西南内陆的铜梁，能在抗战时期荟萃八方美食南北菜系，此种情形，是过去未曾有的。1939 年，中央陆军军官学校开始陆续移往成都，空军入伍生总队则继续留在铜梁，在军事活动之外，开展各种文娱体育活动，“当时学生队上演的莎士比亚名剧‘朱丽叶与罗密欧’，使附近人民看后受到了反封建的教育。入伍生的飞虎兰（篮）球队，技术高超，经常公开比赛，推进了本县的体育活动。总队俱乐部举办的跳舞晚会和桥牌、游戏等活动，也在一定程度上打开了当时的闭塞风气”。[③] 内迁到铜梁的军事机关，给封闭的小城带来了新鲜空气，铜梁的居民得以近距离接触到“阅兵”“游艺”等新式活动，从而大开眼界，触摸到时代的脉搏，这让封闭的世界接触到近代生产生活方式，逐步和现代文明接轨。

由于日军长达数年的持续大轰炸，重庆市内的国民党政要出于防空考虑，多在重庆四郊环境清幽之地建立别墅居住区。国民政府主席林森、桂系的核心人物白崇禧、国民政府军事委员会办公厅主任钱大钧等都在铜梁的西温泉修筑公馆和别墅。[④] 随着更多政府机构的到来，原先默默无闻的山间小镇随之热闹起来，“沿公路两旁，公馆、餐馆、旅馆、马房林立”。[⑤] 军政要人在铜梁生活，不仅仅是带来物质上的变化，重要的是推动了当地教育的发展。铜梁教育从整个大后方来看，有一定基础，抗战前，“单以中学而论，就有七八所之多”。[⑥] 抗战时期，白崇禧为解决军政要人的子女读书问题，创建西泉小学，后来由其担任董事长。钱大钧任校长创立了私立西泉中学，“学校初建时，高、初中班级完备，学生人数不多，却管理

---

① 萧蔓若：《铜梁风景》，《文艺阵地》第 1 卷第 9 期，1938 年，第 294 页。

② 萧蔓若：《铜梁风景》，《文艺阵地》第 1 卷第 9 期，1938 年，第 294 页。

③ 胡远信、张钞、阮阳中：《国民党空军入伍生总队在铜梁》，铜梁县文史资料研究委员会编印《铜梁文史资料》第 2 辑，第 35 页。

④ 李其昭：《白崇禧当保长》，铜梁县文史资料研究委员会编印《铜梁文史资料》第 8 辑，1998，第 50 页。

⑤ 李其昭：《白崇禧在西泉办学校》，铜梁县文史资料研究委员会编印《铜梁文史资料》第 2 辑，第 36 页。

⑥ 沙千里：《铜梁社会杂景》，《全民抗战》第 51 期，1939 年，第 695 页。

严格。教师均聘请有真才实学的担任”。[①] 私立西泉中学在教育教学方面做出大胆尝试，“高中学生未按照国民党政府教育部某些规定办，即：不受军训，不剃光头，不穿军训部规定的服装，一律以灰布学生服为校服”。[②] 在教学方面，该校使用的教材和铜梁其他中学的不太一样，“一般教科书都采用商务书局或中华书局版本，内容较深。英语采用综合书局版本，略高于铜梁正谊、养正中学采用的开明、正中书局版本”。[③] 私立西泉中学虽属于国民党政要子女的私人学校，但也接纳铜梁及其周边县份的新生和插班生，优质且创新的教学模式，培养了一批优秀学生，从而推动了铜梁教育业的发展。

政府机关在铜梁地区的疏散一方面使其觅得暂时相对安宁的工作生活之所，另一方面又在日常生活和教育文化等方面为陪都附近的小县镇做出示范，引领铜梁地区物质消费生活和精神文化层面的变迁。此种变化不仅铜梁独有，重庆近郊的北碚亦是如此，“近年以来北碚受外来文化的影响，服装式样极为纷歧，富家青年以着西装为最时髦，学生及公务员，中山服已普遍流行，毡帽、皮鞋尤为中上层阶级所乐用”。[④] 所以，抗战时期人口自东向西的空间流动不但加速了重庆等大城市的现代化进程，对铜梁这样小县镇的社会变迁也产生示范效应，引领了发展方向。

二　传统与现代：县域特色经济二元格局的逼仄

（一）手工造纸作坊海洋中的机器造纸厂

全面抗战时期重庆特别市的行政区域，“大致为400平方公里”。[⑤] 仅凭此一城之地是不可能支撑起整个中国长时期抗战大业的，包括铜梁在内的重庆周边县镇，根据各自的资源禀赋，发挥比较优势，为大后方的经济基础注入力量。重庆主城周边的县域经济各有特色，铜梁作为四川产纸地

① 李其昭：《白崇禧在西泉办学校》，铜梁县文史资料研究委员会编印《铜梁文史资料》第2辑，第36页。

② 李其昭：《白崇禧在西泉办学校》，铜梁县文史资料研究委员会编印《铜梁文史资料》第2辑，第37页。

③ 李其昭：《白崇禧在西泉办学校》，铜梁县文史资料研究委员会编印《铜梁文史资料》第2辑，第37页。

④ 社会部调查处编印《北碚社会调查概况》，李文海主编《民国时期社会调查丛编·城市（劳工）生活卷》（上）第2编，福建教育出版社，2014，第398页。

⑤ 韩渝辉主编《抗战时期重庆的经济》，重庆出版社，1995，第3页。

区之一，造纸业发轫较早，“铜梁的手工纸业，恐怕有一二百年的历史”，[①]“有文字记载在清同治以前就有此业”。[②] 铜梁发展造纸业最大的优势是原料丰富，“造纸的原料，本来很多；但制造中国纸的，大都是用竹的。铜梁竹产的丰富，据该县县政府的调查，每年约有三万万斤之多”。[③] 此外，因为生产纸张所需的煤和石灰在当地亦很丰富，加之水源充足、劳动力充足等因素，造就了近代铜梁造纸业的发达，“所以民国初年的极盛时代，铜梁产纸的总额达二百万元。全县的纸厂，达五百余家。人民依靠造纸和其附属事业而生活的如竹业、船夫、挑夫等，不下几万人”。[④] 产量虽大，但因为远离工业区，很难吸收到新式工业技术，产品层次普遍不高。当地产纸以冥纸为大宗，其次为光纸、抗水纸等，“土报纸不多，且纸粗、张小、无拉引力、不耐印刷”。[⑤] 所产之冥纸，属于封建迷信用品，对生产技术要求不高，且耗费颇大，“一方面辛辛苦苦的制造，一方面白白的焚烧，浪费人力物力是再可惜没有的了”。[⑥] 这种建立在传统手工业基础上的小作坊式的生产状态，已在铜梁持续多年，虽形成特色产业，但因未和现代工商业接轨，不曾为文化机构提供足够的高质量书写和印刷用纸，所以对近代工商业的发展未产生实质的推动作用，对社会变革的影响亦非常有限。

抗战时期，由于沿海港口被日军封锁，包括纸张在内的很多物资进口紧张。同时，因为集中在上海、杭州、苏州、天津等地的大型造纸厂随着东中部地区的沦陷皆陷入敌手，所以大后方纸张的供应一时颇为紧张。作为大后方造纸中心和造纸技术研究中心的重庆，采取各种办法解决纸张供应问题，对周边县镇原有手工造纸业的改造和产业提升就显得尤为重要。铜梁造纸业产量虽然丰富，但因为是手工作坊制造，“惜县中各纸厂，仍墨守成法，不知改良”，[⑦] 导致质量不高，对大后方战时所需的书写和印刷用纸，亦不能补充。对此，“铜梁县的士绅，鉴于抗战时期后方的需要太迫切，想设法来扩大改良，用机器制造”。[⑧] 但由于铜梁造纸工业基础薄弱，加之战时几年的旱灾，民间资本难以独立完成造纸技术的改造和升

---

① 徐崇林：《四川铜梁造纸工业之考察及其改良意见》，《化学通讯》第 3 卷第 6 ~ 7 期，1940 年，第 59 页。

② 铜梁县志编修委员会编《铜梁县志　1911—1985》，第 385 页。

③ 沙千里：《铜梁掠影（三）　纸的改良》，《全民抗战》第 47 期，1939 年，第 630 页。

④ 沙千里：《铜梁掠影（三）　纸的改良》，《全民抗战》第 47 期，1939 年，第 630 页。

⑤ 《经济部改进铜梁纸产计划》，《西南导报》第 2 卷第 2 ~ 3 期合刊，1938 年，第 66 页。

⑥ 沙千里：《铜梁掠影（三）　纸的改良》，《全民抗战》第 47 期，1939 年，第 630 页。

⑦ 《铜梁之造纸工作》，《四川月报》第 2 卷第 6 期，1933 年，第 78 页。

⑧ 《铜梁造纸业调查》，《四川经济月刊》第 11 卷第 1 ~ 2 期，1940 年，第 81 页。

级，最后还是由政府出面，“经济部工业试验所拟在该处作改进中心，其口号为：变迷信纸为书写纸，变书写纸为印刷纸”。① 政府的计划是设立中心模范纸厂，“以机械造浆、手工造纸办法，成为训练、指导、推广之中心。工厂资金由工矿调整处发给，并使旧式槽户组织合作社，由农本局贷款，以期每一合作社皆有制纸机械，一切皆在进行中”。② 按照这个思路，1938 年国民政府筹建实验纸厂于铜梁西泉峡口，1939 年该厂由国民政府交通部接管，并与内迁的广州造纸厂合并。重新整合的造纸厂以全新面目出现在世人面前，“本厂以崭新姿态出现，且系机器出产，足为示范”。③ 在出产方面，“专门生产邮票用纸，易名为交通邮电纸厂，增加了动力、蒸煮、打浆等设备，并新添日产零点五吨之圆网式抄纸机一台，设备基本配套”。④ 整个抗战时期，铜梁只有这一家机械造纸厂，同汪洋大海般的小手工作坊相比，显得尤为渺小。铜梁附近造纸的原料竹子资源虽然较为丰富，但质量却难以保证，“品质优良者（春料）较少，而粗劣者（冬料）较多，据估计，春料不及十分之一，而冬料约占十分之九以上。春料中比较优良者，虽以白夹竹为最，然以其肉薄，无法去皮，处理原料，增加漂白上之困难，而造成之纸，有碍瞻观”。⑤ 同时，由于大后方长期外贸不畅，造纸设备难以及时更新，并且随着生产过程中的消耗，关键零部件如橡皮棍、羊毛毯、钢丝网也难以得到更换，影响了企业的进一步发展壮大。⑥ 虽然在 1940 年之前重庆市场用纸几乎全部由铜梁供给，但因为距离主城区稍远，各方面成本过高，不久铜梁造纸之地位就被梁山所取代，“现在铜梁纸业，正是一蹶不振，全区亦不过百十糟而已”。⑦

（二）特色资源的低效利用

在大后方对外交通和贸易基本不畅的情况下，为了满足内迁到大后方的企业生产的需要，国民政府只能在大后方因地制宜就地取材解决能源问

① 《经济部改进铜梁纸产计划》，《西南导报》第 2 卷第 2 ~ 3 期合刊，1938 年，第 66 页。

② 《经济部改进铜梁纸产计划》，《西南导报》第 2 卷第 2 ~ 3 期合刊，1938 年，第 66 页。

③ 《铜梁造纸股份有限公司 1942 年 9 月份业务报告》，重庆市档案馆藏，档案号：0297000 2028740000031000。

④ 雷国璜：《西泉纸厂沿革》，铜梁县文史资料研究委员会编印《铜梁文史资料》第 1 辑，1985，第 61 页。

⑤ 钟崇敏等编《四川手工纸业调查报告》，中国农民银行经济研究处，1943，第 127 页。

⑥ 陈真编《中国近代工业史资料》第 3 辑，生活·读书·新知三联书店，1961，第 572 ~ 573 页。

⑦ 段之一：《四川手工造纸业技术改良》，《中国工业》第 20 期，1943 年，第 38 页。

题，对煤铁等抗战资源的开发就迫在眉睫。尤其是大后方经济发展水平低、交通条件恶劣，陪都重庆周边县镇丰富的能源储备就显得格外重要，而铜梁出产的煤、铁和桐油即符合这一需求，“铜梁东西山产煤丰富，铁矿亦多”。[①] 内迁到大后方的实业界人士也注意到了铜梁在矿产方面的优势，“铜梁有煤矿一处，煤质甚佳，产量丰富”，[②] 遂计划投资开采。

据统计，抗战时期铜梁地下蕴藏的各类矿产，“可采煤矿储量 2306 万吨，水能储量 6.9 万千瓦。石灰岩和建筑石料极多，还有重晶石矿、石膏矿、岩盐、陶瓷粘〔黏〕土矿、石英砂、硅石等。特别是锶矿贮藏量在 100 万吨以上，平均含锶品位 80% 左右，并有一定数量的原生矿品位高达 90% 以上，有很大的开发价值”。[③] 矿产资源储量虽然丰富，但若要实施具体开发难度却很大，“所难者惟运输及技术之改良耳”。[④] 运输方面，多用人力和木船，以致成本高、效率低。技术方面，铜梁本地在抗战前即进行过尝试，拟使用现代科学方法进行开采，“所以在六七年之前，曾由本县的留欧美的回国学生发起，筹集了款项，采办机器去开采煤铁和榨压桐油”。[⑤] 但是因为技术不过关，屡次尝试，均未成功，并且影响了当地政府和士绅继续开发的信心。因为运输和技术的困难，战前矿产能源在投资方面也是鲜有人问津，“一部份〔分〕地方人士对于机械工业的信仰，业已失去，尤其对于集股筹款，都视为畏途”。[⑥]

全面抗战爆发，给了沉寂多年的铜梁矿产开发事业以新的希望。政府组织科研人员进行实地勘测，并采取政府示范和民间奖励政策，扶持工矿业的开发，“先由政府统筹计划，负责兴办其艰巨部分，并领导推动，共同努力进行，分道扬镳，即可博众擎易，举事半功倍之效，复能于时间上赶上需要。举例言之，如川省煤铁矿藏，普遍散布，难于集中，倘由政府在适中地点，设厂领导，人民分区仿效进行，因地制宜，各别采炼，则其一日所获之产量，仍不亚于大规模之炼炉，而小单位分散各区，不但免空袭威胁之虞，且得分工合作之利”。[⑦] 抗战建国的浪潮着实激发了铜梁人士

① 许肇骅：《铜梁县铁产调查报告》，《建设周报》第 6 卷第 9 ~ 10 期，1938 年，第 38 页。

② 《徐熉致潘仰山笺函》，重庆市档案馆藏，档案号：0235 - 0001 - 00109 - 0000 - 144 - 000。

③ 铜梁县志编修委员会编《铜梁县志 1911—1985》，第 1 页。

④ 许肇骅：《铜梁县铁产调查报告》，《建设周报》第 6 卷第 9 ~ 10 期，1938 年，第 38 页。

⑤ 沙千里：《铜梁掠影（二） 煤铁和桐油》，《全民抗战》第 46 期，1939 年，第 614 页。

⑥ 沙千里：《铜梁掠影（二） 煤铁和桐油》，《全民抗战》第 46 期，1939 年，第 614 页。

⑦ 陈立夫：《如何共同建设西南》，唐润明主编《抗战时期大后方经济开发文献资料选编》，重庆出版社，2012，第 77 ~ 78 页。

沉寂多年的开发当地矿藏之心，束之高阁的愿望有了实践的可能，“加以当地有几位努力产业的公正人士，如商会里的主席和委员以及教育界的先进，都热心提倡，以身作则，已失的信仰，已经慢慢的恢复过来了”。[①]

在抗战建国开发大后方资源的背景下，铜梁本地原有的矿产生产格局亦发生了变化。以煤矿为例，抗战前是人民自由开采，且已有100多年的历史，“多为绅贾雇工经营，土法开采”，[②] 因为储量丰富，所以价格很便宜，“据说一个铜子可以买几斤，农民大大小小，都挑着向县里用煤的居民去卖。换句话说，所谓煤价者，恐怕不过挑力罢了”。[③] 随着抗战的爆发，煤在大后方的战略地位愈发重要，“我们在建立西南工业的时候，首先要解决的问题就是烟煤的供给。若是没有储量丰富的烟煤田，我们许多的工业计划，都只能当做纸上谈兵无法实现的。相反的，若是西南的某一地方有广大的烟煤田，那个地方的工业就很容易蒸蒸日上”。[④] 因此，从发展大后方工业以及支持国防建设出发，铜梁的煤矿资源亦在被统筹的范围，“为了保护矿床矿苗，农民不能自由采掘了”，[⑤] 同时因为抗战时期四川作为人口大省，是重要的兵源地，铜梁亦不例外，青壮年的流出，以至于挑煤的壮丁也减少了。此两种原因，导致煤价上涨，但这并未对铜梁当地人的生活产生太大的影响，“现在每百斤的代价还不过几毛钱而已”。[⑥] 究其原因，还是因为当地煤炭的丰富：

> 煤的多，可由下面的事实来说明的。整个东西山的情形，我不很明白，但在巴岳山，于上山下山的过境里，就有二处都是煤，踩在脚下的脚旁边的都是煤，真所谓“俯拾即是”。有一处地层里面冒出烟来，我们走在地面上时，穿平底鞋的，脚底都感觉着热的。这好像是神话，但确确实实是事实，据说这里的人民曾经在此地采掘煤藏，不知什么事由，把煤层烧着了，乃延烧起来，经过了二个星期没有熄——也没法救熄——一直到现在，地下还经常不断的冒出烟来，煤气散播

① 沙千里：《铜梁掠影（二） 煤铁和桐油》，《全民抗战》第46期，1939年，第614页。

② 铜梁县志编修委员会编《铜梁县志 1911—1985》，第381页。

③ 沙千里：《铜梁掠影（二） 煤铁和桐油》，《全民抗战》第46期，1939年，第614页。

④ 黄汲清：《西南煤田之分布与工业中心》，唐润明主编《抗战时期大后方经济开发文献资料选编》，第184页。

⑤ 沙千里：《铜梁掠影（二） 煤铁和桐油》，《全民抗战》第46期，1939年，第614页。

⑥ 沙千里：《铜梁掠影（二） 煤铁和桐油》，《全民抗战》第46期，1939年，第614页。

在四周山里。[1]

由此可知，铜梁本地的煤炭，长期处于放任自流的状态，缺乏科学的开采和管理，浪费极大，不但污染环境，而且原始的开采方式，开采人员的人身安全得不到任何保障，导致出产率很低，这和抗战时期整个大后方对煤矿资源的迫切需要形成了鲜明对比。

作为抗战时期大后方最大的输出产业，桐油在国民政府财政上意义重大，出口的桐油换来大量外汇，支持了大后方经济发展。重庆的桐油主要来自四川各地，铜梁的桐树虽然很多，但分布较为分散，且都是自然生长，缺乏有针对性的人工培植，并没有转换成可出口的桐油。其原因是多方面的，“譬如品种不纯，榨油技术陈旧”。[2] 对此，抗战时期铜梁当地商会成立了桐业公司，大规模种植桐树，约有19万枝，并尝试对种植技术进行改进，“以前植桐，密度很紧，桐树发展，很受阻碍，现在则规定一定的距离，使桐树可以自由伸张。其次是剪修无用的丫枝，使发展集中”。[3] 至于榨油技术，虽然尝试过机器榨油，但因为技术太差，“产油反比土法为少，所以到现在依然还是用的陈旧的老法，丝毫没有改进”。[4]

煤炭开采和桐油生产的个案考察，清晰揭示了大后方小县镇在特色资源开发方面，因为技术水平落后而生产效率低下。抗战时期东中部地区工业企业的内迁虽然在某种程度上完善了大后方的工业布局，优化了经济空间结构，推动了重庆等大城市的工业发展，但这种影响还只是点状的聚焦效应，对于更为广袤的重庆腹地，难以完全兼顾。铜梁在经济技术层面受重庆惠泽有限的情况下，依然通过最初级和原始的方式，为抗战大业贡献着自己的力量。除了上文提及的特色资源，因为战时重庆人口陡增，粮食需求量增大，铜梁被政府指定为兵工厂购米县。[5] 铜梁在重庆所需粮食供给方面，亦扮演了重要角色，虽交通不便，但每月依然源源不断为重庆输送米粮，仅1945年，“一二月份运渝米粮共计四四三六市石”。[6]

---

① 沙千里：《铜梁掠影（二） 煤铁和桐油》，《全民抗战》第46期，1939年，第614～615页。

② 沙千里：《铜梁掠影（二） 煤铁和桐油》，《全民抗战》第46期，1939年，第615页。

③ 沙千里：《铜梁掠影（二） 煤铁和桐油》，《全民抗战》第46期，1939年，第615页。

④ 沙千里：《铜梁掠影（二） 煤铁和桐油》，《全民抗战》第46期，1939年，第615页。

⑤ 《关于请查复军政部各兵工厂派员在铜梁、璧山大量收购食米情形致重庆市粮政局的函》，重庆市档案馆藏，档案号：00700002003620000009。

⑥ 《关于检送铜梁县1941年1—3月份运渝米粮统计表致重庆市粮食管理委员会的代电》，重庆市档案馆藏，档案号：00700001000870000019。

三 异化与无序：战时县镇社会变迁的困顿

（一）偏离轨道的合作运动

全面抗战时期，西南地区农村合作社运动在国民政府的大力推动下有了长足发展，“国民党政府为谋复兴后方农业，以适应战争之需，采取了扩大农贷、救济农村金融的政策”，[①] 西南大后方办理农业贷款的基层金融机构是合作社与合作金库，“以此为把分散落后的小农经济纳入其战时统制经济体制的重要措施”。[②] 铜梁合作社从信用合作社入手，“它是本着自助、互助、有无相通的原则，为社员存、借、放、汇款”。[③] 作为合作社的资金存贷收支机构，铜梁县合作金库创立于 1938 年，“由四川省合作金库派员指导办理，资本额为法币 10 万元，在县银行内办公”。[④] 按照业务的性质，除了信用合作社，还有消费合作社、生产合作社、保险合作社等，而从级别论，又有保合作社、乡（镇）合作社、县合作社联合社等。[⑤]

按照国民政府的构想，农民通过合作社获得农贷资金，进而可以促进农业生产，复兴农业经济。但即便是距离重庆不远的铜梁，实际运行情况依然大打折扣。根据民主人士沙千里在铜梁的实地调查，农民对此并不认同，“都以为合作社与真正的农民，毫无关系，农民借款利息依旧高至三分四分”。[⑥] 造成这种结果的原因很多。首先，加入信用合作社有一定的门槛，必须有信用的资格，而一无所有的贫民则被排除在外，只能求助于传统的高利贷。其次，合作社并没有真正深入农村基层。1943 年，铜梁农村信贷业务由保合作社兼营。[⑦] 即便是最基层的保合作社，入社门槛亦不低，“它是由居住在各保具有公民资格的户长认股为社员，股金（各社不等）

---

① 周天豹、凌承学主编《抗日战争时期西南经济发展概述》，西南师范大学出版社，1988，第 173 页。

② 周天豹、凌承学主编《抗日战争时期西南经济发展概述》，第 175 页。

③ 赵振晔：《民国时期铜梁县的合作事业》，铜梁县文史资料研究委员会编印《铜梁文史资料》第 6 辑，1994，第 23 页。

④ 赵振晔：《民国时期铜梁县的合作事业》，铜梁县文史资料研究委员会编印《铜梁文史资料》第 6 辑，第 21 页。

⑤ 赵振晔：《民国时期铜梁县的合作事业》，铜梁县文史资料研究委员会编印《铜梁文史资料》第 6 辑，第 22 ~ 25 页。

⑥ 沙千里：《铜梁社会杂景》，《全民抗战》第 51 期，1939 年，第 695 页。

⑦ 孟成高：《民国时期铜梁县的农行机构》，铜梁县文史资料研究委员会编印《铜梁文史资料》第 8 辑，第 67 页。

依实际限期两年内缴纳，但成立时应认缴股额的10%”。[①] 由此带来的结果是合作社的贷款范围并不广，而且放款机构放款的目的是收回资金，并希望能有收益，所以选择放款对象时就非常谨慎，一般放给有一定经济基础的农民，而广大赤贫的农民自然无法享受到这一政策。更有甚者，合作机构被土豪劣绅所垄断，“他们就把用合作社名义借来的款项，再贷放于真正的农民，利息依旧三分四分，从中剥削渔利”。[②] 合作社制度的初衷是解决农村的金融问题，但推行结果却走到了事情的反面，变成了新的剥削农民的方式，虽一时兴起，“但是多为豪绅富户操纵把持，最后随着物价飞涨、货币贬值，而逐步消失或解体，直至解散”。[③]

（二）基层治理的低效

全面抗战时期，陪都重庆在自身迅速发展的同时，其周边小县镇也迎来新的发展契机。由上文分析可知，铜梁物产丰富，加之靠近陪都重庆，距离天府之国成都也不远，人民理应安居乐业，但实际情形却出乎人们意料。巨大的贫富差距在铜梁体现得尤为明显，虽然少数富人锦衣玉食腰缠万贯，“但大多数的人民是在饥饿线上挣扎”。[④] 作为一个农业县，铜梁农村的情况更为严重，农民受到地主的层层剥削和压迫，“譬如农民佃租土地耕种，收谷一担，缴纳地租竟须七斗，至少也须六斗，农民终年辛苦所得，要以十分之六七供献给地主，而自己享用，不过十分之三四”。[⑤] 相较于农民，地主虽然看似衣食无忧，但亦有苦衷，“征粮现在已经征到民国第一百年以外了”。[⑥] 在这样的环境下，整个铜梁社会虽然在抗战的洪流中接受了各种新思想、新理念、新制度的洗礼，但传统农业社会的惯性依然左右着社会生活的方方面面。

在基层治理方面，“制度上是机关多而效力少，寄生虫多作事者少”。[⑦] 1935年川政统一后，四川省政府为强化行政管理，通令裁局并科，“铜梁将总、财、教、建四科，并为第一、第二、第三等三科。第一科掌治安、

① 赵振晔：《民国时期铜梁县的合作事业》，铜梁县文史资料研究委员会编印《铜梁文史资料》第6辑，第22页。

② 沙千里：《铜梁社会杂景》，《全民抗战》第51期，1939年，第695页。

③ 赵振晔：《民国时期铜梁县的合作事业》，铜梁县文史资料研究委员会编印《铜梁文史资料》第6辑，第25页。

④ 沙千里：《铜梁社会杂景》，《全民抗战》第51期，1939年，第695页。

⑤ 沙千里：《铜梁社会杂景》，《全民抗战》第51期，1939年，第695页。

⑥ 沙千里：《铜梁社会杂景》，《全民抗战》第51期，1939年，第695页。

⑦ 周庄：《铜梁面面观》，《新巴琼》第2期，1938年，第4页。

民政，第二科掌财政，第三科掌教育、文化和农、交、工及合作事业”。[①] 到了抗战时期，随着军政事项的逐渐增多，铜梁的行政机构增加到 8 科 6 室，“除原科室外，增设了地政科和秘书、督导、会计、统计、军法五室”，“除大肆增加人员外，每次参议会开会，县政府必提出调整待遇案，除增薪而外又索要公务员役及其家属食米，县人颇多怨言”。[②] 抗战前的精简机构提高效率，到了抗战时期又回到过去，开了历史的倒车，机构臃肿行政效率低下，与过去相比有过之而无不及。

（三）校园内外抗战氛围的巨大差异

教育文化方面，在抗战前，受外界先进文化思潮的影响，铜梁各方面变革很大，中间虽有倒退，到抗战时仍旧有中学 4 所，“一个男中，学生三百多人；一个女中，学生百余人；另外一个是农业职业中学，和一个私立中校，也都有相当的人数。其中特别是女中，办理得很有生气”。[③] 女中办学的成功，改变了当地人对女子求学的偏见，并且在参加大后方服务抗战方面，也颇有亮点：

> 去年募集寒衣运动女中担任缝制一百件，在拿到材料的第二天，便全部做好，仅仅一天，不但做好，而且做得特别结实，同学们都知道这是前线战士穿的，她们希望这一件背心真能使战士们抵御寒冷，多杀敌人，所以除了依照所发材料缝纫外，多数同学争先恐后地都到家里或者自己淘〔掏〕出腰包来加多棉花。而且还绣上或写上种种鼓励杀敌的标语。另外每人还写了慰劳信缝在袋里——这个袋也特别多做的。[④]

但在铜梁，抗战的氛围似乎只局限在学校里，其他地方很难有战时大后方的感觉，即便是贴在闹市的县党部的壁报和中央军校的党军日报，里面关于抗战宣传的内容在路过的百姓心中也掀不起任何涟漪，“那些生疏的地名，什么徐州，武汉，马当……在什么地方呢？离我们这里远得很吧？”[⑤] 在铜梁人心中，抗战作为国战，只有跟国家才发生关系，和他们似

---

① 铜梁县志编修委员会编《铜梁县志 1911—1985》，第 175 页。

② 铜梁县志编修委员会编《铜梁县志 1911—1985》，第 175 页。

③ 沙千里：《铜梁社会杂景》，《全民抗战》第 51 期，1939 年，第 696 页。

④ 沙千里：《铜梁社会杂景》，《全民抗战》第 51 期，1939 年，第 696 页。

⑤ 萧蔓若：《铜梁风景》，《文艺阵地》第 1 卷第 9 期，1938 年，第 296 页。

乎是毫不相干的。所以，铜梁又回到了抗战前的节奏，“男人们终年去坐茶馆，太太小姐们都是健谈的”，[①] 就连烟馆也一切如故。要说变化，最明显和直接的则是铜梁的女性们对住在当地外来的中央军太太们衣着打扮潮流的追逐和模仿，“虽然来到这偏僻的铜梁，爱美的性格却还是依旧，他们时常三三两两地在街上游走着，华丽的衣裳，大方的态度，引得全城人的艳羡”。[②] 此种现象，与70公里外重庆市内如火如荼的抗战动员和宣传形成了鲜明对比，陪都重庆全民抗战泛起的涟漪经过几十公里的传递，在层层递减中逐渐式微。

四　从北碚看铜梁：陪都重庆周边县镇发展的差序格局

综上所述，全面抗战时期大后方的铜梁，在传统历史惯性和外部新事物等诸多因素交织而成的合力的作用下，呈现出纷繁复杂的面相。政府方面为了支持抗战所付出的努力，固然是历史前进的主流，但民间百姓的日常生活和整个县城在重大历史时期所呈现出的原生态的存在，亦反映了近代中国社会转型的复杂性和艰难性。即便是抗日战争这种影响历史进程的重大事件，在大后方的影响也是因地而异呈现出不同的面相。以陪都重庆为中心，由政治控制和经济互动为纽带建立的网络由此及彼向四周推及开来，铜梁的多重面相只不过是最正常的体现。按照差序格局理论，比铜梁距离重庆主城更近的北碚地区则走上了完全不同的发展之路。

从距离上看，北碚距离重庆主城中心约50公里，与距市区70公里的铜梁比，距离更近，受陪都的影响更大。虽然在抗战爆发前，得益于实业家卢作孚在此的耕耘，北碚已经有了一定的发展，但其真正日益发达还是在抗战时期北碚被划为迁建区后，“在北碚及其附近的乡镇，迁进了上百的政府机关、科研机构、大专院校、文化单位，云集了上千的政治家、科学家、教育家、文学艺术家，北碚也从此遐迩闻名”。[③] 因为重庆主城和北碚毗邻，并且水陆交通便利，所以迁到北碚的单位不但数量多，而且类型丰富，既有国民党中央和国民政府机关，也包括科研机构、高等院校以及文化、卫生、体育等组织，这点是铜梁所不能比的，由此带来的社会冲击

① 萧蔓若：《铜梁风景》，《文艺阵地》第1卷第9期，1938年，第296页。

② 萧蔓若：《铜梁风景》，《文艺阵地》第1卷第9期，1938年，第296页。

③ 中国人民政治协商会议重庆市北碚区委员会文史资料委员会编印《抗日战争时期的北碚》，1992，第1页。

和影响也就更大，无形中加快了北碚的城市化进程。据统计，1940 年北碚辖区的人口有 97349 人，“较 1936 年增长 32065 人，增长率为 49.11%，其中 1939 年至 1940 年 3 月的 15 个月时间里，就净增了 30106 人”。[①]

和铜梁相似，北碚的煤矿资源也非常丰富，并且有着悠久的开采历史，加之距离重庆主城更近，交通便利，运输能力强，所以内迁的河南中福公司与北碚本地的天府煤矿合作，成立了天府矿业股份有限公司，拥有员工 8500 多人，其中技工 4360 人，煤师 80 多人，并带动了当地其他煤矿企业的发展，“开设了发电厂、机修厂、造船厂、焦煤厂、水泥厂等，拥有运煤船 283 艘，总吨位 9050 吨，矿山铁路 16.5 公里，火车头 8 台，煤车 116 辆，在抗战结束这年天府煤矿产量达 45.2 万吨，重庆及川内的大型企业的供煤，几乎被天府独占”。[②] 与北碚相比，铜梁的煤炭资源虽然也很丰富，但因为缺乏政府部门有规划的主导开采，虽有中国兴业公司组织开采，“却因运输费用过巨而停采，后又投资于北碚三才生煤矿”，[③] 所以总体上依然处于落后的自然开发状态，对当地经济的拉动能力着实有限。

由此可知，抗战时期，随着东中部政府机关、工矿企业和文教单位西迁到陪都重庆，重庆在加速发展的同时，亦通过政治辐射和经济互动对周边的县镇产生了持续的影响。囿于历史传统和地理因素，诸如铜梁等靠近重庆但处于外围的县镇，受重庆发展的带动远不如距离主城区更近且处于迁建区核心圈的北碚等地区。由此产生的发展水平的差距，既说明战时大后方中小县镇发展过程中边际效用递减规律普遍存在，也体现了战时国统区基层社会多面相的复杂性。

即便如此，亦不能否认抗战洪流下，重庆自身的发展给周边县镇带来的生产、生活等方面的冲击。诸如铜梁这种重庆周边的小县镇，其自身发展除了深受大后方重庆影响外，同时作为大后方的后方，在重庆主城区和大后方广袤基层乡村的经济社会联系过程中亦扮演了重要角色，不但打破了西部乡村地区在抗战前封闭隔绝的状态，而且使物资、信息及人员等要素在重庆和周边县镇的互动中实现更为迅速的流通和重新组合。铜梁等小

---

① 中国人民政治协商会议重庆市北碚区委员会文史资料委员会编印《抗日战争时期的北碚》，第 2 页。

② 中国人民政治协商会议重庆市北碚区委员会文史资料委员会编印《抗日战争时期的北碚》，第 89 页。

③ 宁芷邨：《中国兴业公司剖视》，中国民主建国委员会、重庆市工商业联合会文史资料工作委员会编印《重庆工商史料》第 5 辑，1986，第 124 页。

县镇如同重庆和乡村之间交流的节点，把大后方重庆和其经济腹地有机衔接起来，在某种程度上尝试着经济空间的优化，围绕在重庆周边，形成资源要素双向流动的战时网络系统，从而支持着抗战大业，直到迎来最后的胜利。

The Rear of the Home Front: The Preface-structure of the Towns around Chongqing in the War of Resistance Against Japanese Aggression based on Tongliang

Liu Yanyan

Abstract: During the period of War of Resistance Against Japanese Aggression, Chongqing, the deputy capital of the rear area, had made great contributions to overall planning and supporting the long-term War, and developed rapidly under the wartime environment, exerting far-reaching influence on the surrounding small counties and towns. Due to the different radiation levels of the core cities in the rear area, the satellite counties and towns around Chongqing had formed a distinct development pattern. Today's Tongliang District of Chongqing was subordinate to Sichuan province during the War of Resistance Against Japanese Aggression. Due to its proximity to the capital, its social and economic aspects had undergone significant changes under its influence. At the same time, the inertia of farming civilization pushed Tongliang to slide slowly on the traditional social track, so that its development direction had not changed fundamentally, which was completely different from Beibei located in the core circle of Chongqing relocation area. Compared with Beibei, it could be seen that the coexistence of old and new things, the different attitudes of government and people against war, and the dual pattern of traditional and modern , which made Tongliang present multiple aspects in many fields of social economy during the War of Resistance Against Japanese Aggression, revealing the complexity of the development of counties and towns in the rear area. Small counties and towns in the rear area, such as Tongliang, had maintained the operation of social economy through the interaction with the core cities, and also guaranteed the victory of the war.

Keywords: The Home Front; Chongqing; Town; Tongliang

分歧、冲突与合作：1928 ~ 1936年武汉米荒中的政商关系

李翰伟*

摘　要： 1928—1936 年武汉发生了六次程度不同的米荒。平抑米价、稳定市场需要政府与米商协同完成，在此过程中，由于政商两者的决策取向不一致，往往发生分歧乃至冲突。而米荒的解决则有赖于两者关系的协调。文章从限价禁囤令下的政商分歧与博弈、1931 年军法管制米价之下的政商冲突和购办赈米时的政商合作三个方面，窥探武汉米荒时政商错综复杂的面相。事实证明，政府在平抑米价、解决民生问题时，也需要兼顾米商的利益诉求，并构建有利于粮食流通的制度环境，这样才能圆满解决米荒问题。

关键词： 武汉米荒；政商关系；粮食流通

由于中国农业生产力落后，在天灾的影响下，粮食作物经常歉收，因此在近代各大城市时常发生粮荒。粮荒发生后，由于市民争相抢购粮食，引起物价上涨、市场波动、人心浮动，为保持社会经济秩序正常运转，政府不得不采用多种手段加强粮食供给、平抑粮价。政府在平抑粮价的过程中，不可避免地会与粮商的经营活动和价值取向发生冲突，但解决粮荒问题有赖于两者关系的调和，共同努力增加市场米粮的供给量。

就现有研究近代城市粮荒问题的成果而言，除介绍粮荒发生的原因和影响、政府的调控和赈济措施、社会团体和民众所采取的应对方法外，或多或少都涉及粮荒救济中政府与粮商的关系问题。[①] 实际上，从粮荒的发

---

* 李翰伟，男，山西太原人，中南财经政法大学博士研究生，研究方向为中华民国经济史。

① 可参阅霍新宾《抗战前夕广东的米粮市场及其管理》，《中国社会经济史研究》2003 年第 1 期；任云兰《民国时期华北灾荒与天津粮食市场（1912—1936）》，《中国农史》2006 年第 2 期；邓娟《南京国民政府时期上海米荒及其应对研究（1927—1937）》，硕士学位论文，华中师范大学，2009；屈胜飞《遏籴与反遏籴：1929—1930 年“米慌”（转下页注）

生、发展到解决，粮商与政府的互动、碰撞和调和一直并存。从既有研究来看，多透过具体事件或具体政策，从某个单一视角论述政府调控粮市中政商之间的关系，对在米荒事件中政府和粮商之间基于利益诉求点的博弈，如分歧、冲突和合作等进行综合讨论、系统研究的成果较为少见。此外，梳理近代粮荒中的政商关系，不能将其笼统地概括为粮商的趋利本性与政府的社会公益目标的碰撞和调和。实际上政商之间的博弈决定了各种解决粮荒方案的取舍，也反映出政商两者在市场运行中扮演的不同角色。米荒发生后，政府作为市场调控的主导一方，如何利用行政手段和经济手段，以及如何协调粮商来实现平抑粮价、稳定市场的目标，也是值得深入讨论的问题。

1928—1936年，武汉先后发生了六次程度不同的米荒危机。我们拟通过限价禁囤令下的政商分歧与博弈、1931年军法管制米价之下的政商冲突及购办赈米时的政商合作三个层面，揭示当时政商关系的复杂面相。

一　限价禁囤令下的政商分歧与博弈

从普通市民的角度，米荒集中表现为米价高涨。在市场经济下，物价的波动受多种因素的影响，比如供求关系失衡、成本构成变动，甚至人们面对突发事件（如战争、瘟疫、灾荒）时的预期变化都可能影响市场行情。1928—1936年武汉发生的几次米荒大都与农业灾害密切相关，典型的如1928—1929年旱灾、1931年特大水灾、1934年水旱灾和1935年水灾。一般地，灾荒之下政府、米商和民众对米价即将上涨的预期是一致的。而在政府要求米商平抑米价时，政商围绕谁应该拥有市场定价权展开博弈，这突出表现在两者对米价高昂原因的分歧、最高限价可行性讨论等方面，这种博弈也决定了禁囤令实施效果和政府如何权衡使用这一政策。

（一）政商分歧的聚焦点：米价高昂的原因

大米是武汉乃至整个湖北地区的主要食粮。零售米价的构成，包括稻谷生产成本、碾为齐米或元熟米的加工成本、各级运商的商业利润、运

（接上页注①）中的中央、地方与米商》，《中国社会经济史研究》2012年第3期；屈胜飞《政府、粮商与社会：国民党统治时期南京粮食问题研究（1927—1949）》，博士学位论文，南京大学，2013。

费，这些大致构成河下谷米[①]的批发价格；再有到武汉后的交易规费（如行佣和粮食业劳动者工资）、机器米业碾制机米的制造成本，最后算上米厂和米店的商业利润、市内运输费用。米价的形成过程，暗含各粮食业经营者的利益分配机制。

机器米业在武汉米谷市场的批发与零售环节之间，发挥着中坚作用。机器米商多在武汉本地采办河下谷、齐米，碾成各级白米，在米厂门市部销售给米店，或直接零售给市民。在荒年时，对于党政机关严禁米商高抬米价的命令，米商多抱怨河下谷米价格高涨，门市售价不得不随之提高。1932 年 3 月初，因受 1931 年产谷各区绝收影响，“河下米价逐日增涨，比较去岁废历年底，每石价高二元余，且继续增涨不已”。相比而言，“去岁各米店所售米价，最高每石洋十五元，……最近所售米价，最高每石洋十六元，尚不敷成本”。[②] 对此，机器米商呈请汉口当局“使外省弛禁，增加谷米来源”。[③] 1934 年 7 月下旬省会慈善团体联合会派员调查各米店米价，每担已高涨 2 元，达 10 元以上。于是呈请鄂省国民党党部和民政厅设法平抑米价。[④] 并在提出开源节流办法之外，特别主张政府立即限定各级米的最高价格，不得超过 9 元。[⑤] 然而，米商将米价高涨归咎于河下行市紧俏，“河下行市陡涨三元，而米厂天字号米只由八元八角陆续涨至十元八角，尾号米由六元涨至八元。……今武昌善联会只云米商高抬居奇，并未分别河下与米厂，以致报纸宣传多所误会，殊不知涨价者为河下号家”。特别声明米厂售价只涨 2 元，除去米业必要缴用外，甚至有所亏损，之所以如此是因为兼顾民食，不欲附和河下行市。[⑥] 在稻米歉收时，河下运商抬高谷米价格，导致武汉的机

---

① 河下谷米主要是指由民船装运来的汉水和长江沿岸产米区的谷米。机器米厂所需河下谷米种类和加工过程，即“谷经垒子砻去粗糠而成齐米，齐米转入碾米车，碾去细糠者曰熟米。此外用早谷碾成者曰早米；晚谷碾成者曰晚米；油谷（即迟谷之一种）碾成者曰油米。近年各产地亦有购用机器碾米者，故河下亦时有机油、机晚等米由内地运来也。但是项河下机米，多只经一次粗碾，且未加筛刷，故米厂购入后，尚须复碾”。见《工商调查：武汉之工商业（56）机器米业》，《汉口商业月刊》新第 1 卷第 10 期，1937 年，第 19 页。早米、晚米和油米均属齐米，河下的机油米和机晚米又有元熟米之称。所以大部分河下谷米包括谷子、齐米、元熟米三种。

② 《米价有增无已　米业请商会救济　商会呈市府核办》，《武汉日报》1932 年 3 月 9 日，第 2 张第 3 版。

③ 《机器米商待救　因谷米来源乏缺》，《武汉日报》1932 年 3 月 4 日，第 2 张第 4 版。

④ 《抑平米价》，《汉口中西报》1934 年 7 月 20 日，第 2 张第 7 版。

⑤ 《省会善团联会　请抑制米价》，《汉口中西报》1934 年 7 月 24 日，第 8 张第 2 版。

⑥ 《据呈为机器米业同业公会呈复米价情形并请迅予救济转陈查核等情业经商定具体办法至所陈治标办法碍难准行并仰转知》，《湖北省政府公报》（半月刊）第 52 期，1934 年，第 104 页。

器米商和米店经营成本提高。对此，他们的解决办法是请官厅设法疏通购米渠道，使来源充裕。这样河下谷米价格自然应声而落，当地米价也能相应降低。

即使在一般年份，因乡村谷价跌落，而武汉米价仍显高昂，政府要求米商平抑米价，对此米商认为这完全是误会。而要想弄清真相，需要对米商的经营成本细细算一笔账。1932 年秋收后湖北米粮充足，鄂省国民党党部电函省政府，“各县谷价低廉，至多不过二元以上。而武汉米店仍售七元至十余元，实属重利剥削”。民政厅转令汉口市公安局详查具报。之后各米商声称，“近来所售之米，由六元起至十元止。六元之米系二元六角之谷所做，除人工三四角，每石只做净米三斗，次米亦只出四斗之谱。复加特捐、营业捐、脚力、船运、缝包等费，实在所赚甚微，而机器米商则称成本较大”。[①] 1933 年秋收仍称丰稔，考虑到“各县谷价奇跌，而武汉米价仍属高昂”，鄂省国民党党部仍请省政府，令民政厅和汉口市政府对米商抬价行为予以制止。后据汉口市商会转机器米业公会复函称，“查谷贱米贵之说，实属出于误会。其误会重要原因，即在以最次之谷价而比例最高之米价，……谷米品质原有等次。俗所谓货有好歹、价有高低，不但谷米为然。天字号熟米原料非油谷不可，油谷则较普通谷价约高十分之六，现时最低谷价二元，油谷市价则为三元二角。天字号米定价八元八角，每号递减四角一码，推至第十号只售五元二角。零市每升多只售钱三百，亦有二百八十文者，米价低落至此，官厅谅有所闻”。[②]

由此我们可知，米商认为谷价和米价必有一定差距。而政府机关的误会主要有以下两点。一是以最低的谷价比之最高等级的米价。事实上“天字号”等高级白米确实需用油谷等价高的稻谷。二是认为一石谷或齐米即能碾成等量的白米。实际上谷和齐米碾成白米需要一定的损耗，一般而言，有所谓“米一谷二”的说法，即碾米一石所需要的谷本，通常是等量谷价的两倍。

灾荒时期，米商也常以经营收益和成本示之政府，澄明米价高昂实非有意抬之，而是在经营负担过重下顾及生存利益的选择。1936 年秋后因旱，鄂省荒象渐成，武汉米价在 9 月后也逐渐抬升。舆论指出，“考其原因，并非官方调剂运销所致，实缘一般米商操纵把持”。[③] 对此，汉口市政

---

① 《省公安局取缔米商抬价》，《汉口中西报》1932 年 12 月 18 日，第 2 张第 7 版。

② 《据呈复召集粮商拟议抑平米价情形函达查照》，《湖北省政府公报》（半月刊）第 32 期，1933 年，第 115 页。

③ 《奸商操纵把持　武汉米价转涨》，《扫荡报》1936 年 9 月 16 日，第 3 张第 9 版。

府要求汉口市商会调查谷米市价后，严令各米商不得操纵米价。市商会到各粮食业公会调查底细后，复函称：“遵即前往粮食行业公会查询底细。据该会负责人声称，目前河下来源最贱谷价亦须二元五六角，毛谷两担方能整得齐米一担。齐米价格，亦有五六元者，至齐米成熟（米），须打七折，最低市价，亦非六元不可。况米店须加入上下力资，及杂缴店缴。故门市每担照河下须加一元以上，方可保顾血本。复向机器米业公会查询。据该会负责人云，湖南谷目下市价自二元八九角至三元一角不等，齐米则自五元四五角至六七元不等。湖北谷二元五六角，齐米五元五六角，至最次亦有四元五六角者。再门市九月底至十月初，市价最低六至十元，中等价目出入不等，最上者以十元〇四角为止。比较谷米价值大都有蚀无盈。”①

另外，上文米商声称，零售米价中还包括米厂、米店繁重的交易、经营费用。据 1933 年机器米厂和米店称，“有形缴费、无形损耗，为数至巨，兹就其大者分别略述于下。河下缴费，如贮箕、驳船、行佣、号规、缝包、抽包、挖货、起力等等；厂缴，如燃料、石膏、车油、人工等等；店缴，如官息、子金、房租、薪俸、伙食、杂用、营业税、印花税、电灯、电水、电话等。以上皆有形之缴用，其他无形之损耗，如麻袋、麻线、米筛、米垫，并添配皮带、五金以及一切临时不可思议之种种消耗，及各种捐款，其数不可预计。依上所列各情，详细推算，即知米店非贱买而贵卖也”。并恳请调阅宝善米厂（属官办、资本最雄厚的碾米厂）每月的营业对照表、资产负债表和损益比较表等，证实米厂经营亏累严重的内幕。②

1933 年汉口市政府因省党部严令平抑武汉米价，对于机器米业公会所称并无贱买贵卖行为的解释，不得不在慎重调查后再行判断。市政府派员向机器米业和粮食行业处详查后，认为“核其所报各节，与实在情形大致相符。查油谷之价，所报为每石三元二角，低谷（即旱谷）所报为每石二元，虽有时减至一元七八角，然亦有时增至二元四五角。油谷每石碾米三斗四五升，合以谷价，应每石售洋九元余，始能敷本。今仅售价每石八元八角，似有绌无盈。然所余之糠杂细米，遇有成分好者亦可售洋三角之谱，低谷准是，以此注彼，勉能相抵。至所报下河费、厂缴、店缴等项，除下河费约共需洋一角七八分外，其他厂缴、店缴等，因厂之大小、用人

① 《呈市府遵令调查谷米市价情形》，《汉口商业月刊》新第 1 卷第 6 期，1936 年，第 43～44 页。

② 《据呈复召集粮商拟议抑平米价情形函达查照》，《湖北省政府公报》（半月刊）第 32 期，1933 年，第 115～116 页。

之多寡，不能确定。总计每厂每日人工、杂用、税捐等项开销，大略在十元左右。如仅售上等及下等米，委实入不敷出。其能敷本、微有盈余者，全恃中色米，增抑成色，节俭开支，为之调剂。究竟大多数无利可获，亦无操纵市场及贱买贵卖情弊”。[①]

虽然米商一再呈明门市米价不得不随河下谷米行市而动，且经营费用高昂，不得不加诸米价以顾血本，政府的调查结果也证实了这一事实，但政府认为导致米价高涨的主要原因是米商有囤积居奇、操纵米价的行为。对于米商所陈述的河下谷米价格高涨，政府要维持米价须从河下入手的解释，代表政府喉舌的《武汉日报》的记者调查后指出，“……殊不知岸上有市，河下听风。前各米商囤积齐米，籴入之时价仅五元有零，实与现价相应。况河下运贩在前四五日间，外江风大，并未成交，更难涨价。其捏词推诿，无法操纵图利”。[②] 也即米商所称河下售价与厂店定价的因果关系不成立，相反的是岸上米商滥涨价格，制造紧俏假象，而推动河下谷米运商随即提高卖价。笔者认为，这集中代表了官方对米商作以上解释的反驳。

甚至对于商会通过调查河下、米厂存米数字而得出的不敷需给的结论，官方也认为是米商有意营造米荒的紧张空气，以便在市民的恐慌情绪下抬高米价，希图牟利。由此认定米价高企是米商有意而为之，而不是米粮供求状况的反映。对于1934年夏武汉米价高涨，《武汉日报》尖锐地指出，“汉市粮商彼时亦有此间存米仅敷二十日食用之说。上下激荡，遂引起一般投机囤户之注意，争相购买，囤积居奇。因银行押借之便利，皆不惜作孤注一掷，凡据有资本二千元者即可作万元以上之经营。各方既倾内力竞争于此，以致各种粮价飞涨不已”。[③] 因此在米商、囤户竞相购入存积的情况下，武汉米粮本不致严重缺乏。所谓的高价既是米商竞购、需求旺盛而助推的，也是米商在高价下渲染米荒危机所导致的。

（二）限价禁囤令下的政商博弈与政府应对

由于认为米价高昂与米商囤积抬价有直接关系，政府往往使用行政手段，严令米商不得囤积居奇，要求平抑米价。最典型的是1931年9月中旬民政厅拟定抑平米价办法，规定最上等米价不得超过15元/石，最次等米

① 《据呈复召集粮商拟议抑平米价情形函达查照》，《湖北省政府公报》（半月刊）第32期，1933年，第117页。

② 《米价内幕》，《武汉日报》1935年11月14日，第2张第3版。

③ 《汉市粮食供过于求　存货已厚产地又复涌到　出口阻滞屯户因而亏折》，《武汉日报》1934年9月17日，第2张第3版。

价不得超过 11 元/石。[①] 这种行政命令虽然简明、直接，却有两点需要证实：一是施行最高限价是否符合市场经济规律；二是米商是否确有垄断市场性质的囤积行为。只有明了这两点，才能判断政府强制米商平抑米价的实际效果。

1933 年 9 月由汉口市商会召集粮食行业和机器米业两公会商议平抑武汉米价办法时，米商担忧这一手段可能导致米谷来源不足。“因武汉原非产米之地，向恃各路来源为之接济。设武汉规定米价之后，运商无利可图，彼此裹足，来源渐稀，转眼水冷草枯，必致缓不济急。且武汉人口约计一百三十万之多，每日食米在八千石以上，假使发生米荒，何人负责?”[②] 这一说法严肃地指出了最高限价对于市场运行机制的扭曲。考虑到规定米价事实上不易办到，会议并未提出任何平抑办法。其实早在 1928 年 11 月官商合组武汉物价评定委员会，调查并评定武汉日需商品的物价时，便对商号所出卖的货物，依据成本和商业习惯确定一个买卖双方均不吃亏的价格，货价评定后即按定价出售，不得私自加价。如需变更货价，需要呈请该会核办。而据事后观察，“物价不易抑平，如必欲减少其价值，彼即以劣货出售，或另设方法以达到其增价之目的”。而且在没有商人垄断居奇、操纵市场价格的情况下，商品价格也应随供求关系而变动，更无一经议定即不许变动之理。最后该会平抑武汉物价，“综其消耗计达数千元，而所收效果极微”，市政府遂于 1929 年 3 月撤销该委员会。1930 年省政府再次考虑筹设武汉平价会时，民政、建设两厅即以此为由，呈请缓设。[③] 可见，由政府规定米价并保持稳定，在自由市场经济下事实上难以办到，亦不符合市场规律。

在没有掌握米商存货的准确数量时，难以判断米商是否具有垄断市场性质的囤积行为。商业资本的循环要求商人手中的货币资本和商品资本保持一定的比例，空间上并存、时间上继起。这样米商必定要有一定的存货投资，以适应某些商品季节性供需不平衡（农副产品最典型）下的资金调节。如果在禁止囤积令下要求商人一律出卖存米，的确有助于平抑米价，但是这样商人拥有的商品资本大部分变成货币资本，在下期新谷上市时，

---

① 《呈请陆海空军总司令行营可否解除取缔米价任务以一事权仰祈鉴核示遵文》（中华民国 20 年 9 月 15 日），《水灾中武汉警备特刊》10 月卷，1931 年，第 78 ~ 79 页。

② 《据呈复召集粮商拟议抑平米价情形函达查照》，《湖北省政府公报》（半月刊）第 32 期，1933 年，第 116 页。

③ 《民建两厅以武汉平价会应缓设立会呈省政府核示》，《湖北省政府公报》（周刊）第 95 期，1930 年，第 36 页。

必然导致米商争购，将货币资本转化为商品资本，上期被抑制的米价又会在下期抬高。此外，待价而沽是商业经营的基本原则，米商通过价格预测，提前购买、存储，以便荒年价高时卖出，也是在市场手段下平准米价的主要办法。因此商人不会选择当期全部出货，以免价格跌落，无法取利。市面上总会有一定量的存货储备，以待下期价高时卖出。在对 1934 年夏米荒原因的分析中，《武汉日报》指出，“本年五月，先是湘省米区发生冲淹，继则通山、通城亦遭水荒，接续天门、沔阳、汉川又闹堤破。政府正在设法补救之际，则汉市米业奸商，已透知后必米涨，竟开始陡飞厉进，大囤其米。而二数银行界亦追随于后，进胃大张，愈囤愈多。河下米价因是稍加，各乡闻此佳音，遂争先恐后运汉销售，以图善价”。至旱灾继至，米价渐涨之际，“银行界、大厂商、米厂、米行仍在争购不已。据闻各栈中现存囤米及麦豆，总数在百万担以上。各资本家以售米时机未到，现仍大进其货”。[①] 由此，政府一方面认为粮商确实囤积了巨额粮食，另一方面也认同了商人待价而沽的谋利本性。

现实中的确存在米商观望行市，进而囤积不粜或趁时抬高米价以图牟利的现象。1933 年 6 月江汉两水进入汛期，鉴于 1931 年长江流域大水时乡村粮食绝收、城市民食发生短缺的事实，米商认为水涨之际是囤积牟利的最好时机，于是大肆收购米粮并抬高米价。根据市政府的调查结果，6 月中旬以后“湘米最低者每石涨至六元余。机器米业公会遂决定于六月二十三日起，每石米涨洋四角，天字号米原价十元，涨为十元零四角，最低等米原价六元四角，涨为六元八角。且有少数米店，降低米色，明涨四角，实则倍之。更有许多未入公会之小米店，任意涨落，漫无限制，甚至每石有涨一元以上者”。大中型米厂、米店的价格一般由同业公会议定，实际上该年夏季米价上涨是全体米商预测武汉米市行情即将发生变化而做出的决策。事实上，1933 年国内粮食丰收在望，而 1932 年粮食储备又相当充足，以致“各米商因汉市米价高涨，相率由湘赣购米运汉，亦有在上海采买者。以是来源踊到，河下米价遂复低落，日来（7 月初）河下行市与半月前，已无甚悬殊。因之机器米业公会为避免处分起见，特于昨日召集各同业开会，商议恢复原价矣”。[②] 1933 年夏这次短暂的米价波动告诉

① 《米粮飞涨之原因　由于青黄不接奸商居奇　武汉资本家囤货在百万担以上　粮食改进会宣传不力来源渐稀》，《武汉日报》1934 年 8 月 16 日，第 3 张第 3 版。

② 《机器米业公会　昨开会决定恢复原价　岸上存米甚多　新米亦将上市》，《汉口中西报》1933 年 7 月 6 日，第 2 张第 7 版。

我们，商人实施的囤积或出卖决策，是因米价可能或实际发生的变化而做出的。政府禁止囤积和规定最高限价的行政干预无法随市场行情加以调整。强行命令米商出货，或规定限价，可能会扰乱米市的正常秩序。因此，如果在无法证实米商囤积数量的基础上，简单地认定囤积和价高之间存在因果联系，以此断然采取最高限价或禁止囤积的命令，在政府缺乏执行力的情况下，并无任何成效。若想有效地对米商可能存在的囤积居奇行为予以规制，必须有切实的米粮进出量、存积量统计，因此政府或在米荒期间彻查市场米谷存储量，或在米荒结束之后举办粮商登记，以便随时调查、监视米商垄断抬价行为，有效地干预米市。

1928 年 11 月 27 日，汉口总商会拟具米商公开囤积办法，“以凡遇有大宗米谷或系他商运销武汉，或由汉商前往购办，均准其筹备巨款自由囤积，不加限制。惟购进米价实需成本若干元，先须据实报告，将来售出时亦只能酌取相当之利益，不得抬价居奇，有碍民食”。[①] 社会局准予通过，商会遂转令各米商遵照。1929 年初，社会局指令汉口总商会，再次重申 1928 年办法，准许米商自由购运、囤积米粮，但须将购进米价连同单据核实，呈报物价评定委员会，以监督米商售出米粮时的蓄意抬价行为。[②] 1929 年秋季汉口米荒期间，社会局在对本市米商数量进行为期一星期的调查统计后，[③] 于 10 月正式拟具米粮公开囤积规则，22 日经市政会议修正通过。该规则致力于打击非法囤积行为，规定米商囤积米粮须呈报登记，并且政府认为有救济必要时，得令囤户出售一部分或全部米粮。[④]

之后，公开囤积办法演变为粮商登记规则。如 1933 年由汉口市民食设计委员会拟订汉口市粮食业登记规则，于 1933 年 12 月 1 日开始办理粮商登记，在两个月内完成。[⑤] 范围包括市区内经营粮食的客商、行庄、号店，制造粮食的碾米厂、面粉厂、磨坊、糟坊，存储粮食的堆栈仓库等。之后所有在册的粮商需要将每旬粮食到销数造表呈送市政府，市政府则随时派

① 《令汉口总商会为据汉口机器米业商会复函称现在市上米价情形函呈查核仰仍照前次所呈变通办法转知米商遵照并仰查照暂行整理湖北商会条例每日将日用必需物品价格公示市民由》，《武汉市社会局局务汇刊》第 1 期（上），1929 年，第 71 页。

② 《令汉口总商会为据汉口机器米业商会复函称现在市上米价情形函呈查核仰仍照前次所呈变通办法转知米商遵照并仰查照暂行整理湖北商会条例每日将日用必需物品价格公示市民由》，《武汉市社会局局务汇刊》第 1 期（上），1929 年，第 71 页。

③ 《汉市米商调查记》，《社会》第 4 期，1929 年，第 29～38 页。

④ 《汉口八月来粮食恐慌之轩然大波：市府维持粮食案经过情形》，《新汉口市政公报》第 1 卷第 6 期，1929 年，第 45 页。

⑤ 《市府办理粮食登记　定今日开始》，《武汉日报》1933 年 12 月 1 日，第 2 张第 3 版。

员核查。[①] 然而这次粮食业登记，“各该商店多未遵办，以致本市粮食运输、存销情形无从查悉”。[②] 1935 年 8 月底汉口市政府遂改变号召粮商自主登记的办法，在内河、外江各码头和各火车站，由汉口市公安局、湖北省水上公安局、江汉关和平汉路局等机关分工负责各该管码头、车站的粮食运输、存销情形的调查。规定“各处调查粮食之表册，于每月之十日、二十日及月底三次分别汇送市政府，按月统计”。[③]

在对米价高涨的认识中，政府往往认为米商囤积抬价是重要原因之一。米商基于成本和收益的考虑，要求政府实施平价措施时考虑他们的经营负担，提醒政府谨慎采取最高限价政策。囤积存货、待价而沽是商人的自利本性，也是商业经营的主要手段，在一般情况下政府不会干涉米商正常的存货经营，所采取的禁囤平价政策最终收效甚微。不过，政府力图掌握米商存米的基本情况，借此了解米市行情的变化，以便在米荒时有针对性地调控米市。自由囤积而法取公开，是政府无法禁止米商私行囤米的变通办法；放弃命令米商自主登记，转而在各转运集散码头、车站登记米粮进出口量，以不激化政商矛盾，也是取行政便捷之意。以上两点都体现了武汉当局在市场经济环境下，对处理米商囤积抬价手段的圆熟性。

二　1931年军法管制米价之下的政商冲突

之前每次米价高涨时，官厅都会以米商囤积抬价为名，命令其抑制米价。因米商多呈明荒年谷产不丰，采购价格提高，兼之经营成本高昂，政府对此一般不会采取强制性的行政手段，因此限定米价令多流于形式。而在 1931 年七八月间，长江和汉江爆发百年一遇的大水灾，秋收绝望，且水路交通被洪水所阻，运销不畅。其时，武汉秋谷自然因灾绝收，而湘省早已禁米出境。武汉米粮的两大来源均告断绝。入秋，武汉即将发生米荒危机。

幸而国民政府及时组织水灾救济委员会，向外洋购运米麦，解决主要城市的粮食短缺问题。湖北省政府也组织省水灾急赈委员会，由省府主席亲自担任该会主席，积极向外省购粮。如向赣省商购白米 1 万石，后续购

① 《汉口市粮食业登记规则》，《湖北省政府公报》（半月刊）第 34 期，1933 年，第 57～58 页。

② 《汉市政府　将办粮食登记》，《武汉日报》1935 年 8 月 24 日，第 2 张第 3 版。

③ 《市府拟定粮食登记办法　以谷米麦面为限》，《汉口中西报》1935 年 8 月 26 日，第 2 张第 7 版。

5 万石；[①] 向皖省购买白米 3 万石。[②] 根据事后估计，1931 年大水以后，武汉米谷来源“全恃平汉路之接济，西贡次之”。[③] 平汉铁路信阳一带，产米亦多。9 月初国民政府铁道部还拟具平粜粮米减价办法 6 条，针对长江中下游各省办理平粜，在各国有铁路沿线产粮之区，及分销便利之站，对于商民、社会团体和政府采购平粜米减收 50% 运费。其中汉口、武昌就作为平汉路、湘鄂路运输平粜粮米的终止站点。[④] 综上，洋米、赣皖米谷和平汉铁路所运各地赈米，勉强支撑起 1931 年下半年武汉的米市。

然而，荒年米价高涨是常态，更何况当年长江流域主要产米区大部遭洪水侵袭，来源虽有但也感觉微不足道。8 月初，武汉“现有存米二十四万石，依照过去情形，每天须食米六千石，足供四十天之用”。加上农村因水灾到城市的避难者，估计存米仅敷一月之需。其时“各地谷米来源业已断绝，河下米价十日内奇涨惊人。市面所售之米，均仰给于堆栈囤户，所存谷米逐日减少，无以为继”。[⑤] 为防止米价过高上涨，平息市民的恐慌情绪，武汉遂实施最严厉的平抑米价手段，即武汉警备司令部的军法管制。这也成为政府公权力深入市场管理，干预市场主体经营活动，导致政商关系紧张的典型案例。

（一）国民党武汉警备司令部对米价的管制

1931 年 8 月初武汉警备司令部奉总司令部武汉行营命令，“取缔奸商，即日平定米价。宣示通衢并派员密查，倘有不逞之徒，着即重予科罚”。[⑥] 该部即刻监察各米商所售米价，以军法强制平定米价，防止囤积居奇。该部首先令湖北省会公安局、汉口市公安局、第十军宪兵营及该部稽查处进行米粮调查，每日以武汉警备区米粮密查表呈总司令部及武汉防险事务处。[⑦]

---

① 《赣米陆续运汉》，《武汉日报》1931 年 9 月 8 日，第 2 张第 3 版；《何电赣请继续购米》，《武汉日报》1931 年 9 月 17 日，第 2 张第 3 版。

② 《省府再电皖购米》，《武汉日报》1931 年 9 月 6 日，第 2 张第 3 版；《请总会拨米款》，《武汉日报》1931 年 9 月 12 日，第 2 张第 3 版。

③ 《苦旱声中　汉市官商会商救济民食办法》，《武汉日报》1934 年 8 月 10 日，第 2 张第 3 版。

④ 《铁部拟具平粜粮米减价办法　行政院通令各省市查照办理》，《华北日报》1931 年 9 月 10 日，第 12 版。

⑤ 《武汉存米二十四万石可供四十日　汉商会召集米商商救济》，《华北日报》1931 年 8 月 7 日，第 9 版。

⑥ 《呈覆总司令行营为奉令转行武汉商会平定米价情形并恳布告周知文》（中华民国 20 年 8 月 12 日），《水灾中武汉警备特刊》10 月卷，1931 年，第 22～23 页。

⑦ 《呈陆海空军总司令行营暨武汉防险事务处赍呈武汉警备区米粮调查总表乞鉴核备查文》（中华民国 20 年 8 月 27 日），《水灾中武汉警备特刊》10 月卷，1931 年，第 49 页。

该表主要涉及各米店、米厂每日进出及存储米数、最高级和最低级米的价格等。[①] 据此该部结合各机关每日稽查结果，严密监视米商囤积、抬价行为。

限定米价后，商人确有将米质降低，提高米级，变相涨价的行为。如8月31日稽查处报告，31日与30日兆泰米厂所售四号米价格相同，但前后成色相差巨大，认为该米厂将米级提高发售，抬价图利。警备司令部令汉口市公安局与第十军宪兵营再查。9月4日公安局派员到厂取样后，到附近米厂详查米价，并将米样两相对照，认为兆泰厂与顺兴、德昌两厂所销同价之米，米色悬殊。宪兵营则派员化装密查，并向附近居民询问，知悉该厂所售各级米之米价与前相同，米色较前稍逊。三机关密查结果相合，警备司令部当即拿办该厂厂主。[②] 9月中旬，汉口市公安局报告同昶米店所售地、日、亨三字号米和宝善米厂所售月字号米，成色低劣，黄碎不堪，显系抬价图利。警备司令部再令宪兵营和稽查处复查。结果宪兵营对米色优劣不敢妄断，仅将米厂现售各号白米各取一包送该部鉴核。稽查处检查结果，认为"大智路振兴、同昶、宝善与吉庆街之顺兴等店，其米色黄红且碎细者极多，确系米价暗涨无疑"。警备司令部据报，命令汉口市商会将同昶、宝善等米店予以严重警告或处罚。[③]

该部为慎重起见，命令三机关反复查核，以示公平。虽然军法管制颇为严厉，但也根据实际情形切实办理。9月3日稽查处查得振丰及兴泰两号所售月字号米，与同德米厂相比，米色相差甚远。警备司令部令宪兵营与公安局复查。宪兵营询问附近居民，都云该两店所售之米价与前数日相同，字级及米色亦相等。派员查核三厂米色后，所得结果相同。公安局将两店与其他机器米厂所售月字号米样比照，查出"张万泰所售之月字号米色黄且碎，为最坏；其次以振丰售出月字号米碎米稍多，较他店欠佳；至兴泰店及其他米商所售之月字号均尚可"。警备司令部据此认为振丰、兴泰两店米色尚无

---

① 《武汉警备区米粮密查报告总表》（8月30日至9月17日），《水灾中武汉警备特刊》10月卷，1931年，第85～101页。

② 《训令汉口公安局局长汪世鎏、第十军宪兵营营长苏耀增据报兆泰米店提高字号暗涨米价仰切实查复以凭核办文》（中华民国20年），《水灾中武汉警备特刊》10月卷，1931年，第64～66页。

③ 《训令第十军宪兵营营长苏耀增、本部稽查处处长任本昭据报大智门同昶米店及宝善米厂所售米色甚劣令饬派员复查以凭核办文》（中华民国20年9月15日），《水灾中武汉警备特刊》10月卷，1931年，第80～82页。

差异，应予免究。[①] 之后汉口市公安局报称新记米店所售天字号米名不符实，米既劣，而内中黑头尤多，与统一街义盛米店所售同价同级米相差较大，认为新记以劣米混充好米，希图渔利。经警备司令部指令宪兵营复查后，称“该两商店之售米人员云，义盛米店所售之天字号系本年新稻碾成，故米色较白。新记米厂所售之天字号米系旧年陈稻，故米色较次”。而稽查处认为公安局调查属实。警备司令部则采纳宪兵营之调查，予以免究。[②]

警备司令部宽严并施，力图不激化商号与军部的矛盾。不过对于将劣米提高字级、以贱售贵的部分奸商，警备司令部仍训令汉口市商会予以严重警告，以儆效尤。[③] 并指令三机关，除调查、监视天字号等上等米的米价外，对日、月等号低色米价也应注意，因低色米主要为贫民日食。[④]

9月中旬，湖北省政府指令民政厅拟订平价办法暨谷米登记规则，分函武、阳、汉三商会，转饬各米业商人及囤户一体遵照。省政府呈赍总司令部行营后，行营即知照警备司令部。对此，该部认为：“今按奉发之米谷登记暂行规则暨抑平米价办法，规定市县政府为负责办理机关。嗣后警备部队机关如仍继续办理，或查有高抬市价及掺售劣米者，仍解由本部军法处讯办，均与此项规定冲突。且近日市街水势退落，一切秩序当可逐渐恢复，取缔米价任务似可专由民政机关办理，以一事权。”[⑤]

加之米厂、商号对警备司令部军法管制的手段极为不满，为此，警备司令部呈请行营解除该部取缔米价的任务。9月23日该部得到行营令准解除取缔米价任务，当即训令湖北省会公安局、汉口市公安局、第十军宪兵

① 《训令第十军宪兵营营长苏耀増、汉口市公安局局长汪世鎏据报振丰兴泰两米店掉换字样以贱售贵令饬查复以凭核办文》（中华民国20年9月5日），《水灾中武汉警备特刊》10月卷，1931年，第57~58页。

② 《训令第十军宪兵营营长苏耀増、本部稽查处处长任本昭据报新记米店天字第一号米货价不符仰派员查复以凭核办文》（中华民国20年9月9日），《水灾中武汉警备特刊》10月卷，1931年，第61~63页。

③ 《训令汉口市商会仰严重警告各米商毋得抬高字号暗涨米价致干咎戾文》（中华民国20年9月15日），《水灾中武汉警备特刊》10月卷，1931年，第78页。

④ 《训令本部稽查处处长任本昭、第十军宪兵营营长苏耀増、汉口公安局局长汪世鎏为密查米商高抬米价应注意日月等号低色米价仰转饬遵照文》（中华民国20年9月15日），《水灾中武汉警备特刊》10月卷，1931年，第80页。

⑤ 《呈请陆海空军总司令行营可否解除取缔米价任务以一事权仰祈鉴核示遵文》（中华民国20年9月15日），《水灾中武汉警备特刊》10月卷，1931年，第78~79页。

营和本部稽查处，转饬所派密查米粮人员知照。[①] 至此，武汉警备司令部军法管制米市的任务宣告结束。

（二）军法管制下的政商冲突与平价效果

警备司令部军法管制米市，自然不免与米业经营者发生矛盾。1931 年 8 月中旬警备司令部令武汉两商会召集各米商会商立平米价，严禁垄断抬价。后机器米业、外河粮食业、米粮店业各同业公会代表到会，商会一再说明不可囤积居奇，并须设法疏通来源，以资平价。之后公安局、宪兵营、稽查处呈报警备司令部："各署地段水势汹涌，难民集中。而本市奸商提高米价，活坑民命，甚有将米浸湿，红朽不堪。贫民购买一二升者多遭呵斥，妇孺拥挤不进，嚎啕痛哭。此不独于人道有关，且于治安有碍，应请严令制止。"对于居奇抬价行为，米商认为，"据云现在武汉所售上熟米，最高之价每石不过十五元，次者十二元。此外则视货之熟次，以定价之大小，实无故意居奇情事"。若论平抑米价，一者"米店购自趸运商人，转售食户，系过渡性质。平抑米价似应责令一般趸商勿得囤积居奇，方属根本办法"；二者"近日之存米尚多，既不虞其缺乏，又蒙何主席电江西放行巨数米粮，是来源可望，又复接济有资，市面行情当不致于高涨"。最后，对于三机关所言米商服务态度恶劣，则极言否定："查本市此次洪水泛滥，除小部分幸免淹没外，到处皆成泽国。本会所属机器米店被水淹没，损失谷米不在少数。该商等将水淹之米抢出，售卖于熬糖酿酒商人以顾血本，容或有之，断不至自将货色浸朽以失信用。且购买食米无论三升两升皆属顾主，一律竭诚迎送，呵斥顾主宁非自绝营业。该稽查处所称各节想系传闻失实之误。"[②]

随着密查越发频繁、惩罚的措施愈趋严厉，米商对军法管制的不满也逐渐加深。9 月初，汉口市商会据机器米业公会函称，当时每日有各机关到各机器米店稽查、调查米价数次，评定米色优劣，甚有因字号不全即勒令停业的情况。米商纷纷解释，"机器淹没不能开工，碾米只可随买随卖，米色当较平时差钝。而陈、新米色亦有高低，不能一致，字号不能齐全亦

① 《训令汉口公安局局长汪世鎏、湖北省会公安局局长苏世安、第十军宪兵营营长苏耀增、本部稽查处处长任本昭为奉准解除取缔米价任务仰转饬知照文》（中华民国 20 年 9 月 23 日），《水灾中武汉警备特刊》10 月卷，1931 年，第 91～92 页。

② 《呈覆总司令行营为奉令转行武汉商会平定米价情形并恳布告周知文》（中华民国 20 年 8 月 12 日），《水灾中武汉警备特刊》10 月卷，1931 年，第 22～23 页。

势所或有”。[①] 本来大水期间，碾米机器淹没，店员、工友无处炊食，米商均有停业意愿。机器米业公会之前劝导米商，维持市面民食，勿以水势过大而停业。为遵守指令，米商勉强支持。汉口市商会和米业公会恐怕军法管制过严，稍有小错即勒令停业，给予米商关门歇业的借口，因此呈请警备司令部，称商情困难，须予以格外鉴原。

警备司令部据此转饬三机关，严令密查人员务将密查所得情形，递报到部核夺，不得擅自作任何处分。但亦由该部参谋部函复汉口市商会："该会所称各节，想系词出片面。盖近旬以来，各奸商将米之字号提高，如原地字号米改为天字号，暗行涨价，此民众所皆知。该奸商等昧良贪利、不顾民生，自疾视调查员如仇雠。所谓令其停业者究系何家?!"[②] 特别否认部属有勒令米商停业的行为。对于密查人员不得擅作处分的命令，汉口市公安局局长知照后声称，"所派密查均属廉谨奉公，且具有分晰米色常识。所调查之米样亦必多人之评判，再行呈报钧部察核，绝无自行处理情事"。[③] 根据上文三机关联合密查、反复校验米样，后呈报警备司令部核夺处理的工作程序，公安局局长所述却也符合实际。

在武汉大水期间，粮食来源不足。为维持民食、安抚市民恐慌情绪，对米价上涨进行军法管制起到了显著效果。据稽查处处长称，"汉上淹水以来，职等与各机关今日查、明日查，足见本部于米价报告事最关郑重，该厂自不敢擅越雷池一步。所以职等初查天字号米十五元，现在还是十五元等等，此乃严查之实效也"。[④] 根据 8 月 30 日到 9 月 17 日的武汉警备区米粮密查报告表，除汉口警区第 13 署内白米最高价为 18 元/石外，武汉各警区最高级白米售价均在 15 元/石，低者在 10 元/石左右。[⑤] 通过严密监控米粮价格，取缔商人非法抬价的行为，加上国民政府和湖北省政府积极

① 《训令本部稽查处处长任本昭、第十军宪兵营长苏耀增、汉口公安局局长汪世鋆为严饬稽查人员对于密查米粮情形须具报核夺不得擅自处分致干咎戾文》（中华民国 20 年 9 月 10 日），《水灾中武汉警备特刊》10 月卷，1931 年，第 66 ~ 67 页。

② 《训令本部稽查处处长任本昭、第十军宪兵营长苏耀增、汉口公安局局长汪世鋆为严饬稽查人员对丁密查米粮情形须具报核夺不得擅自处分致干咎戾文》（中华民国 20 年 9 月 10 日），《水灾中武汉警备特刊》10 月卷，1931 年，第 66 ~ 67 页。

③ 《指令汉口公安局长汪世鋆据报办理密查米粮情形已悉文》（中华民国 20 年 9 月 16 日），《水灾中武汉警备特刊》10 月卷，1931 年，第 82 页。

④ 《指令本部稽查处长任本昭据报米价及各米厂发条并八月十八十九两日米粮密查报告表已悉文》（中华民国 20 年 9 月 3 日），《水灾中武汉警备特刊》10 月卷，1931 年，第 56 ~ 57 页。

⑤ 《武汉警备区米粮密查报告总表》（8 月 30 日至 9 月 17 日），《水灾中武汉警备特刊》10 月卷，1931 年，第 85 ~ 101 页。

组织粮食购运，商会劝令米商在大水期间为保障民食，尽量不停业，1931 年大水期间米价较为平稳。如表 1 所示，武汉米粮存量在 9 月后逐渐增加并趋于稳定。虽然市民存米数不断减少，依赖米店购入食米，但米店存米并未出现严重短缺。1931 年一场预期爆发的米荒最终被平息下来。

表 1　1931 年 8 月底至 9 月中旬每日米粮进销量、存储量

单位：石

日期	原存	新进	售出	米店实存数	市民存米数
8.27	19141.8	1521	1978.5	18684.3	4021.5
9.2	20942.5	1443	2605.8	19799.7	3394.2
9.5	21692.1	3484	3218.2	21957.9	2781.8
9.8	29500.5	3289	3766.8	29022.7	2233.2
9.11	24530	2902	3606.5	23825.5	2393.5
9.14	25827.9	3409	3702.2	25534.7	2297.8

注：市民存米数根据武汉每日消耗米 6000 石，减去米店售出数量而得。

资料来源：《武汉警备区米粮密查报告总表》（8 月 30 日至 9 月 17 日），《水灾中武汉警备特刊》10 月卷，1931 年，第 85～101 页。

武汉警备司令部限定米价、监督米商进销米粮数，限制了米商图利的空间。对此米商以降低米级、间接抬高米价进行应对。警备司令部则通过检查米质，保障质价一致，以维护市场秩序。随着管制和惩罚措施逐渐严厉，政商矛盾也愈趋激化，米商甚至以警备司令部惩罚措施不当、干扰经营为由，借口停业以试探警备司令部的态度，力求减轻管控。1928—1936 年武汉当局很少以行政手段强制限价，但 1931 年军法取缔米价却具有特殊意义。大水之下秋收无望，各产米区均储米备荒，武汉米谷来源严重不足。而米商预期市场行情变化，在灾荒时总会抬高米价。这时限定米价，以示重大灾荒期间政府稳定社会秩序、谋求社会福利最大化的责任，不得不以牺牲米商的利益为代价。米商多坦言，1931 年武汉大水时行业亏损，之后长期不振。[①] 从长期看，为保证市场主体稳定经营、维护市场机制正常运行，以军法稽查米价、防止米商囤积居奇只是一时权宜之计。

① 《据呈为机器米业同业公会呈复米价情形并请迅予救济转陈查核等情业经商定具体办法至所陈治标办法碍难准行并仰转知》，《湖北省政府公报》（半月刊）第 52 期，1934 年，第 104 页；《二十三年汉市各业概况》，《武汉日报》1935 年 4 月 23 日，第 3 张第 3 版。

三 购办赈米时的政商合作

诱发米荒的一个重要原因是米谷输入量预期或实际不足，价格由此上涨，引发市民争购米粮的恐慌情绪。在平抑米价时，各大城市的市政机关例须向外采购赈米平粜。20 世纪初武汉所需的米谷约有 2/3 来自湖南，全年消耗湘米约 200 万担。[①] 1915 年武汉从省内其他地方输入食米 75 万担，从湖南输入食米 230 万担，而从江西输入食米约 30 万担。[②] 1933 年到汉食米，由湘运来者占 50%，湖北本省各属运来者占 28%，由赣运来者占 20%，由芜湖运来者占 2%。[③] 因此湘省运汉之米粮，常年至少也在市场供给量的一半以上。1936 年湖北稻米喜获丰收，来汉数量增加。如表 2 所示，该年武汉市场上的米谷，湘鄂两省平分秋色，江西来米较少，其他地区更是微不足道。

表 2 1936 年度武汉市场米谷来源及种类

单位：石

产地	机米	熟米	齐米	谷	合计
湖南	77530	94080	563830	791930	1527370
湖北	5200	17070	1023700	437830	1483800
江西	90740	65410	235800	220200	612150
其他地区	300	1500	4000	—	5800
合计	173770	178060	1827330	1449960	3629120

资料来源：书报简讯社编印《武汉概况》，1949，第 254 ~ 255 页。

总之，常年武汉市场的米谷来源主要是湘省和湖北本省，武汉出现米荒时，也主要依赖两湖地区供给赈米。如果省内外米粮产地因荒歉而供给数量减少，地方政府在荒年又经常采取遏粜政策，造成米源不丰甚或断绝，对武汉民食造成的威胁可想而知。这时，赈济武汉百万市民，需要良好的市场机制保证米谷流通顺畅，正是在这一点上，政商找到了利益契合点。

（一）米商筹资购米，政府努力疏通渠道

由何方主持购办平粜米粮，政府曾主张“筹款购米、举办平粜，均宜

① 〔日〕根岸佶：《清国商业综览》第 2 卷第 3 编第 2 章，东亚同文会，1908，第 174 ~ 175 页。

② 〔日〕农商务省：《关于中国大米的调查》，农商务省，1917，第 199 ~ 200 页。

③ 《去年食粮出口概况》，《汉口中西报》1934 年 3 月 5 日，第 2 张第 7 版。

权操公家，庶免商人垄断之弊”。[①] 希望将办理社会救济之权操于己手，以免商人垄断取利而妨害社会公益。实际上，由于地方政府财力长期难于纾解，一方面无力举办大规模平粜，另一方面平粜价格低于市价，甚至低于购办米本，势必出现财政亏损。在办理 1929 年武汉米荒救济案中，省政府下属的赈济机关平粜局因存款短缺，暂缓由官方购运湘米，希望由市政府知照“武汉两商会招商备款赴湘购运，不必限于机器米商所有。各商承领护照应限定数目，以五百石至二千石为度，不许多购，一切须受两府监督。如此办理，商人得以自由竞运，米可源源接济，庶不致发生大商垄断居奇之弊”。[②] 之后办理米荒救济，均由政府号召商人筹款自运、平价出售。如在 1934 年夏的武汉米荒救济中，由汉口机器米业、杂粮号业、汉阳行帮等公会集资采办赈米。汉口市政府“饬各粮商公会筹集资本向长沙等处采购，限期将筹款数目及前往采购人姓名报府，转呈省政府”。[③] 合计三公会集款，每月可购米 60 万石。[④] 另外，该年八省商办粮食运销局改为官办后，退回各省市粮业商人已缴股本。武汉粮商约缴 5 万元。粮商主张“将退还股款拨办平粜用途，采取合作事业之商营方式，共救灾黎。并规定在明年春收未登场以前，不准借任何名义提取股本，以为平粜之保障”。[⑤]

政府则力谋消除粮食流通的行政障碍，为米商向外购办赈米提供便利。湘省是武汉米谷的重要来源地之一。然而，民国时期湖南当局经常下达米禁令，阻碍米谷流出本省。为此，湖北地方政府需要与湘当局协商，使其取消这项行政禁令，以专济武汉百万人口之民食。1929 年 8 月武汉米荒时，汉口市政府电湘乞赈，由商购 30 万石。25 日湘省传来回电，由于该年夏秋始有旱灾，继而虫灾，后又淫雨不绝，收成亦不容乐观，早已严禁米谷出口。对于市政府所请为救济武汉民食，只暂允 5 万石接济。[⑥] 由于数量过少，只能救一时之急。同日省政府马上派定平粜局局长，会同汉

① 《筹办平粜计划书》，《武汉市社会局局务汇刊》第 1 期（上），1929 年，第 22 页。

② 《省政府据平粜局段局长呈局乏存款暂缓购米等情咨汉口特别市政府查核》，《湖北省政府公报》（周刊）第 65 期，1929 年，第 47 页。

③ 《据呈为机器米业同业公会呈复米价情形并请迅予救济转陈查核等情业经商定具体办法至所陈治标办法碍难准行并仰转知》，《湖北省政府公报》（半月刊）第 52 期，1934 年，第 103 页。

④ 《汉市民食无忧　粮商筹有购米的款　月可输入六十万石》，《武汉日报》1934 年 8 月 11 日，第 2 张第 3 版。

⑤ 《粮运局退还商股　市商界仍主拨办平粜》，《汉口市民日报》1934 年 8 月 11 日，第 2 张第 6 版。

⑥ 《武汉米价飞涨》，《申报》1929 年 8 月 27 日，第 4 张第 8 版。

口市政府秘书和汉口市商会执行委员组成代表团，与湘交涉乞粜事项。经过两日的商洽，湘省政府同意加增为10万石，对鄂省所坚请的30万石，须“查酌市情，陆续增加。惟不便遽先发表，恐影响市情，引起民食恐慌”。[①] 10万石相继由持照商人购运来汉。9月21日驻湘的商会代表请求汉口市政府电湘，根据前案，再续发10万石护照。[②] 然而，10月初湖南当局推翻前案，称湘灾奇重，收获不及三成，拒绝商会拟续购10万石的请求。[③] 另外，8月底鄂湘会商结果，除30万石予以照准外，湘省政府还承诺按月给平粜米1万石。同样被湖南当局以湘灾严重为由拒绝。[④] 该年急赈武汉市民的湘米，仅区区10万石。

武汉民食还依赖本省产米各县。如果各县纷纷采取遏粜政策，武汉会面临更为严重的米荒。湘省阻禁后，省政府根据武汉粮食维持委员会呈称，维持武汉粮食市场只能依赖本省各县，而“闻省内各县时有阻禁米粮出境之举。如武穴、蕲春等县因阻禁而生纠纷，层见叠出。近如商民胡复康等运谷来汉，被阻于下巴河”。并认为“各县因地势、地质之不同，农品生产之种类与数量相差殊甚”，虽然遭受旱灾，仍有部分县份有余粮可供销售。据此省政府令民政厅通饬各县“凡业经禁止粮食出境者，着即弛禁。向未禁阻者，以后不得禁遏。以期武汉民食可以无虞，缺米县份可资调剂”。[⑤] 而武汉米商因恐地僻路遥、令行不止，各县仍旧施行米禁而发生纠纷，“纷纷呈请发给护照前来”。武汉粮食维持委员会呈请省政府，“由属会制印护照，准其在省境通行，并送呈钧府加印，以昭慎重。再行取得运商切实铺保，分给持往购运”。省政府即转饬民政厅、财政厅令各县公署及各征收关卡查照放行。[⑥] 在省政府的干预下，持有运米护照的米商得以在本省自由购运米粮。

---

① 《汉口八月来粮食恐慌之轩然大波：市府维持粮食案经过情形》，《新汉口市政公报》第1卷第6期，1929年，第43页。

② 《汉口八月来粮食恐慌之轩然大波：市府维持粮食案经过情形》，《新汉口市政公报》第1卷第6期，1929年，第44页。

③ 《电复武昌方主席湘灾奇重武昌商会请购米十万石碍难照办文》，《湖南财政汇刊》第8期，1929年，第19页。

④ 《省政府咨湘省政府请照前议月给平粜护照米一万石》，《湖北省政府公报》（周刊）第72期，1929年，第42页。

⑤ 《省政府据武汉粮食维持委员会呈请令民政厅转饬各县本省区内不得局部阻禁米粮出境》，《湖北省政府公报》（周刊）第76期，1929年，第13~14页。

⑥ 《省政府据武汉粮食维持委员会呈送运米护照样式令民政厅、财政厅转饬所属查照放行》，《湖北省政府公报》（周刊）第76期，1929年，第12~13页。

然而，部分县仍以本县灾荒、粮食不能自给为由，提请省政府变通反遏籴政策，限制运米护照的使用。比如1929年旱灾导致1930年各县春荒严重，蒲圻县平民对于米价飞涨而商人囤积纷纷外运，“群情激愤，一致请求禁阻”。县政府遂举崇阳县因平民为饥所迫、铤而走险的事实为鉴，不得已权禁米粮出境，呈请省政府知照。省政府因1930年初“先后咨请湘赣两省商允按月接济武汉米粮，数量现由该委员会招商采运自运，积极进行，谋籴外省”，武汉尚无米荒危险。外省米粮既已运汉销售，则对各县春荒，不能不有所顾忌。遂同意该县所请，并饬粮食维持委员会“酌察各县情形，须于可能范围内斟酌办理，慎发护照”。[①] 之后，更因武汉米荒已有赣米约3万石予以接济，而各县因米商持护照购运过多，致粮价飞涨不已，纷纷请予阻禁粮食外运出境。因此，为防止“因武汉一隅影响全省民食，命令武汉粮食维持委员会将运米护照暂行停发”。[②] 由此可见，地方政府采取遏籴政策，是维持本县粮食安全和社会安定的最后手段。尽管省政府一再重申本省粮食自由流通的原则，也不得不顾及受灾县需要留存粮食、以备急需的实际情形。

（二）政府降低运销成本，减轻米商负担

办理赈米主要由商人筹资购运，采购米价和运销费用均由他们承担，而平粜时需要以低于市价的价格出售，以惠民生，商人必须考虑赈济活动中的收益和成本。如在1928—1930年武汉持续性米荒的赈济中，米商经常抱怨因运米成本高，办理平粜不仅无法获得一定的商业利润，甚至还会亏累巨大。在1928年11月湘省遏籴后，武汉米谷来源缺乏。汉口总商会因“湘既禁运，赣、芜米价复昂，只好向安南购运”。[③] 虽然江西、安徽谷米可以前往购办，但米价昂贵，甚至高于武汉。“而盘拨力资，所费尤巨。设运回而不加诸于售价，即不免有折本之虞。职是之故，未敢多办，亦无力多办。”购运洋米成为最后的解决办法，“惟是运地既远，盘费愈重，将来市价之难望平落，自不待言”。[④] 1929年官商合组武汉粮食维持委员会，

---

① 《省政府据蒲圻县长代电称该县米荒已权禁粮食出口等由令武汉粮食维持委员会酌察各县情形具报饬遵》，《湖北省政府公报》（周刊）第90期，1930年，第14～15页。

② 《省政府令武汉粮食维持委员会暂行停止发给米商运米护照以维民食并令民政厅转饬各县遵照办理具报备查》，《湖北省政府公报》（周刊）第92期，1930年，第10页。

③ 《武汉米荒》，《时事新报》1928年12月3日，第1张第4版。

④ 《武汉闹米荒　社会局请市府维持并设立平粜局》，《世界日报》1928年12月12日，第4版。

积极向外购米，采取合运分销办法。即由米商投资成立购米基金，派员集中向省内外批购米粮。销售则按资分销，并将米价、运脚、厘税、月息和消耗等项算入米本，在给予商人一定盈利空间的前提下，规定一个公平的平粜价格。① 尽管如此，商人不免有所亏损。因此 12 月中旬粮食维持委员会召集武汉机器米业和米号代表开谈话会，呼吁“希望按资分销发给米粮，给大家的时价，请多尽义务”。② 从救济武汉百万市民民食的道义出发，动之以情。1930 年 7 月初，社会局请汉口市商会赴上海采办洋米 1 万石，以平抑该年春夏之交的米价高涨。上海洋米每石 17.6 元，由于该地称量较大，按汉口量器标准，每石实价 17.2 元左右。因办理平粜而商人所受亏折之数，拟由社会局会同商会召集各机关团体设法垫补。③ 7 月 5 日由上海先运洋米 5000 石，6 日办理平粜，售价每石 16.5 元，“此次损失约在 3 万元，全由该会亏垫”。④ 这段时期内地米谷运销成本沉重，恰恰因 1931 年前国内厘金尚未革除。1929 年省市两政府与湘当局协商购米 10 万石成功后，即发放运米护照，召商承运。唯米捐每石需 1.5 元，农会附捐 1 分，及赈捐一成。之后汉口市商会函机器米业公会，劝导各米商平价销售，以利民生，但米业公会认为“以湘省米谷价格，已属不低。运来汉市，连同缴运各费，每谷一石需本五元有余，每米一石需本十二三元。成本过高，折本平价，殊难负担”。⑤

由于来汉米谷的流通成本巨大，政府为兼顾民食赈济和米商经营负担，下令免除本省赈米厘税，并请求湘省尽量减免米捐。1928 年底社会局呈请武汉市政委员会转咨财政厅，令“湖北一切征收机关，凡采运米谷粮食来鄂，所经关卡应征之一切厘金税捐暂予豁免”。⑥ 随后财政厅颁发赈粜米粮免税条例，由赈灾委员会发给免税护照，命令所属各征收局卡对办理

① 《汉口八月来粮食恐慌之轩然大波：市府维持粮食案经过情形》，《新汉口市政公报》第 1 卷第 6 期，1929 年，第 44 页。

② 《汉粮食维持会召集米商谈话》，《时事新报》1929 年 12 月 17 日，第 2 张第 1 版。

③ 《领袖群商维持市面》，《湖北中山日报》1930 年 7 月 2 日，引自郑成林主编《汉口商会史料汇编》第 2 辑，大象出版社，2019，第 653～654 页。

④ 《总商会今日开始平粜》，《湖北中山日报》1930 年 7 月 6 日，引自郑成林主编《汉口商会史料汇编》第 2 辑，第 654 页。

⑤ 《汉口八月来粮食恐慌之轩然大波：市府维持粮食案经过情形》，《新汉口市政公报》第 1 卷第 6 期，1929 年，第 44 页。

⑥ 《呈武汉市市政委员会请转咨湖北财政厅通行征收机关暂免米谷厘金税捐由》，《武汉市社会局局务汇刊》第 1 期（下），1929 年，第 17 页。

赈粜粮的商人免除税捐。[①] 尽管省政府在一定程度上能够干预所属各县对货运私行抽捐的行为，但是对湘米出口向例征收米捐的做法却无能为力。裁厘改统前后，湖南米谷捐虽时有降低，但始终没有革除。1934 年南方旱灾期间，全国米谷不丰，虽湖南存米较有盈余，采取弛禁政策，但从 8 月起，米捐从原来的 2 角增加至 5 角，直至 1 元。早在 1933 年初，财政部奉行政院命令，以湖南征收米捐与流通国内米麦案中“地方应蠲免粮食运输捐费”相违背，饬即日撤销。然而 1934 年湖南再次征收并提高米捐，证明中央实际未能影响湖南继续抽收米捐。该年 9 月虽由财政部再次声明前令，令湘省停止征收米捐，[②] 但从该年弛禁征捐的持续时间上看（从 8 月到该年年底），湖南省政府也未能遵照办理。为降低米商采购湘米成本，鄂省政府直接与湘省政府协商，“对武汉米商往湘沅江、长沙等处购买米谷时，予以便利”。[③] 8 月 17 日推派李书城委员向湘省主席接洽减免。同日市政府还专电湖南省财政厅，准予豁免食米出口护照费。[④] 经过三四天的协商，湘当局允许对鄂省购米减免半税。同时准许商人自由来湘采购，并不加禁阻。[⑤] 此外，鄂省政府建设厅还拨发拖轮 3 艘，专供米商贩运米谷之用，运费则公平取之。[⑥]

在救济武汉米荒中，购办赈米主要依靠商人备款，赴产米区采购米谷运汉，办理平粜。政府则以行政手段，积极疏通省内外购米渠道，以保障赈米顺畅运汉。而对于米商所声称的，采购成本既高，售价则昂，失去办理平粜、救济民食的意义，我们应该理解为，米商经营贩运的目的在于保本获利，赈济民食的社会性义务尚在其次。这样政府的社会福利目标又会与商人趋利行为相矛盾。政府出于维持社会稳定的道义，为调动米商购米运汉的积极性，在要求减免沿途捐费这一点上，与图利的米商群体取得了一致。因此，如何在保障社会福利最大化的基础上，兼顾米商私利，需要政府在本着合作的态度之外，发挥营造良好的市场运行环境的权能。然

---

① 《财政厅令发各征收局运粮免税条例》，《湖北省政府公报》（周刊）第 27 期，1928 年，第 42～43 页。

② 《财政部以征收米谷捐有违法令请即停征致湖南省政府咨（1934 年 9 月 19 日）》，转引自江苏省中华民国工商税收史编写组、中国第二历史档案馆编《中华民国工商税收史料选编》第 5 辑《地方税及其他税捐》（上），南京大学出版社，1999，第 1834 页。

③ 《市府令米商迅速筹资赴湘购米》，《汉口中西报》1934 年 8 月 12 日，第 2 张第 7 版。

④ 《市府电湘请免米粮出口捐》，《武汉日报》1934 年 8 月 18 日，第 2 张第 3 版。

⑤ 《李书城等返鄂　采购湘米接洽圆满　湘省准减半税购米若干石　商人前往贩运并不加禁阻》，《武汉日报》1934 年 8 月 23 日，第 2 张第 3 版。

⑥ 《市府令米商迅速筹资赴湘购米》，《汉口中西报》1934 年 8 月 12 日，第 2 张第 7 版。

而，产米各地不时采取的遏粜手段和湘省在寓禁于征的名义下抽收的米谷捐费，证明民国时期国内市场分割的状况是相当严重的。因此，对于解决区域性的米荒问题，米商虽能够利用地方政府的行政权力，以疏通渠道、减免运销成本，但这种构建正常市场秩序的努力仍受到多种因素的制约。

结　语

论文讨论了在1928—1936年应对武汉米荒的过程中，政商之间分歧、冲突和合作等错综复杂的关系。米荒期间，政府需要米商协同平抑米价，以缓解民生之苦。由于米商不会牺牲自己的利益以迎合政府平抑米价的期望，米商囤积居奇、高抬米价是政商发生分歧乃至冲突的焦点。政府监督、干预米商自主经营的过严管理手段，一度使政商关系趋于紧张，1931年的军法管制并不能作为常态下政府调控米市、解决米荒问题的主导措施。通常，米商会从市场供求关系、自身经营成本和收益的角度陈情米价高企的原因，并质疑政府平抑米价的有效性。米商与政府的博弈导致平抑米价令成为一纸空文。为引导米商增加市场米粮供给、平抑米价，政府遂采取变通办法，依靠米商筹款购米、办理平粜，以期来源踊跃、米价跌落。在此过程中，根据米商减轻购运成本的诉求，政府积极减除地方阻禁米粮出境、抽收捐费的行政障碍，以调动米商购销的积极性，从而在一定程度上缓解了米粮市场的紧张状况。

由此可见，在自由市场经济下分析粮荒问题，需要对政府在粮市调控中的角色予以考虑。比如，是否创造出一个保障粮商稳定经营的市场环境，是否构建并维护有利于粮食流通的市场机制，又是否有取代市场主体决策、违背市场运行规律的“过度干预”行为等，这应该成为研究近代城市粮荒中政商关系的新视角。从历史实证的角度看，正是这一点决定了粮荒问题在何种程度、哪些方面得到了解决。

Divergence, Conflict and Cooperation: The Relationship between Government and Businessmen in the Rice Shortage at Wuhan from 1928 to 1936

Li Hanwei

Abstract: From 1928 to 1936, there were six rice shortages with different degrees at Wuhan. Keeping the rice price down and stabilizing the market requires the coordination of government and businessmen. During this process, divergences and even conflicts often arise due to the different policy orientations of government and businessmen. The solution to the rice shortage depends on their coordinative relationship. This article explores the complicated aspects of relationship between government and businessmen during the rice shortage at Wuhan from three points: the divergence and game between government and businessmen under the price restriction and hoarding prohibition, the conflict between them under the military law to control the rice price in 1931, and the cooperation between them when purchasing rice to relieve the rice shortage. Facts have proved that when the government wants to keep the rice price down and solve livelihood problems, it also needs to take into account the interests of businessmen and create an institutional environment that is conducive to grain circulation. Only in this way can the rice shortage be solved successfully.

Keywords: Rice Shortage at Wuhan; Relationship between Government and Businessmen; Grain Circulation

制度变迁视角下的近代汉口洋例银制度研究*

王玉茹　裴丽婕**

摘　要：洋例银制度是近代中国极具代表性的区域虚银两制度，是近代汉口银两制度的重要组成内容，其产生于汉口开埠后的国际贸易结算中，并随着外国资本的渗入和近代银两市场的整合不断发展，最终在民国初期成为汉口的标准虚银两。公估制度是洋例银制度产生的基础，以外商银行与钱庄为主体的金融制度是洋例银行用范围扩大的重要保障。而洋例银作为近代汉口商贸结算、货币兑换市场和国内外汇兑市场的计价标准货币，在近代汉口汇划制度和汇率制度的发展中发挥了重要作用。

关键词：制度变迁；汉口；虚银两；洋例银

一　引言

从长时段来看，中国金融制度的变迁是内部制度与外部制度相互融合与改造的结果。19 世纪中后期，以华东地区的九八规元为始，在华北、东北等地陆续形成了行化银、过炉银等区域性虚银两货币制度。洋例银制度则产生在以武汉为中心的华中地区，探究洋例银制度产生与发展的内在机制，对于深入理解近代区域货币金融制度的变迁具有重要意义。

1861 年汉口开埠，国际资本势力随着外贸发展逐渐渗入汉口市场，通过设立银行开展金融服务对汉口传统金融制度进行改造。国际势力的渗入引起汉口贸易地位及商贸结构的转变，打破了传统经济形态下市场的均衡

* 本文系用友基金会“商的长城”一般资助项目“近代中国公估局史料整理与研究”（2020－Y03）的阶段性研究成果。

** 王玉茹，女，天津人，南开大学经济学院教授，主要研究方向为中国近代经济发展；裴丽婕，女，山西临汾人，南开大学经济学院博士研究生，研究方向为金融史。

状态，推动了当时汉口金融制度的变革。[①]

关于汉口银两制度的研究资料最早来源于日本出于侵略目的对汉口进行的调研。[②] 民国时期对银两制度的研究成果逐渐丰富，“实银两”与“虚银两”的概念也随着银两划分标准的多样化而产生，[③] 并出现关于洋例银制度的研究。《内国汇兑计算法》详细介绍了洋例银本位下汉口汇兑市场的计价规则。[④] 沉刚深入观察与研究汉口货币市场，系统分析洋例银之平色标准的选择原因，立足银两制度本身解释洋例银制度的兴盛。[⑤] 但更多研究产生于现金集中令与废两改元施行后，讨论银两制度崩溃的必然性。[⑥] 20 世纪 50 年代以来，学界对我国银两制度进行了更加细致的研究与划分，关于区域性银两制度的研究不断深入。[⑦] 皮明庥梳理了汉口开埠前后通行银两制度的变革历程。[⑧] 戴建兵通过挖掘与整理中外史料，丰富了汉口银两史相关资料。[⑨]

制度变迁理论的发展为探究虚银两制度兴起的变迁机制提供了理论基础。新制度经济学将交易费用理论引入经济分析中，将相对节约交易费用

---

① 王永年：《晚清汉口对外贸易的发展与传统商业的演变》，《近代史研究》1988 年第 6 期；〔美〕罗威廉：《汉口：一个中国城市的商业与社会》，江溶等译，中国人民大学出版社，2005；张珊珊：《近代汉口港与其腹地经济关系变迁（1862—1936）》，博士学位论文，复旦大学，2007；郑彬彬、张志云：《江汉关开埠与汉口国际贸易（1858—1869）》，《近代史研究》2020 年第 2 期。

② 清末，水野幸吉通过对汉口进行系统调查，概括性地描述汉口流通的银锭种类，并列举不同银锭与洋例银之间的换算比例。参见〔日〕水野幸吉《汉口：中央支那事情》，刘鸿枢等译，上海昌明公司，1908，第 239 ~ 240 页。

③ 张公权认为银两包含计算的银和实用的银，即作为计算标准的虚银与实在的元宝。参见张公权《上海银两之换算》，《银行周报》第 1 卷第 10 号，1917 年 7 月，第 21 ~ 24 页。侯厚培将民国的银两制度分为实银与虚银两种，“实银即银锭元宝等类。虚银为虚设之银两，有其名称，而无其物”，明确了“实银两”与“虚银两”的概念。参见侯厚培《中国货币沿革史》，上海世界书局，1929，第 51 页。耿爱德记录近代中国银两时提及“中国之银两，又有虚实之别”，并将中国银两分为银两币、虚银两、计算银与宝银四类。参见耿爱德《中国货币论》，蔡受百译，商务印书馆，1933，第 69 ~ 75 页。

④ 卞寿孙审订，徐业编辑《内国汇兑计算法》，中国银行总管理处，1915，第 201 ~ 222 页。

⑤ 沉刚：《洋例银之历史的研究》，《银行杂志》第 1 卷第 16 号，1924 年 6 月。

⑥ 裕孙：《汉口洋例银之消灭》，《银行周报》第 12 卷第 3 号，1928 年 1 月，第 19 ~ 22 页；张克明：《汉口之洋例与废两改元》，《汉口商业月刊》第 1 卷第 7 号，1934 年 7 月。

⑦ 王昉、燕红忠、高宇：《晚清区域货币市场发展研究——以营口“过炉银”为中心》，《历史研究》2016 年第 3 期；燕红忠、高宇：《清末时期的过炉银危机与制度调整》，《中国经济史研究》2017 年第 2 期；荣晓峰：《近代天津行化银两制度研究》，《中国经济史研究》2020 年第 2 期。

⑧ 皮明庥主编《武汉通史·晚清卷》上，武汉出版社，2005，第 324 ~ 328 页。

⑨ 戴建兵：《中国近代银两史》，中国社会科学出版社，2007，第 131 ~ 138 页。

视为制度变迁的原因之一。近年来，亦有学者聚焦于货币制度变迁的内在机制，多数研究立足政府与民间市场的博弈，认为货币主导权的下移是明清以降货币金融制度复杂多样的重要原因。[①] 王昉、徐永辰通过建构流通性与稳定性的交换媒介二维属性分析框架，考察晚明白银货币化的制度变迁实现机制，为后来学者提供新的思路。[②]

总体而言，汉口洋例银的相关成果明显呈现出研究滞后、资料单薄的缺陷，且缺乏对汉口银两制度变迁方式与动力机制的探讨。本文在总结现有研究的基础上，主要依据民国报刊资料与近代日本在汉口的调查资料，借鉴制度变迁理论，探究洋例银制度的兴起与发展历程以及其在汉口近代金融制度形成过程中发挥的作用，以期丰富近代中国金融制度变迁的研究。

二　传统银两制度的失衡与变革

作为一种交换媒介，保障与提升经济活动的交易效率是货币的首要职能。当现行货币制度阻碍交换行为的顺利开展，即制度供给无法满足制度需求时，制度变迁就会发生。国内贸易规模的扩大与偶发性的现银匮乏导致传统银两制度运行失衡，这是近代中国银两制度变迁的重要推动力。

（一）近代银两制度的区域性变革

明朝中后期外国银元的大量输入使白银完成了向合法货币的转化。清朝时白银货币已经渗透到社会生活的各个方面，在大额交易和政府财政中发挥了不可替代的作用。清朝白银铸币权的下放将封建制度下地区间发展的不平衡性拓展到金融领域，导致近代民间市场流通的银两平色混乱，种类纷杂，银两标准“各因时地用途而异”,[③] 民用银两体系呈现出明显的区域性与多样性。但在封建体制下，地区间贸易往来并不发达，因银两平色紊乱造成额外成本并非商业经济发展的主要阻力，传统银两制度得以平稳运行。

---

① 如邱永志《国家“救市”与货币转型——明中叶国家货币制度领域与民间市场上的白银替代》，《中国经济史研究》2018 年第 6 期，第 19 ~ 40 页；燕红忠《本位与信用：近代中国白银货币制度及其变革》，《中国经济史研究》2019 年第 6 期，第 40 ~ 57 页；仲伟民、邱永志《十六至十九世纪中日货币流通制度演进路径的分流》，《中国社会科学》2020 年第 10 期，第 93 ~ 115、206 ~ 207 页。

② 王昉、徐永辰：《晚明白银货币化的制度变迁实现机制——基于交换媒介属性的思想史考察》，《江西社会科学》2021 年第 2 期，第 120 ~ 130、255 页。

③ 陈振骅：《中国现行之货币》，《商务印书馆出版周刊》新第 101 期，1934 年 11 月，第 8 页。

五口通商后，国内贸易网络逐渐拓展，种类繁杂的白银货币无法为地区间贸易提供稳定、统一的价格标准，货币制度与商业经济发展需要之间的矛盾被激化；同时，鸦片战争前后的现银外流，严重降低了国内市场中的现银流通效率，流通性的减弱从根本上动摇了传统银两制度。[①] 传统货币制度的供需均衡被打破，币制改革的需求迫切。

受交通条件的限制，在开埠之初，国际贸易的影响仅在通商口岸及其附近区域产生，但这为区域性银两制度的变革提供基础。道光年间牛庄豆商与上海豆行开展贸易，为加速现银收付，豆商规定现银交付以九八折算，并由此创造九八规元银这一记账标准；同治初年，营口地区的炉房为简化结算程序，减少现银流通，以炉房信用为保障推行“炉银”这一簿记信用货币，并逐渐形成“过炉银”制度。[②] 这些由本土商业、金融组织自发创造的区域虚银两制度，是近代中国银两制度自我完善的例证。

区域虚银两制度是近代中国货币制度向信用货币制度过渡阶段的产物，是各地市场根据自身实际做出的诱致性制度变迁。在地区发展不平衡的背景下，近代中国区域虚银两制度的发展历程具有多样性的特点。

（二）汉口银两制度运行失衡

“汉埠交易，向用银两而辅以制钱。”[③] 作为内陆重要的贸易转运城市，近代汉口市面集中了来自各地的银锭，如湖南锭（又名方锭）、湖北荆沙锭、四川川锭、云南石槽银等。[④] 这些银锭平色各异，型制也不统一。清代汉口市场中使用的宝银有 40 种以上，[⑤] 主要有元宝银、小宝银、小锞角，此外，一两以下的银锭为碎银，也称粒银、滴银、福珠。[⑥] 开埠通商之前，汉口市场中不同平砝的银两在长期的贸易往来中形成了相对稳定的比价，足以维持市场的平稳运行，制度变迁的内生需求不足。

1861 年汉口开埠后，英、俄、美、法、德、丹麦、荷兰、西班牙、比利时、意大利、日本等与清政府签订有通商条约的国家先后在汉口开埠通商。至清朝末年，先后有 20 多个国家到汉口开展贸易活动。汉口从传统内

① 魏建猷：《中国近代货币史》，黄山书社，1986，第 1～10 页。
② 魏建猷：《中国近代货币史》，第 27～28 页。
③ 张克明：《汉口金融机关概况（下）》，《银行周报》第 18 卷第 1 期，1934 年 1 月，第 31 页。
④ 戴建兵：《中国近代银两史》，第 188 页。
⑤ 〔日〕吉田虎雄著，周伯棣编译《中国货币史纲》，中华书局，1934，第 77 页。
⑥ 皮明庥主编《武汉通史·晚清卷》上，第 324 页。

陆商埠，演变成“商贾辐辏，白皙人种联翩并集”[①] 的内陆进出口中心城市，商贸规模不断扩大。以茶叶贸易为例，汉口开埠前，南方茶叶出口主要依靠广州出口。1861 年汉口出口红茶 80000 担，而广州出口 247014 担，是汉口的 3 倍多。到 1862 年，汉口红茶出口量剧增至 216351 担，而广州仅出口 191919 担，汉口红茶出口量已经超过广州。到 1863 年，汉口红茶出口 272922 担，广州出口 135328 担，不及汉口出口红茶数量的一半。[②] 江汉关设立后，汉口直接出口外洋的茶叶数量不断增加，1863 年直接出口外洋的茶叶达 370 余万磅，1865 年达到 1051 万磅。[③]

贸易规模与贸易结构的改变打破了汉口传统货币制度的均衡关系：首先，贸易规模的扩大提高了市场对资金流通效率的需求，传统的贸易结算机制显然无法满足这一需求，成为阻碍交易效率提升的重要原因；其次，直接对外贸易额的增加使大量外洋银条涌入汉口市场，加剧了汉口银钱市场的混乱，商贸结算中因货币折算造成的额外成本剧增，传统银两制度下的利益均衡关系被打破；最后，汉口缺乏经营外汇等金融业务的服务机构，不利于国际贸易活动的开展。因此，推动近代汉口金融制度变迁成为外商扩大势力范围的重要基础。

（三）公估制度与洋例银的产生

货币制度变迁的核心需求应是提升交易效率，保障交换行为的顺利进行。而诱致性制度变迁的路径依赖意味着金融制度的变迁必然始于现存制度结构的某项安排。因此，立足于贸易扩张与银两制度长期运行的现实，需要找到一种与银两货币密切相关但流通性与稳定性更强的交易媒介，为华洋贸易提供便利。产生于上海的九八规元银制度为英商对汉口银两制度进行的适应性改造提供了模板。

汉口开埠后，虽有银炉对纷杂的银块进行改铸，一定程度上起到银两整合的作用，但由于缺乏专业机构对银两成色进行批估鉴定，汉口市面交易之银色，“一任炉匠混淆”，[④] “银色高低，不可言喻”。[⑤] 暗降银色谋取

---

① 张继煦等：《叙论》，《湖北学生界》第 1 期，1903 年 1 月，第 2 页。

② Office of Customs, Hankow, Hankow Trade Report for the year 1864, Embassy and Consular Commercial Reports 1854 - 1866, Shannon, Ireland, 1927, p. 111.

③ Medhurst to Alcock, 3 March 1866, FO 228 /416, p. 105.

④ 《商务局收发文牍：商务局咨覆议定公估办法文》，《湖北商务报》第 43 期，1900 年，第 6 页。

⑤ 《武汉金融志》编写委员会办公室、中国人民银行武汉市分行金融研究室编《武汉近代货币史料》，武汉地方志编纂委员会办公室印行，1982，第 21 页。

利益的现象与日俱增，大量银锭名义上虽行使二四银色，实际仅为一二至一七之成色，[①] 严重损害白银货币价值的稳定性。要维持商贸及银钱市场的正常运转，必须建立银锭成色的鉴定与保证机制。于是“同治三年（1864）冬，上海各银行，以汉镇银色往来不便，亲自到汉禀请领事官，援照上海，议设公估，以昭划一”。[②] 1865 年，政府应英国驻汉口领事的提议，令广东商人郑永和在汉口设立公估局，负责“检查银两秤量及成色”，[③] 所有流通或经过汉口之宝银，均须由公估局批估后才可在汉口市面通行。[④] 汉口公估局以估平作为标准平砝[⑤]，以汉口通行之二四宝作为批宝划定之成色。同时以二四宝为标准表示银锭成色，即以二四宝为足兑，在其基础上进行申水或去水。[⑥] 申水高于 6 钱与去水 3 两以上的银锭不可在汉口市面流通。[⑦] 经公估局批估流通的宝银即为“估平宝银”。公估制度的建立，不仅为商品估价提供统一的货币标准，而且使白银货币价值的稳定性得以保障，从而达到维持银钱市场的秩序、提升交易效率的目的。

估平宝银并未脱离汉口以汉漕平为基准的平砝体系和以纹银成色为标准的银色体系——开埠前汉口各帮制定平砝均以漕平为标准，私人铸造银两均行使二四银色。[⑧] 符合汉口用银习惯，是估平宝银得以通行于汉口市面的重要原因。

公估制度建立后，外商依照上海规元之例，在汉口制定一种记账所用的虚银两单位。规定华洋贸易中“以估平宝九百八十两，升成洋例银千

---

① 戴建兵：《中国近代银两史》，第 188 页。

② 《商务局收发文牍：商务局咨覆议定公估办法文》，《湖北商务报》第 43 期，1900 年，第 6～7 页。

③ 〔日〕水野幸吉：《汉口：中央支那事情》，刘鸿枢等译，第 225 页。

④ 关于汉口公估局的设立时间有两种观点。一种是同治四年（1865）1 月 1 日，广东商人郑永和仿照上海公估局，在汉口开设郑永和公估局，估费每只 20 文。公估局总局设立于马王庙，并在黄陂街设有分局。参见天津档案馆编《天津商会档案选编（1903—1911）》，天津人民出版社，1989，第 397 页；张克明《汉口金融机关概况（下）》，《银行周报》第 18 卷第 1 期，1934 年 1 月，第 31 页。另一种观点认为汉口公估局设立于同治九年（1870），是“根据英国领事的建议得到政府同意而设立的”，同样由郑氏经营为基础，并设有总局与分局两家。参见戴建兵《中国近代银两史》，第 194 页。而 1900 年郑永和在向商务局呈交的《奉设华洋公估定章节略》中提及汉口公估局设立已三十余年，可知汉口公估局在 1870 年之前设立。故此处采用汉口公估局设立于 1865 年的说法。

⑤ 估平每 100 两相当于汉漕平 98.6 两，故估平也称“九八六平”。

⑥ 戴建兵：《中国近代银两史》，第 195 页。以重 50 两的银锭为例，在纹银标准下，申水 2 两 5 钱即为二五宝；而在二四宝标准下，申水 1 钱即为二五宝。

⑦ 张克明：《汉口金融机关概况（下）》，《银行周报》第 18 卷第 1 期，1934 年 1 月，第 31 页。

⑧ 戴建兵：《中国近代银两史》，第 188 页。

两”，[①] 因为这一单位为“洋人来汉口通商时所定之例”，故汉口本地称其为洋例银。[②] 洋例银制度由此产生，虽然摆脱了实银形态，但其本质仍是从实银两的重量单位中抽取货币单位，获取一种流通性更强的交易媒介，实现汉口银两制度的变革。

三　金融制度变迁与洋例银虚银两本位的确立

诱致性制度变迁中制度安排的变化可以细分为两个阶段，首先是现存制度的某项安排产生变化，进而推及其他相关的制度安排。洋例银制度的产生是近代汉口金融制度诱致性变迁的起点，随着外资的渗入，这种变迁逐渐扩散到近代汉口的金融体系中，引起汉口金融体系的变迁。这一过程不仅包含外部金融势力对传统金融体系的利用与改造，还涉及传统金融体系内部机构间的博弈。

（一）钱庄介入对外贸易

汉口开埠初期，英商无权在内地定居、设立行栈，[③] 汉口对外贸易严重依赖上海。虽然英国先后在 1865 年[④]与 1868 年在汉口英租界正式成立麦加利银行与汇丰银行，控制了汉口的对外汇兑，垄断了江汉关税金的汇存业务，但受内地贸易权的限制，无法将金融影响力扩大至汉口金融与商贸市场中。在汉口构建一种适用于进出口贸易的金融制度，使洋例银逐渐融入汉口本地市场，是外商资本渗入汉口金融业的最佳方式。但直接将西方金融体系复刻到汉口金融市场中的成本过高，因此必须以汉口其他本土金融机构为中介，实现外资与汉口传统资本的交流。当时主导汉口金融业的票号经营保守，无意转型，外商银行很难渗入其中。而资本少、独立性弱的钱庄则积极寻求扩大经营的途径，外资的渗入为钱庄的转型提供契机。

为将钱庄纳入新的金融制度，外商银行在 19 世纪 60 年代就承认钱庄

---

① 中国人民银行总行参事室金融史料组编《中国近代货币史资料　第 1 辑　清政府统治时期（1840—1911）》，中华书局，1964，第 604 页。

② 刘昌宪：《钱业簿记》，长沙宏文社，1914，第 151 页。

③ Bruce, Circular to Consuls in China, 5 May 1862, FO 17 /374, pp. 35 - 36.

④ 蔡萼英的《汉口第一家外国银行——英商麦加利银行》记载：“1863 年夏，上海麦加利行首先派人来汉，起初是赁屋营业，且是春来秋去，仅为经营茶叶的洋行服务。随着进出口贸易发展，麦行业务范围扩大，1865 年，决定在英租界内，建楼正式开业。”该文载于武汉市政协文史资料委员会、武汉市江岸区政协文史资料委员会编印《武汉文史资料》第 4 辑《汉口租界》特辑，1991，第 29 ~ 34 页。

庄票，并通过向钱庄提供拆借、押汇等业务，使钱庄介入进出口贸易。[①]辛亥革命前，外国银行“对于钱庄之暂时贷款盛行，平均贷出之额约七百万两左右”。[②]汉口洋行也曾利用5天到期和10天到期的庄票作为清偿贷款的手段。[③]华商利用钱庄庄票清偿洋行货款，洋行则将庄票作为购买土货的支付手段，并借此扩大外贸业务。在外商银行和洋行的支持下，传统以兑换制钱、改铸生银为主，兼营小额存放款的旧式钱庄，开始在对外贸易中发挥资金融通的作用，成为洋行与华商之间的中介金融机构。[④]

公估制度建立之前，汉口银钱兑换的标准平色为“九八五平它纹”，每1000两含纯银987两。[⑤]而当时国际汇兑通用的二四宝银实际成色为980.272‰，即每1000两二四宝银含纯银980两，[⑥]明显低于汉口钱业的标准银色。为避免在对外贸易的收付中遭受汇兑损失，钱庄不得不将现银收付的标准银两变为二四估宝，为洋例银进入汉口本地钱业市场提供便利。在水野幸吉1907年所著的《汉口：中央支那事情》一书中，已经视洋例银为“汉口各种银钱算定其标准之单位”。[⑦]可见早在民国之前，洋例银就已经进入汉口本地钱业市场，并发挥钱业本位货币的作用。近代汉口钱庄票据均以洋例纹为银两单位，[⑧]赋予了洋例银流通手段与支付手段的职能，这是洋例银行用范围扩大的制度基础。

（二）以外商银行和钱庄为主体的金融制度

甲午战争后，德、俄、法、日等国先后在汉口设立租界。同时，汉口本地近代工商业的兴起、水陆交通条件的改善降低了进出口贸易的交易成本，越来越多的洋商在汉口设行营业，汉口直接对外贸易的比重持续增长（见图1）。直接外贸规模的扩大不仅使汉口市场中银钱兑换的需求增加，还引起外汇需求的增加。仅凭票号自身已不足以满足日益庞大的资金周转需求，只能向日益壮大的钱庄寻求帮助。钱庄本就以为商号提供银钱兑换

---

① 皮明庥主编《武汉通史·晚清卷》上，第149页。

② 《武汉金融志》编写委员会办公室、中国人民银行武汉市分行金融研究所编《武汉钱庄史料》，第25页。

③ 汪敬虞：《外国资本在近代中国的金融活动》，人民出版社，1999，第117~118页。

④ 皮明庥主编《武汉通史·晚清卷》上，第149页。

⑤ 卞寿孙审订，徐业编辑《内国汇兑计算法》，第202页。

⑥ 张家骧：《中华币制史》，民国大学出版部，1925，第49页。

⑦ 〔日〕水野幸吉：《汉口：中央支那事情》，刘鸿枢等译，第239页。

⑧ 张克明：《汉口之票据及其清算方法》，《汉口商业月刊》第1卷第4期，1934年4月，第3~8页。

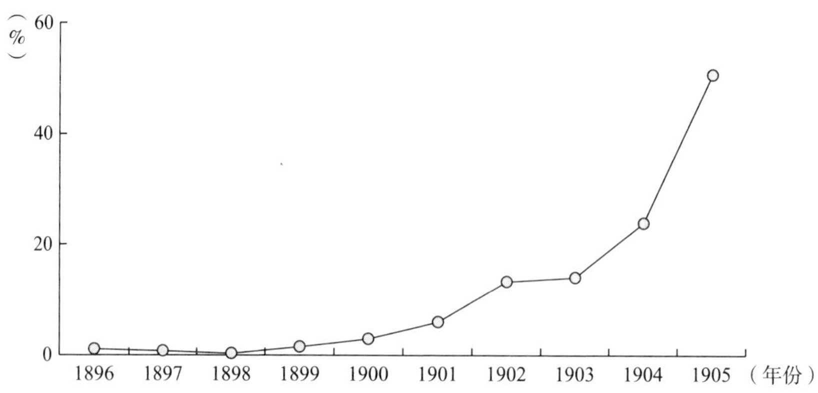

图 1　1896—1905 年汉口外国商品直接输入额占总输入额的比例变动

资料来源：〔日〕水野幸吉：《汉口：中央支那事情》，刘鸿枢等译，第 266 页。

业务为生，在汉口外贸与工商业迅速发展的背景下，其进一步发挥了金融调剂者的作用。光绪年间，已有七八家大钱庄代替票号办理各大商号的收付业务，在市场中发挥商业资金调剂的作用；同时，越来越多的外国银行进入汉口租界（见表 1），为洋行提供存放款及汇兑服务，实现了对外贸及外汇行情的操纵，以外商银行为主体的外汇制度和以钱庄为主体的商业结算制度由此建立起来。辛亥革命后，票号衰落，钱庄取代票号成为汉口国内汇兑业务的主体机构。清末民初产生的汇划制度进一步完善了汉口以钱庄和银行为主体的金融制度，钱业成为汉埠金融界的主导。1922 年，汉口钱庄数量达 152 家，可见钱业之繁荣。①

表 1　辛亥革命前汉口租界内的外国银行

行名	国别	开设年份	总行地址	行名	国别	开设年份	总行地址
麦加利	英	1863	伦敦	横滨正金	日	1906	横滨
汇丰	英	1866	香港	住友	日	1908	大阪
道胜	中、俄	1896	圣彼得堡*	花旗	美	1910	纽约
德华	德	1898	上海	万国通商	美	1910	纽约
东方汇理	法	1902	巴黎				

* 道胜银行总行在十月革命后迁往巴黎。

资料来源：武汉市政协文史资料委员会、武汉市江岸区政协文史资料委员会编印《武汉文史资料》第 4 辑《汉口租界》特辑，第 245 页。

---

① 张克明：《汉口金融机关概况（上）》，《银行周报》第 17 卷第 48 期，1933 年 12 月，第 22 页。

近代汉口金融制度变迁通过两种途径将影响扩散至工商业。一是钱庄为工商业提供金融服务，包括商业结算业务与存放款业务，其中放款业务又包含信用放款与抵押贷款两种。据统计，仅辛亥革命前，武汉钱庄向工商业的放款总额已达估平银 3000 万两，“武汉各工商行业十九咸仰赖钱庄”。[①] 民国时期汉口市场中各类商业结算大都依赖钱庄，“凡客户办货须向钱庄打银票，视票面数，由出票钱庄以现元宝兑付”。[②] 二是钱庄资本与工商业资本的对流。近代工业的高利润吸引大批钱庄经营者投资开办工厂，工商资本家出于吸收存款、融通资金的目的，亦投资开办钱庄。[③] 金融资本与工商资本的对流进一步加强了工商业对钱业的依赖，洋例银随资金流通进入汉口本地商业市场。“汉埠商家亦遂相沿成习”，[④] 乃至“市上物价，莫不按洋例纹计算”。[⑤] 洋例银成为“一种假定划一银两。从前本埠（汉埠）各种平色，已逐渐消灭，概以洋例为主体矣”。[⑥] 民初汉口当地商业及外贸结算的本位改为洋例银，[⑦] 建立起以洋例银为记账货币的商贸结算制度，洋例银标准虚银两本位的地位亦由此确立。

比较洋例银与近代上海、天津、营口虚银两制度的产生与发展过程，可以直观体现近代中国银两制度变迁路径的区域性与多样性（见表 2）。九八规元银与过炉银均由本土组织创造，而洋例银与行化银为外商银行制定；受地域影响，以九八规元银和洋例银为代表的南方虚银两制度多建立在公估制度上，北方城市更多以改铸制保证银锭成色，炉房这一机构在近代天津与营口金融制度变迁中扮演了重要角色。虽然制度变迁的路径不同，但众多虚银两制度产生的直接动力都是提高交易效率，服务于日渐扩大的商贸规模，这体现出近代不同银两制度向统一方向演进的特征，表明近代中国货币金融制度内部存在从秤量货币向信用货币转变的趋向。

---

① 龚榕庭：《解放前武汉地方金融业溯往》（未刊稿），《武汉金融志》编写委员会办公室、中国人民银行武汉市分行金融研究所编《武汉钱庄史料》，第 24 页。

② 何瑞保：《略述汉钱业的取巧方式》（未刊稿），《武汉金融志》办公室、中国人民银行武汉市分行金融研究所编《武汉钱庄史料》，第 219 页。

③ 皮明庥主编《武汉通史·晚清卷》上，第 323 页。

④ 卞寿孙审订，徐业编辑《内国汇兑计算法》，第 202 页。

⑤《汉口茶行整顿货银之通告》，《钱业月报》第 5 卷第 3 期，1925 年 3 月，第 149 页。

⑥ 卞寿孙审订，徐业编辑《内国汇兑计算法》，第 202 页。

⑦ 何瑞保：《略述汉钱业的取巧方式》（未刊），《武汉金融志》办公室、中国人民银行武汉市分行金融研究所编《武汉钱庄史料》，第 216 页。

表 2 上海、天津、营口与汉口虚银两制度比较

虚银两名称	制度基础	第一行动集团	第二行动集团
洋例银	公估局制	外商银行	钱庄
九八规元银	公估局制	豆商	外商银行与钱庄
行化银	改铸制*	外商银行	银号
过炉银	改铸制	炉房	票号

*1909 年天津银锭保证方式由改铸制改为公估局制。

资料来源：根据魏建猷《中国近代货币史》（黄山书社，1986），戴建兵《中国近代银两史》（中国社会科学出版社，2007），王昉、燕红忠、高宇《晚清区域货币市场发展研究——以营口“过炉银”为中心》（《历史研究》2016 年第 3 期），荣晓峰《近代天津行化银两制度研究》（《中国经济史研究》2020 年第 2 期）的相关内容整理。

四 洋例银本位下汉口金融市场的运行

“金融市场的自然发展规律是先资金市场（或称货币市场），后资本市场。”① 货币制度的变迁必然引起金融周转方式的变革。在以外商银行和钱庄为主体的金融制度下，近代汉口不仅建立起以洋例银为标准的汇划制度，还在以申汇为基础的金融汇兑网络上建立起以洋例银为中心的二级区域汇兑网络，以加强华中地区各城市间的金融联系，推动区域经济一体化的进程。

（一）汉口汇划制度

近代汉口钱庄以洋例银为货币单位，发行庄票、汇票与“上条”等票据，作为信用工具在商业与金融市场中流通。② 随着汉口贸易规模的扩大，各金融机构间的资金流通频繁，金融市场中应收、应付票据日益繁杂。仅靠机构自行清算，手续复杂且费时费力，资金流动效率低下，无法满足市场规模扩大的需要。

1890 年，为简化钱庄间票据清算程序，宝源长钱庄经理发起汇划所并吸引 10 余家钱庄加入，规定在小比期和大比期进行汇划，不久即解散。③ 所谓“汇划”，“即各钱庄之银条，皆集中交给钱业公会彼此对消，免除往

① 杜恂诚：《金融制度变迁史的中外比较》，第 119 页。

② 黄既明：《汉口钱庄通用之票据》，《银行杂志》第 3 卷第 7 期，1926 年 2 月，第 78 ~ 79 页。庄票分为即期庄票与限期庄票两种。

③ 张克明：《汉口之票据及其清算方法》，《汉口商业月刊》第 1 卷第 4 期，1934 年 4 月，第 19 页。小比期即每月五、十、二十、二十五日，大比期即每月十五日及最后一天。

返负送现银之劳，以及节省时间之拨账方法也”。[①] 之后汇划所续办，商定每届汇划期由会员钱庄轮流主持，并协商按汇划金额收取费用，以维持汇划所各项开支，具体标准为汇划 1000 两缴费 70 文。[②] 清末经余海文提议，由汇划所往年之收益在黄陂建造公会，不足金额由汇划所内每庄垫款二三百两补齐，并将汇划所迁入公会。民初汉口凤麟街钱业公会成立，汇划所迁入其中并成为钱业公会附属机构，改称“汇划处”，此时会员钱庄已达三四十家。到 1919 年，汇划处会员钱庄已经超过 60 家。[③]

随着汉口商业规模的扩大，市内资金往来愈发频繁，一日内各种交易金额“多则五六百两，少亦二三百两”。[④] 1924 年前后，汉口钱业公所每逢大比期，款项收解总额可达三四千两。[⑤] 仅在比期进行票据汇划清算已无法满足市面资金流通的需求，故钱业公会在 1924 年发起“每日汇划”，并于 1925 年订立《汉口钱业公会之汇划规则》细化汇划章程，完善汉口汇划制度。钱业公会严格限制入会钱庄数量，并规定钱庄入会“须经本同业公会（凤麟街钱业公会）许可，并同业三庄盖章互保”。[⑥] 至于未入会金融机构，无法直接在汇划处进行票据清算，必须委托会员钱庄代为办理。汇划制度的产生和完善是汉口钱庄近代化的重要表现。作为汉口金融市场中唯一的票据清算场所，汇划处在提升汉口金融市场票据清算效率、维持票据信用、加速商业资金周转及进一步促进市场繁荣等方面发挥了积极作用。

（二）以洋例银为标准的银钱兑换市场

汉口开埠通商之前，市面上的银钱兑换业务即由钱业主导，铜钱买卖均在钱公所进行。洋例银制度产生后，钱庄业务逐渐以洋例银为本位，洋例银成为汉口银钱兑换的计价标准。由表 3 可见，即使汉口银钱市场中货币种类不断变动，银元种类逐渐统一，但其市价始终以洋例银计算。

---

① 既明：《汉口钱庄之比期》，《银行杂志》第 1 卷第 18 期，1924 年 7 月，第 61 页。此处“银条”指钱庄票据。

② 《湖北省志·金融志》编纂委员会编印《湖北省金融志》（上），1985，第 172 页。

③ 张克明：《汉口之票据及其清算方法》，《汉口商业月刊》第 1 卷第 4 期，1934 年 4 月，第 19 页。

④ 张启凡：《汉口金融市场（二）》，《中行月刊》第 3 卷第 1 期，1931 年 12 月，第 11 页。

⑤ 武汉地方志编纂委员会主编《武汉市志·金融志》，武汉大学出版社，1989，第 50 页。

⑥ 张克明：《汉口之票据及其清算方法》，《汉口商业月刊》第 1 卷第 4 期，1934 年 4 月，第 15 页。

表3 1915年与1924年汉口银钱行市

单位：两

1915年		1924年	
类别	行市（折合洋例银）	类别	行市（折合洋例银）
龙洋（1元）	0.7095	银元（1元）	0.7015
英洋（1元）	0.709	官票（1000文）	0.3475
北洋（1元）	0.709	单铜元（1串）	0.364
铜元（1串）	0.516	双铜元（1串）	0.3355
台票（1串）	0.513	银拆（洋例银千两）	0.3

注：1.1915年银拆行市计算规则为"每银千两每天计息银3钱"，并未明确以洋例银为统一标准，故单独注释。

2. 英洋即为鹰洋。

3. 近代汉口洋厘表示洋例银与龙洋之间的比价，行市为龙洋1元合洋例银两数。

资料来源：根据卞寿孙审订，徐业编辑《内国汇兑计算法》第212页内容及上海商业储蓄银行国内汇兑处编辑《国内商业汇兑要览》（上海商业储蓄银行，1924）第381～382页内容整理。

1914年《国币条例》明确规定银元为本位币，汉口市场中逐渐出现用银元进行交易的商铺，如1917年汉口鸿彰永绸缎店就以银元代替银两对货物标价。[①] 但银两仍在贸易中发挥支付手段的职能，两元并存的现实导致商贸市场被割裂，商人以银两购入货物却要以银元卖出，洋厘行情的波动成为影响商人利益的重要因素。

作为汉口货币兑换市场的计价标准，洋例银在银元与银两的兑换中发挥着中间桥梁的作用。洋厘行情反映市场中银元与银两之间的供需关系与汉口商业状况，商业繁荣、银元供不应求则洋厘上涨，反之则洋厘下跌。在以转运贸易为主的汉口，洋厘行情受季节与贸易环境等因素的影响而波动。如秋冬两季是汉口杂粮棉花上市的时期，大量商人携款入内地进行采购，银元需求剧增，故汉口洋厘多在秋冬两季呈现上涨趋势。如图2所示，1923—1928年汉口洋厘行情波动范围基本维持在0.69～0.72，且最高价与最低价的波动大致呈现相同趋势，表明汉口以洋例银为标准的洋厘市场已经成熟。

宏观环境的变化是造成汉口洋厘行市异常波动的重要因素。1923年因川湘战乱，汉口出现贸易逆差，现银储备不足以支撑冬季商人采购所需银元，洋厘行市高涨，直到12月收到上海运送的现银及大条才逐渐下降。

① 中国人民政治协商会议武汉市委员会文史资料研究委员会编《武汉工商经济史料》第1辑，中国人民政治协商会议武汉市委员会文史资料研究委员会，1983，第32页。

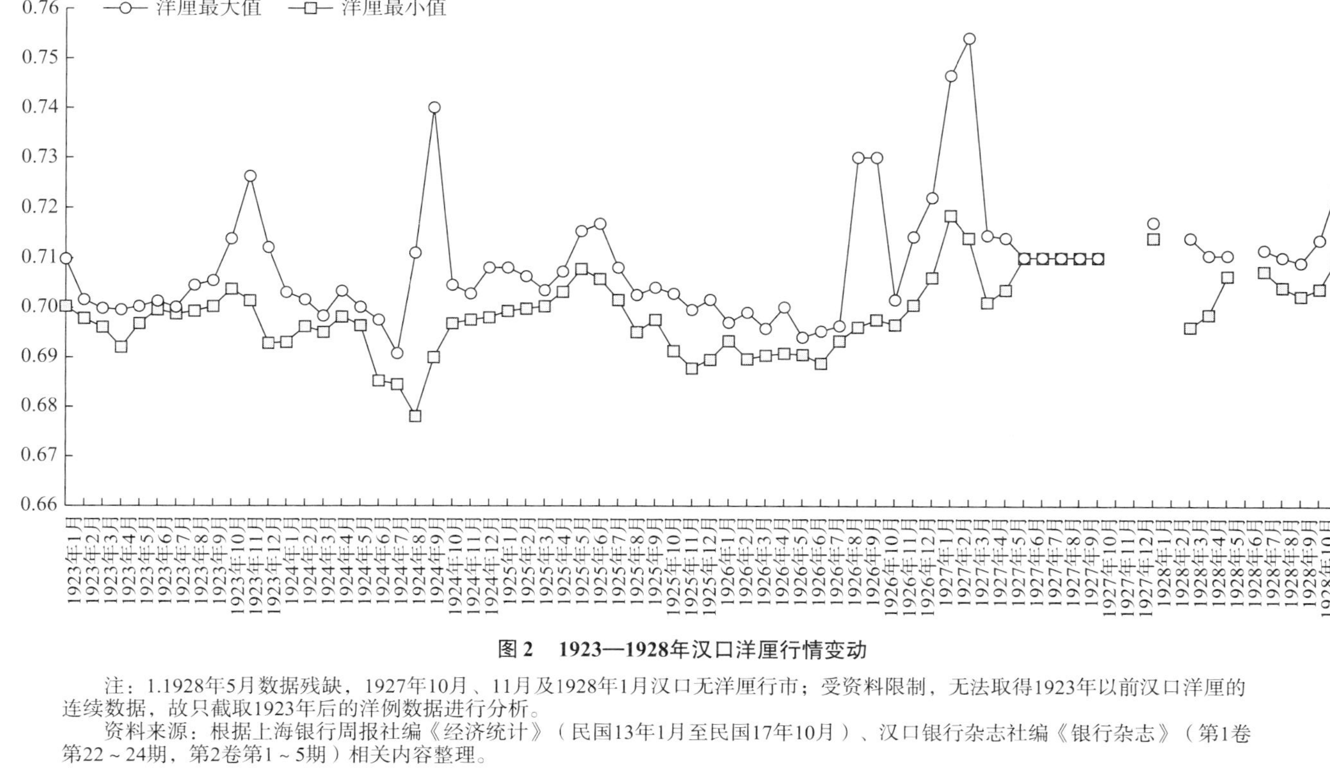

图2　1923—1928年汉口洋厘行情变动

注：1.1928年5月数据残缺，1927年10月、11月及1928年1月汉口无洋厘行市；受资料限制，无法取得1923年以前汉口洋厘的连续数据，故只截取1923年后的洋例数据进行分析。

资料来源：根据上海银行周报社编《经济统计》（民国13年1月至民国17年10月）、汉口银行杂志社编《银行杂志》（第1卷第22～24期，第2卷第1～5期）相关内容整理。

1924 年受洪灾影响，汉口商业萧条，洋厘行情暴落。同年 8 月中旬又因上海债票风潮与江浙战事引发汉口金融恐慌，“旬日间输出现银约七百万两”,① 8 月底至 9 月初洋厘行情异常高涨。1926 年间战事频起，交通受阻，导致上半年汉口商业、金融阻滞，洋厘行情低落。同年底，国民革命军攻克武汉，为维持军费支出，便通过增发新币、增加税种等手段大量吸收市面现金，致使汉口市面现银不足，洋厘行情持续上涨，商贸高峰结束才逐渐回落。1927 年 4 月 18 日武汉国民政府颁布现金集中条例，凡收付银两，均用纸币，每元法定 7 钱 1 分，不得自由增减。② 当日汉口洋厘行市即停止，洋例银制度被暂时取消，次日上海金融界宣布与汉口暂停往来，一向以上海为重心的汉口经济遭到封锁。虽然 1928 年 3 月汉口两次恢复洋例银，汉口洋厘行市得以逐渐恢复，但洋例银作为交易媒介的稳定性已被破坏。与此同时，种类逐渐统一的银元货币具备更强的稳定性，影响力逐渐扩大，这为废两改元的成功实施奠定了基础。

（三）钱庄与外商银行主导的汇率制度

汉口汇兑市场分为内汇市场与外汇市场，内汇市场又根据是否有直接开盘行市分为直接汇兑市场与间接汇兑市场。在废两改元之前，汉口汇兑市场③均以洋例银为计算标准，原因在于：（1）洋例银作为近代汉口外贸的结算标准，具备与外币折算的能力；（2）近代沪汉间金融往来多因外贸结算而产生，规元银与洋例银之间的汇兑是沪汉汇兑的主要内容；依托国内申汇网络，洋例银逐渐实现与国内各埠银两的汇兑，成为汉口国内汇兑市场的标准。

1. 钱庄主导的区域汇率制度

19 世纪末，钱业成为汉口的金融中心，并逐步建立起以钱庄为主体的地区汇率制度，但其对票号汇兑体系的替代并非一蹴而就。辛亥革命前，汉口钱庄汇兑业务以申汉直汇为主，其他地区虽可通汇，但大多需要委托票号汇款，同业代理的情况很少。④ 民国初期，票号衰落，各帮争相在汉口设立钱庄，汉口钱庄业迅速壮大，到 1918 年，汉口钱庄与上海、重庆、长沙、沙市四处建立直接开盘行市，其余商埠以洋例银与当地银两的申汇

---

① 《时局纠纷中汉口金融市面之变化》，《银行周报》第 8 卷第 36 期，1924 年 9 月，第 16 页。

② 上海银行周报社编《民国十六年经济统计》，1927，第 262 页。

③ 此处汇兑市场指以钱庄和银行为主体的近代汉口汇兑网络，不包含票号汇兑网络。

④ 皮明庥等编《武汉近代（辛亥革命前）经济史料》，武汉地方志编纂办公室，1981，第 228 页。

平价进行折算。[①] 随着埠际贸易规模的扩大，汉口内汇网络不断扩展，形成洋例银与各地银两的汇兑行情（见表4）。1924年汉口直接通汇地点包括上海、天津、北京、镇江、南京、芜湖、安庆、九江、武昌、汉阳、武穴、宜昌、沙市、黄陂、孝感、重庆、成都、万县、长沙、常德、湘潭、开封、鄂州、洛阳、信阳、许州及其他商埠省会，[②] 成为我国河南、陕西、甘肃、四川、江西、湖北、湖南、贵州等省之中的南方汇兑中心。[③] 需要注意的是，汉口与北京、天津虽可直接通汇，但其汇价计算仍须以两地申汇折算。

表4　洋例银与各地银两比价

单位：两

平砝名称	折合洋例银千两	平砝名称	折合洋例银千两
上海九八规元	1034.45	重庆渝平	983.93
沙市沙平	978.04	西安陕议平	983.93
天津行平	976.09	北京京公砝	978.04
云南滇平	980.01	常德常平	962.32
成都九七平	981.96	宜昌宜平	1006.16
三原泾布平	958.45	济南济平	958.91
扬州扬漕平	965.88	营口营平	977.56
南昌九三八平	972.22	开封汴平	967.25
芜湖芜漕平	963.62	广州九九七司马平	944.24
烟台曹估	987.85	南京凌曹平	967.91
镇江镇二七平	963.56	青岛胶平	974.14
济宁宁平	950.62	大同同平	950.62

资料来源：根据裕孙《汉口洋例银之消灭》，《银行周报》第12卷第3号，1928年1月，第29页内容整理。

“上海内口”的定位决定了汉口金融市场对上海金融市场的依赖，而作为长江流域的转运中心，汉口金融市场又具备极强的辐射能力，对湖北及相邻省份的金融市场产生影响。华中地区各埠的申汇多由汉口转汇：宜

① 卞寿孙审订，徐业编辑《内国汇兑计算法》，第212页。

② 上海商业储蓄银行国内汇兑处编辑《国内商业汇兑要览》，上海商业储蓄银行，1924，第378页。

③ 周仰汶：《国内汇兑及押汇业务》，商务印书馆，1935，第288页。

昌对上海汇兑约定月半月底之比期在沪汉对交；[①] 1927 年汉口“现金集中”之前，沙市申汇均由汉口转汇，后因上海对汉口实施经济封锁，沙市申汇才由上海直接收解；[②] 长沙光洋汇上海规元须以洋例银进行折算。[③]

汉口申汇市场形成于清光绪年间，最初仅在汉口小夹街镇江帮内商议形成上海、扬州等地汇兑行市，民国改在凤麟街钱业公会进行汇兑交易，并随着交易规模的扩大和交易时间的固定逐渐形成独立的申汇市场。汉沪汇兑有银两与银元两种，但银元汇价以银两为标准进行计算，故此处只分析洋例银与规元之间的汇兑。汉口申汇行市以九八规元 1000 两折合洋例银计算，一般情况下汉沪平价为规元 1000 两合洋例银 968 两，并随申汇供求的变化而波动。[④] 作为内陆转运贸易中心，汉口申汇行市主要受本地输入输出贸易额的影响：入超则汉口申汇需求大于供给，洋例汇价下降，规元汇价上升；反之洋例汇价上升，规元汇价下降。此外，沪汉银汇还受银根松紧、经济投机、贸易环境等因素的影响。1917 年之后，汉口申汇市场运行较为平稳，基本在 960 两至 980 两的范围内波动。[⑤] 1923—1930 年，上海对汉口银汇指数基本在 100 ~ 101 的区间内波动（见图 3）。

1923 年底川湘战事、1924 年秋季上海债票风潮与江浙战事均引起汉口金融恐慌，银根吃紧，申汇需求增加，洋例汇价大幅度下跌；1927 年现金集中令的施行导致汉沪汇兑断绝，洋例银对规元的汇兑行市由每 1000 两规元合洋例银 986 两迅速涨至 1500 两。虽然同年 6 月武汉国民政府规定申汇行市为 1000 两，但汉口申汇暗盘行市甚至高达 4100 两。[⑥] 1928 年洋例银制度恢复，沪汉汇兑随之重启。但因为洋例银信用受损及银元盛行，洋例汇价较现金集中前有所降低。1933 年实行废两改元后，洋例银制度彻底消失，银两汇兑行市不复存在。

2. 外商银行主导的外汇制度

汉口开埠后，为顺利开展茶叶贸易，英国麦加利银行与汇丰银行率先在汉口英租界内设立分行，为茶商提供放款、汇款服务，兼有买卖外汇的

① 双一：《中国各省钱业调查录（续）：湖北省》，《钱业月报》第 2 卷第 3 期，1922 年 3 月，第 67 页。

② 谢也青：《沙市金融状况之过去及现在》，《汉口商业月刊》第 1 卷第 7 期，1934 年 7 月，第 25 页。

③ 上海商业储蓄银行国内汇兑处编辑《国内商业汇兑要览》，第 404 页。

④ 杨荫溥：《杨著中国金融论》，上海黎明书局，1931，第 434 页。

⑤ 武汉地方志编纂委员会主编《武汉市志·金融志》，第 119 页。

⑥ 上海银行周报社编《民国十六年经济统计》，第 262 页。

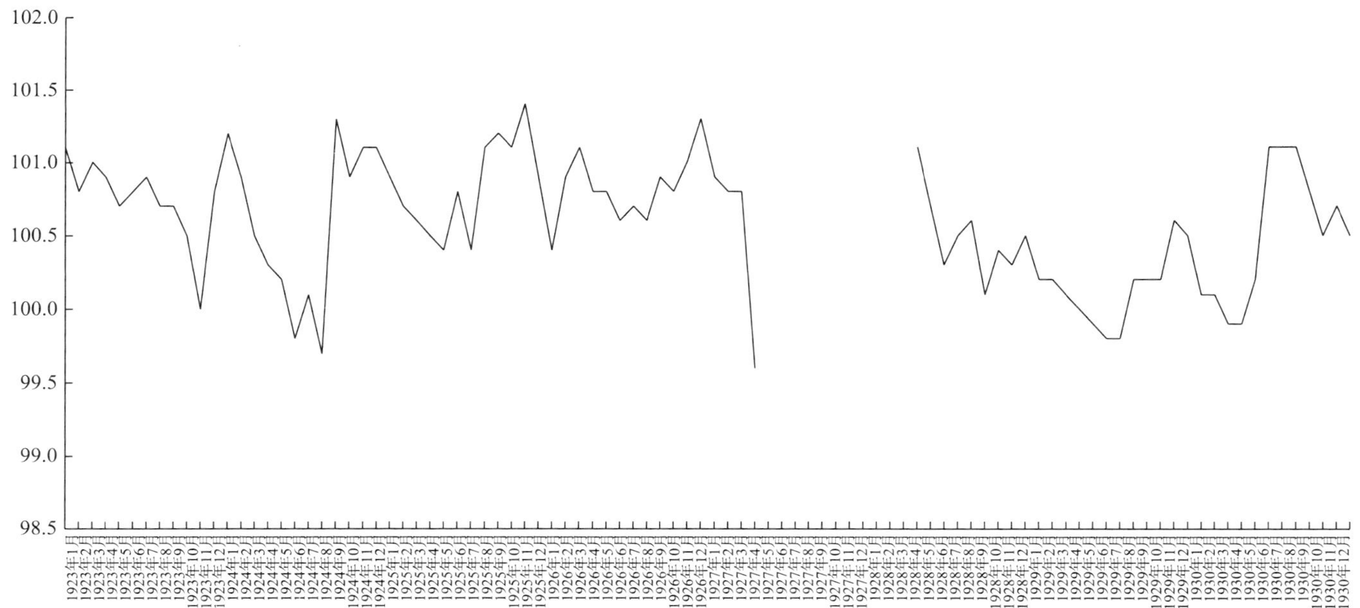

图 3　1923—1930年上海对汉口银汇指数

注：1.以国内各汇平价作为百分，规元对洋例银汇价为洋例银1000两折合规元若干计算。

2.1927年4月中旬起至1928年3月汉口洋例银制度暂时废止，沪汉银汇无行市。受资料限制，未获得1923年之前汉沪银汇行市的连续数据，故仅以1923年之后的数据进行分析。

资料来源：罗志如：《统计表中之上海》，国立中央研究院社会科学研究所，1932，第114页。

业务。[①] 随着汉口外贸规模的扩大，19 世纪末至20 世纪初，华俄道胜银行、德华银行、东方汇理银行、横滨正金银行、住友银行、花旗银行、万国通商银行先后在汉口设立分行。1911 年，在汉口的外国银行联合成立“汉口外国汇兑银行公会”，汉口外汇行情完全被外商银行操纵，[②] 形成洋例银对各国外币的汇价。

汉口外汇行情主要包含英金、卢比、法郎、美金、日金、罗比及马克汇价，其中美金汇兑买卖最多，其次为英金。废两改元之前，汉口外汇行市中美金、法郎、卢比、马克汇价以洋例银 100 两折合外币计算；英汇以洋例银 1 两折合便士计算；日金汇价以日金 100 元折合洋例银计算。1933 年废两改元后统一改为国币每单位折合外币计算。

经营外汇的外商银行均以上海汇丰银行挂牌行市为准，因此汉口汇丰银行每日对外营业前，须由专人从电报局取回上海密码电报，经银行内部译成明码后，得到上海汇丰银行挂牌的外汇行市情况。之后再根据本行现有外汇情况，议定当日行市，并于上午 10 时正式营业后公开挂牌。其余外商银行则待汇丰银行挂牌后抄录当日行情。到下午 3 时结束对外营业，汉口汇丰银行再统计当日外汇余缺情况，于下午 5 时汇报给沪行，由沪行从整体把控外汇余缺状况，以便确定次日行情。[③]

1936 年，武汉大学朱祖晦教授以汉口汇丰银行历年外汇行市底册及上海汉口商业储蓄银行之外汇行市单为基础，编制 1905—1935 年至汉口外汇指数，本文截取 1905—1932 年外汇指数进行分析（见图 4），以期直观体现洋例银计价时期汉口外汇行市波动情况。

由图 4 可知，1905—1932 年汉口外汇市场的发展大致可分为三个阶段。第一阶段为 1905—1915 年，是汉口外汇市场稳定发展的阶段，各国汇率基本稳定且指数波动趋势基本相同。第二阶段为 1916—1920 年，第一次世界大战期间，英、美、法等金本位国家为筹措军费，大量发行不兑现纸币，黄金无法自由流通，金本位国家货币购买力持续降低；同时，产银大国墨西哥政局动荡导致大量银矿停产，国际市场中白银供不应求，引起国

① 武汉市政协文史资料委员会、武汉市江岸区政协文史资料委员会编印《武汉文史资料》第 4 辑《汉口租界》特辑，第 32 ~ 40 页。

② 蔡尊英：《汉口第一家外国银行——英商麦加利银行》，武汉市政协文史资料委员会、武汉市江岸区政协文史资料委员会编印《武汉文史资料》第 4 辑《汉口租界》特辑，第 30 页。

③ 余舜丞、王家滋：《汉口英商汇丰银行的经济掠夺活动》，武汉市政协文史资料委员会、武汉市江岸区政协文史资料委员会编印《武汉文史资料》第 4 辑《汉口租界》特辑，第 36 页。

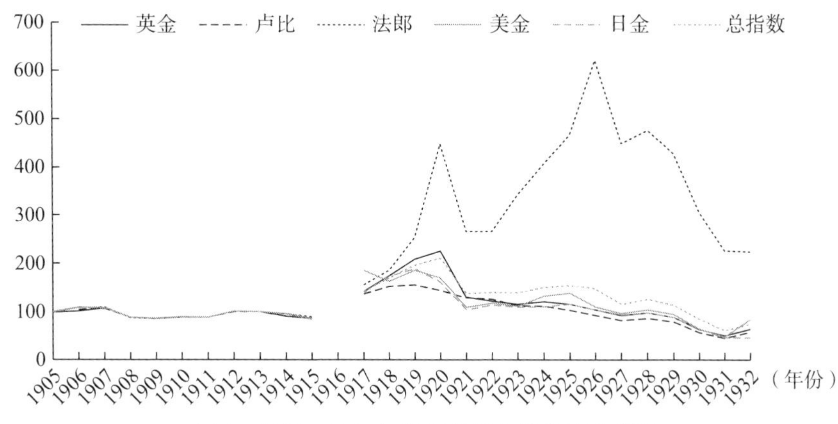

图 4　1905—1932 年汉口外汇各指数变动情况

注：以 1913 年为基期计算。为连续、直观地体现汉口货币对外币的购买力变动情况，该指数依据历年汉口洋厘行情将外币对洋例银汇价调整为外币对银元汇价，且统一以银元每单位折合若干外币计算。

资料来源：根据朱祖晦《三十年之汉口外汇指数》，《国立武汉大学社会科学季刊》第 4 期，1936 年，第 743 ~ 745 页内容整理。

际银价的上涨。银贵金贱是这一时期汉口外汇指数上涨的主要原因。此外，因为法国采用法郎贬值的方式扩大出口，法郎购买力大幅度下降，汉口外汇市场中法郎行市高涨。第三阶段为 1921—1932 年，第一次世界大战过后，各国经济重建，逐渐恢复甚至超越战前水平，汉口外汇指数再次趋于平稳。

结　语

鸦片战争的爆发打破了近代中国的传统经济形态，成为近代中国银两制度变革的契机。最早产生的上海规元银制度为汉口、天津等埠虚银两制度的产生提供模板，其原因有两方面。一方面，起源于上海豆商的规元银在 1858 年取代西班牙本洋，成为上海国际贸易中的记账本位货币。[①] 这表明虚银两制度能够满足国际贸易资金结算的需求，为汉口银两制度的改进提供了思路。且虚银两制度并未完全脱离传统银两制度，只是在现存制度结构下对贸易结算记账方式的优化，制度变迁的成本较低，也更容易融入当地商业结算体系。另一方面，开埠之初，汉口、天津的国际贸易均以上

① 魏建猷：《中国近代货币史》，第 27 页。

海转口贸易为主，模仿规元银制度在两地制定虚银两制度，方便外商进行贸易结算及金融汇兑，为英商开展贸易、金融活动提供便利。

近代汉口金融制度变迁沿着外国银行—钱庄业—工商业的资金流通路径推进，使洋例银在汉口金融资源重新分配与银两整合的过程中，成为汉口的虚银两本位货币，并在近代汉口票据清算市场、货币兑换市场和汇兑市场中发挥了重要功能与作用，为近代中国内陆汇兑网络的发展提供了交易媒介和信用工具。洋例银在近代银两整合中取得优势地位的重要原因在于，相对于传统计量称重货币，洋例银流通性更强且价值基础唯一，更适合作为交易媒介。从这一角度看，虚银两的产生实质上是传统银两制度的"自我完善"，是货币制度从秤量货币制度向信用货币制度转变的重要阶段。

"诱致性制度变迁是市场本身对于利益均衡的选择结果"，一般会重复"利益均衡—均衡局部被打破—制度安排改变—新的利益均衡"这一过程。[①] 作为一种由民间金融组织创造运营的信用货币制度，洋例银制度缺乏国家信用的支撑，更容易引发金融投机行为，损害实体经济的发展。相比之下，逐渐统一的银元购买力愈发稳定，具备了取代虚银两货币的能力。1933 年废两改元后，银元制度正式取代银两制度，银元成为国内货币市场的本位货币。总体而言，货币制度变迁是一个多因素作用的过程，制度变迁的路径与结果多样。然而货币制度变迁的核心需求永远是在不断变化的经济背景下提升交易效率，从而实现社会经济的增长。

A Study on the Hankow Teal System in the Perspective of Institutional Changes

Wang Yuru, *Pei Lijie*

Abstract: Hankow Teal System, which is the representative regional virtual silver system in modern China, is an important part of the modern Hankow silver system. It was born in the international trade settlement after the opening of Hankow. With the infiltration of foreign capital and the integration of modern silver market, it developed continuously, and finally became the standard virtual silver in Hankow in the beginning of Republic of China. The public assessment system is the basis of the Hankow Teal System. The financial system with foreign banks

① 杜恂诚：《金融制度变迁史的中外比较》，上海社会科学院出版社，2004，第 33 页。

and native banks as the mainstay is an important guarantee for the expansion of the scope of Hankow Teal. As the pricing standard currency of modern Hankow trade settlement, currency exchange market and domestic and foreign exchange market, Hankow Teal plays an important role in the development of modern Hankow remittance system and exchange rate system.

Keywords: Institutional Change; Hankow; Virtual Teal; Hankow Teal

制度惯性视角下清末民初货币本位变革探析*

钟钦武**

摘　要：近代以来，中国传统的货币体制危机不断，确立货币本位制成为中国应对货币危机的核心举措。清政府因旧有货币体制根深蒂固，在制度黏性作用下仅在原有基础上加以改良，在金本位国际化趋势下依然选择了银本位制。辛亥鼎革后，南京临时政府为融入世界币制发展潮流，意欲改银本位为金汇兑本位，并从统一铸币权及维护纸币兑现信用入手加以引导。但是，在制度惯性的影响下，统一铸币体系受到地方抵制未能事权集中，兑换纸币的管理也受到市场的牵累转向妥协，最终未能重塑新制。民国北京政府经过新一轮论争，也未能革新货币本位制，最终又回到银本位制发展轨道上来，近代中国货币本位的发展路径就此确立。通过梳理这一过程，可以从货币史角度窥探辛亥革命的复杂面相，有利于理解近代中国制度变革的艰难与不易。

关键词：辛亥革命；南京临时政府；货币本位制度；金汇兑本位；银本位

货币本位制是近代货币体系的基础，影响并决定着其他相关制度的走向。晚清时期，在国内外各种货币本位改革主张的论争中，清政府屈就于白银的市场地位，选择了过渡性的银本位制。辛亥鼎革后，货币领域各行其是的状况较晚清时期有过之而无不及，南京临时政府遂对货币本位制进行重新建构，形成了向金汇兑本位制过渡的改革方案。然而，由于受到制度惯性等因素的影响，思维和习惯定式一时难以更张，南京临时政府没能

* 本文系中央高校基本科研业务费资助（优博培育项目）“金银的纠结与终结：中国近代货币本位制度的论争及演进”（2022YBZZ015）阶段性成果。

** 钟钦武，男，山东枣庄人，中国海洋大学历史文化系讲师，研究方向为中国近代社会经济史。

撼动货币本位制度。最终，民国北京政府经过再度论争，又回到了晚清所确立的银本位制发展轨道上来。

制度惯性，也称为路径依赖、制度黏性，是指制度结构为抵制变化而具备的保持原有运行态势的属性。[①] 任何一种制度一旦运作开来，就会产生一种自我强化的黏性机制，引导制度结构沿着既定的发展方向走下去，从而形成一种路径依赖。[②] 制度惯性一方面可以有效降低制度运行的成本，起到优化制度结构的作用；另一方面也会使更改制度变得异常艰难，制约制度的新一轮创新和演进。这种惯性在货币领域尤为突出，因为先前使用的货币，被赋予继续使用的自然优势，货币使用者更容易倾向于重复之前的实践。

目前，学术界对晚清民初货币本位问题的研究，多侧重清末和民国北京政府的货币本位论争与银本位制的确立，而对于南京临时政府金汇兑本位较为忽视，甚至有观点认为金汇兑本位方案成形较晚未及实施仅是一纸空文，更缺乏从晚清民国长时段去探析货币本位制度的延续与断裂。[③] 实际上，革命政府在政治变革的同时，便意图重构货币本位制度，极力推动中国货币的国际化转向，其思想与举措具有良好的前瞻性，有统一国家货币制度的意图，然而在制度惯性等作用下最终未能重塑新制。货币本位制度上的"延续"与国家政治体制上的"剧变"形成了强烈对比，梳理该时期货币本位制度的重构与规复的过程，可以从经济制度史角度探析中国传统习惯力量对变革的阻碍，进而深化理解中国近代化发展的艰难与不易。基于此，本文拟从制度惯性的视角，将辛亥鼎革之际时人对货币本位变革的探索放置于晚清至民初这一时段考察，分析中国货币制度变革的顿挫与影响，进而深化理解近代制度变革的艰难与不易。

---

① Paul Pierson, *Politics in Time: History, Institutions, and Social Analysis*, Princeton: Princeton University Press, 2004, p. 8.

② 董建新：《制度的经济哲学研究》，暨南大学出版社，2003，第 189 ~ 191 页。

③ 参见张杰《中国的货币本位困境：历史根源与演进机理》，《东岳论丛》2009 年第 8 期；燕红忠《本位与信用：近代中国白银货币制度及其变革》，《中国经济史研究》2019 年第 6 期；王五一《清末货币本位制大讨论》，《开放时代》2017 年第 1 期；邹进文、陈亚奇《清末货币本位之争——以张之洞、精琪币制思想为中心的考察》，《贵州社会科学》2018 年第 3 期；孔祥贤《从〈中国币制改革商榷书〉看民国初期对货币本位制的争论》，《中国钱币》1986 年第 2 期；叶世昌《民初金属本位制度的讨论》，《中国钱币》1993 年第 3 期；等等。

一 制度黏性与晚清银本位制的确立

货币本位问题实质是币材选择的问题，即用哪种材料充当固定的一般等价物，承担货币的价值尺度、流通手段、支付手段、贮藏手段和世界货币等职能。中国货币本位问题由来已久，急需厘清。清承明制，实行银铜并行的货币体制，但对于银钱规定却大不相同。政府对银两铸造和流通不加干预，以致银两形制、重量、成色等均不统一。据不完全统计，晚清银两种类有 104 种之多，使用极为不便。① 但是，政府对铜钱却十分重视，铸造的重量、数量、原料价格、铜铅比例，以及铜钱投放市场途径、银钱交换的比价等均有明确规定，原则上任何细微的调整，都要上报中央批准方可实施。② 然而，矛盾的是政府赋税缴纳、国库贮藏、粮饷发放等又均以白银为准，实际上白银承担的价值尺度、支付手段等货币职能远超铜钱。铜钱虽有“国币”名义，但职能却弱于银两。

这种体制逐渐固化，促成既得利益集团的生长，使中国的货币深陷银铜低水平均衡之中，没有衍生出固定的本位货币，更难以向高阶的单一贵金属本位演变。因近代以前商品交易量不大，跨区域贸易也较少，这种货币制度虽具有内在矛盾性，但总体上能维系社会运转，国人也并未因此感到困扰，更未引起社会普遍关注。③ 这正是马克思所指出的，“无论哪一个社会形态，在它所能容纳的全部生产力发挥出来以前，是决不会灭亡的”。④

随着中国卷入资本主义市场，商品流速激增、贸易范围扩大、交易对象多元，原有的货币体系繁杂、低效的缺陷暴露无遗，受到严重冲击。加上外国洋银、纸币的涌入，以及清政府对新式货币的探索，货币市场一时间不仅有传统意义上的银两、铜钱以及银钱票，还有各地官银钱局发行的银铜元及纸币，加上外国的银元、银行兑换券等，流通更为杂乱纷呈。⑤ 在商品经济有所发展的情况下，新的更高的货币关系，在中国社会的胎胞

① 张家骧：《中华币制史》，民国大学出版部，1925，第 37～45 页。

② 王德泰：《清代前期钱币制度形态研究》，中国社会科学出版社，2013，第 3 页。

③ Eduard Kann, *The Currencies of China: An Investigation of Silver and Gold Transactions Affecting China: With a Section on Copper*, Shanghai: Kelly and Welsh, 1927, pp. 416 –417.

④ 〔德〕卡尔·马克思：《〈政治经济学批判〉序言》，中共中央马克思恩格斯列宁斯大林著作编译局编译《马克思恩格斯选集》第 2 卷，人民出版社，2012，第 3 页。

⑤ 李宇平：《近代中国的货币改革思潮》，台北：台湾师范大学历史研究所，1987，第 15～17 页。

里逐渐孕育。

从19世纪70年代开始，中外货币本位出现分流。金银等贵金属因价值较高、经久耐用、不易破坏，逐渐在众多商品等价物中形成比较优势，成为发挥全部货币职能的本位货币，即马克思所言“金银天然不是货币，但货币天然是金银”。[①] 随着经济发展水平的不断提高以及国际贸易规模的逐步扩大，世界资本主义强国纷纷由金银复本位向单一金本位转换，并在流通中形成了银行兑换券这种信用工具。尽管中国货币市场上金银亦占据重要的地位，但铜币无疑构成了货币流通的主色调。这使中国长期被贱金属铜的低阶货币所牵累，深陷银铜复本位向银本位转换的困境难以自拔。[②] 清政府亦曾通过铸大钱、行钞币等方式应对货币危机，但受制于传统银钱并行体制，最终均落于失败。[③] 正是这种制度黏性，使中国近代货币本位变革被打上了双重烙印，自身面临着向银本位演进的难题，又在世界趋势裹挟下面临向金本位过渡的困局，举步维艰。[④]

随着金本位制的国际化、黄金需求旺盛，以及白银非货币化、银产量的提高，金银价差逐渐拉大。在19世纪70年代金银比价尚在1∶16，至20世纪第一个十年该差价已经达到了1∶33。[⑤] 虽然此时国际上关于金银本位的讨论此起彼伏，[⑥] 但直至甲午战争以后中国对该问题才有所关注。甲午战后，白银产量激增，世界银价大跌。这种情况下，列强以“金”计价的赔款方式，使中国对外结算“亏耗良多”。[⑦] 这就是所谓的“镑亏”。[⑧] 清朝部分人士更为清晰地意识到中外货币本位制不同给中国带来的损害，意识到“帝国主义列强都采用金本位的货币制度实际上是咄咄逼人的”，[⑨] 中国传统习惯中对货币的漠视问题才普遍被关注。[⑩] 由此，引发了国内官、

---

① 〔德〕卡尔·马克思：《〈资本论〉第一卷（节选）》，《马克思恩格斯选集》第2卷，第132页。

② 李俊久：《人民币国际化的推进：历史逻辑、理论逻辑与现实逻辑》，《经济学家》2022年第3期。

③ 吴景平等：《近代中国的金融风潮》，东方出版中心，2019，第22页。

④ 张杰：《中国的货币本位的困境：历史根源与演进机理》，《东岳论丛》2009年第8期。

⑤ 何平：《康有为“金本位救国论”与近代中国的本位困境》，《中国钱币》2022年第3期。

⑥ 李隆生：《清代的国际贸易：白银流入、货币危机和晚清工业化》，台北：秀威资讯科技股份有限公司，2010，第200页。

⑦ 《催解磅亏》，《申报》（上海）1904年11月28日，第2版。

⑧ 参见王五一《论清朝灭亡的货币因素》，《理论学刊》2016年第4期。

⑨ 杨端六编著《清代货币金融史稿》，武汉大学出版社，2007，第290页。

⑩ Eduard Kann, *The Currencies of China: An Investigation of Silver and Gold Transactions Affecting China: With a Section on Copper*, pp. 415 - 416.

商、学议论货币本位制度的热潮，出现了许多相关的学术著作，使货币本位知识逐渐传播开来。

同时，在对货币本位制度的思考中，时人对金本位制下银行兑换券的使用也重视起来，并进一步意识到银行体系在改革中的重要性。中国通商银行、户部（大清）银行等建立，发行近代银行兑换券。[①] 这不仅标志着中国进入一个银行业大发展的时代，也为此后政府规制纸币奠定了一定的组织基础。[②]

庚子事变后，列强为消除中国本位货币缺失对其资本输出的阻碍，将划一货币等问题写入中外条约，这在一定程度上助推了中国货币本位制度的发展。如1902年9月5日中英签订的《中英续议通商行船条约》便载道：中国应确立一合例之国币，将来中英人民在中国境内，应以该币完纳各项税课及支付一切用款。[③] 中国货币改革不再仅是中国的“内政”，也成为一个“外事”问题。在此情况下，1903年4月光绪帝发布“明定划一银式”上谕，[④] 由此拉开了晚清货币本位变革的序幕。1904年美国人精琪提出金汇兑本位制改革方案，并主张由外人主导改革诸事，引起了关于中国货币本位的大论争。[⑤] 各方学者在吸纳外来货币本位观点的基础上结合中国货币市场的固有习性，在反对精琪改革方案的同时，逐渐认识到确立货币本位的迫切性，提出了糅杂中西经验的改革主张。从这个角度而言，中国近代货币本位变革是在诱致性制度变迁推动下启动的，但中国对白银的依赖使其基本脱离了西方货币本位制度的发展模式。

既有观点多将时人改革方案固定化，认为胡惟德、汪大燮、张荫棠等主张实行金币本位，英人赫德、美人精琪以及梁启超、孙宝琦、康有为等主张实行金汇兑本位，张之洞、奕劻、唐绍仪、盛宣怀、唐文治等主张实行银本位，刘世珩等主张实行金银复本位。[⑥] 实际上，不少人的主张是动

---

① 郑成林、钟钦武：《晚清中央银行体制的形塑》，《史学月刊》2022年第3期。

② 马德斌：《中国经济史的大分流与现代化》，徐毅、袁为鹏、乔士容译，浙江大学出版社，2020，第99页。

③ Srinivas Rama Wagel, “Chinese Currency and Banking”, *North China Daily News and Herald*, 1915, p. 83.

④ 《光绪朝上谕档》，光绪二十九年三月二十五日第1条，中国第一历史档案馆藏，上谕档，盒号1475，册号1。

⑤ 〔美〕精琪：《中国新圜法条议》（1903年），财政部钱币司编《币制汇编》第3册，财政部钱币司，1919，第1~5页；〔美〕精琪：《中国新圜法案诠解》（1903年），《币制汇编》第3册，第6~59页。

⑥ 段艳、陆吉康：《清末货币本位之争》，《广西社会科学》2019年第6期。

态调整的。如梁启超曾从主观理论出发，将数千年货币史的变迁，大致归纳为铁本位、铜本位、银铜复本位、银本位、金银复本位、金本位的逐步演进。[①] 这表明他认同金本位制，将其作为货币演进的最新形态。然而，梁启超又考虑到中国黄金储备不足，一时无法实行金本位，于是他又退而求其次，提议可先实行“虚金本位制”。但是，因中国白银货币太过纷繁复杂，他认为不能遽然改行“虚金本位制”，因而提议先实行银本位，将来再“进而为完全之金本位制”。[②] 这也是其在民初供职币制局时全力支持银本位改革的原因之一。这种思想的动态性，是传统因素根深蒂固的体现，反映了固有制度的黏性作用。

揆诸历史，实施金本位制国家的黄金储备，多是通过殖民掠夺或战争赔款积累起来的，这是构建金本位制必不可少的路径。而中国在鸦片战争以后被动地跨入世界货币体系，处于割地赔款的屈从地位，根本没有积累黄金的途径。况且中国近代是一种以白银为核心的多元复合货币结构，[③] 国内白银、铜钱和银钱票并存流通，对外以白银为计价核算标准。这使中国货币更加纷繁复杂，国内白银和铜钱不对称地服务两个不同的市场层次；在国外白银因已转化为商品而不受国际金融规律支配，转而被追逐价差的贸易规律影响。

正因如此，中国的货币本位问题才在社会各界被论争了长达 7 年之久。这场论争中的各方多认为货币材料和单位的选择，可以决定币制的好坏，从而达到促发展和救国难的目的。实际上恰恰相反，经济基础与制度禀赋才是货币本位制度变革的决定因素。货币本位制度对政治经济确有不小的影响，但绝不会主导国家的发展方向，这也反映出当时论争的局限性。

清政府基于中国习惯银铜并用，而用银又实居多数的基础条件，在考虑了国家财政情况、民间生活水平等因素后，倾向实行银本位制。此时，国际银价稍有回涨，银价下跌的货币危机有所缓和，清政府遂于 1907 年宣布实施银本位制。实际上，1908 年国际银价又开始大跌，金银本位差异造成的汇兑危机重现。但清政府依旧于 1910 年 5 月颁行近代中国第一部币制法规——《币制则例》，确立银本位制度。从制度层面而言，银本位制显然有悖于国际金本位的制度取向，有逆潮流之意。这也可视为意识形态、

① 梁启超：《中国货币问题》，张品兴主编《梁启超全集》第 3 册，北京出版社，1999，第 1340 页。

② 梁启超：《币制条议》，张品兴主编《梁启超全集》第 4 册，第 1994 页。

③ 戴建兵：《中国近代的白银核心型货币体系（1890—1935）》，《中国社会科学》2012 年第 9 期。

文化传统等非正式制度所表现出来的黏性对制度演进的影响，这种非正式的约束也是制度惯性的一种，是制度变迁中路径依赖的重要来源。[①]

当然，在中国变革本位制呼声高涨，而对于怎样变革、变革什么、变革目标等问题的认识却又极不一致时，这种渐进性的制度创设即便带有过多传统的痕迹，也终究推动了中国货币本位制的确立。[②] 正如熊希龄曾表示的，“银为本位，虽与世界大势不合，然恶本位犹且胜于无本位”。[③]《币制则例》对国币的单位、重量、成色、种类、形式等做出了规定：改计重货币为计数货币，规定国币单位为圆；对国币重量和成色进行精确，如规定一圆银币重库平银 7 钱 2 分，其中含纯银 9 成；限制国币种类，规定银币 4 种、镍币 1 种、铜币 4 种；对国币形式也要求统一，如一圆银币要一面铸龙纹，反面写“大清银币一圆”字样。[④]

虽然该则例规定对新币在国境内支付一概不得拒收，但对旧有银铜币等却准以市价流通，由度支部斟酌实情加以限制。也就是说，该则例对各旧币间、新旧币间的兑换，并没有实质性的规定，内部兑换的烦琐问题依旧存在，对外因坚持银本位而与世界金本位分流，金银价值波动引起的“镑亏”也未能解决。实质上，该制未触及旧有货币制度的根本。同时，清政府因晚清以来外洋银元多为 7 钱 2 分，民间久用成习，最终选择了这一重量单位为计数单位。但是，这种选择存在一定的弊端。时人有疑，“新币制其所最患者，则人民以之与前此诸币同视”，“我国人之用银其溺于秤量之习也久矣”，政府沿袭称量货币之名，“岂非仍遵之以秤量之心理乎”。[⑤] 以致时人有评，该则例实施结果，“一言以蔽之曰：使市面上多一种花样银元之流通而已，于中国币制无效果之可言也”。[⑥] 晚清折中的货币本位方案并没有得到各方普遍认同，其妥协、渐近与过渡性和国人急速变革的要求相矛盾，时人对其多有攻讦，甚至提出，在统一货币问题上“清

① 〔美〕道格拉斯·C. 诺思：《制度、制度变迁与经济绩效》，杭行译，格致出版社、上海三联书店、上海人民出版社，2014，第 53 页。

② 董建新：《制度的经济哲学研究》，第 169 页。

③ 《财政部讨论会第一次会议录（改定本）》，《税务月刊》第 3 号，1914 年 3 月，“杂录”第 57 ~ 59 页。

④ 《度支部奏厘定币制酌拟则例折并单》，《政治官报》第 922 号，1910 年 5 月 25 日，第 9 ~ 15 页。

⑤ 沧江：《读币制则例及度支部筹办诸折书后》，《国风报》第 1 卷第 15 期，1910 年 7 月，第 24 ~ 26、30 页。

⑥ 王怡柯：《中国币制考略及近时之改革》，《东方杂志》第 14 卷第 2 期，1917 年 2 月，第 87 页。

政府为之从缓，逐演成今日之革命”。[①]

总之，中国传统货币在近代资本主义货币体系冲击下运行困难，国人在内外合力影响下对货币本位制度的认识逐渐深入，晚清货币本位变革是外来制度移植于中国本土的一次尝试。然而，若想引入的外来制度在中国得以成长，需要克服传统货币上的制度惯性，达到外来移植与本土继受相结合的状态。但清政府传统枷锁沉重，实际也“并无意于币制改革”，“只不过拿它作为一个好的幌子来借款”，以解决当时的财政危机。[②] 因而，改革并未解决中国货币所面临的困难，更没有达到大众对变革货币本位制度的预期。辛亥鼎革后，革新庶政、融入世界等观点成为潮流，因而相较于晚清渐进式改革确立的银本位制，南京临时政府更倾向于采取激进式改革方案，采取与世界接轨的金汇兑本位制。

二　南京临时政府金汇兑本位制的孕育

民国肇兴，各种改革观点传播也更为广泛，经过清末货币本位大讨论，“确立有固定标准的全国货币”也成为时人较为关心的问题。[③] 南京临时政府认为，既为革命政府，应“革新庶政”，彰显“新吾民之耳目”，而改良币制尤属要图。[④] 辛亥鼎革之际，融入和参与世界竞争体系，分享世界发展成果成为当时社会潮流。至20世纪初，世界大多数国家均实行金本位制，以黄金重量来确定本国货币。因金本位制国家货币含金量固定，它们之间便不存在“镑亏”问题。[⑤] 因此，南京临时政府再次对货币本位制度加以研究，在综合世界“本位之成法”前提下，意图重构货币本位制度。他们认为银本位已不适合世界发展趋势，“各国前车，可为殷鉴”；金本位需要大量储金方可施行，中国储金有限，猝办金本位“非唯不便，亦可不必”；金汇兑本位由

① 《财政部抽派往粤调查员报粤省造币厂情形》（1912年4月17日），中国第二历史档案馆藏，档案号：廿六（2）-15。

② 〔美〕李约翰：《清帝逊位与列强（1908—1912）——第一次世界大战前的一段外交插曲》，孙瑞芹、陈泽宪译，江苏教育出版社，2006，第286页。

③ 《严韶致孙中山函》（1912年1月9日），桑兵主编《各方致孙中山函电汇编》第1卷，社会科学文献出版社，2012，第151页。

④ 《财政部鼓铸纪念币并请示新币花纹呈》，《临时政府公报》第35号，1912年3月11日，“纪事”第11页。

⑤ 如英镑含有7.322克纯金，法郎含有0.29033克纯金，那么毫无疑问英镑的价值是法郎的25.22倍。参见〔法〕让-里瓦尔《货币史》，任婉筠、任驰译，商务印书馆，2001，第83~84页。

印度、马来亚等国仿行，“成效昭著，世界学者称道弗衰，我国宜采用之”。[①]

金汇兑本位制，是指由政府发行表征黄金价值的纸币或辅币，但在国内不能兑换黄金和金币，只能兑换成金本位制国家汇票的制度。实行这种制度的国家须把本国货币同另一金本位制国家的货币固定比价，并在该国存放外汇准备金，通过无限制供应外汇来维持本国币值的稳定。[②] 这也就表示，金汇兑本位制的运行需要货币发行权的统一与纸币兑现性的稳固。既然南京临时政府倾向于金汇兑本位，那么其相关的货币政策便存在制度导向，向着孕育金汇兑本位方向迈进。这可从中央对货币流通市场的规范以及对货币发行权的争夺等反映出来。但是在制度惯性制约下，这一过程也困难重重。

规范纸币流通是维系汇兑本位制运作的基础条件，南京临时政府极力维持所发纸币的兑换信用。纸币是随近代银行发展而出现的代替金属货币流通的货币符号，其本身没有市场价值，而是因其可随时按面额兑付金银币而具有使用价值。19 世纪末 20 世纪初，世界主要国家逐渐将纸币发行权垄断到中央银行手中，出现纸币将取代铸币流通的趋势。[③] 晚清社会，民间机构、官方组织、外国银行均发行纸币，种类千差万别，清政府虽也意图对此加以规范，终究未竟其事。[④]

辛亥军兴以来，市场通货紧缩，各地财政见绌，地方政府为应对时局，纷纷按照旧有习惯，以发行纸币的方式来筹措经费维持市面。如上海因“光复后，过境驻防军云集”，而当时又“金融阻滞，市面恐慌”，为应付军需、维持市面起见，“发行军用钞票”。[⑤] 随着局势发展，军用票发行额度越来越大，且存在相互不能通用，甚至是相互排挤竞争的问题。[⑥] 军用票本是金属货币的兑换券，只有满足随时可兑现的条件，方能信用昭著畅行无阻。但此时发行的军用票缺乏现金准备。即使财政部发行的军用票，也是承诺 3 个月

① 《财政部陈报整顿币制本位计划并检送币制纲要呈稿》（1912 年 3 月），中国第二历史档案馆藏，档案号：廿六（2）-24。

② 李琮主编《世界经济学大辞典》，经济科学出版社，2000，第 418 页。

③ Nils Herger, *Understanding Central Banks*, Switzerland: Springer Nature Switzerland AG, 2019, pp. 9 – 17.

④ 《度支部奏厘定兑换纸币则例折》（1910 年 6 月 16 日），财政部钱币司编《币制汇编》第 2 册，财政部钱币司，1919，第 134 ~ 144 页。

⑤ 《维持军用票之文告》，《大公报》（天津）1912 年 6 月 18 日，第 5 版。

⑥ 《浙军政府担保军用票》，《申报》（上海）1911 年 12 月 6 日，第 1 张后幅第 2 版；《蒋都督令财政司将军用票办法交省议会通过》，《浙江军政府公报》第 50 册，1912 年 3 月 28 日，第 5 ~ 6 页；《公电：成都》，《时报》1912 年 2 月 27 日，第 4 版。

后才可持票到南京中国银行兑换银元。[①] 大量无法及时兑现的纸币充斥市场，导致货币信用滑落严重，形成“发行军用钞票，人心皇皇”的局面。[②]

军用票与其他纸币不同，是以新政府名义发行，其信用高低对新政权公信力的影响甚巨。1月21日，时任副总统的黎元洪便呼吁“组织中央民国银行及各大埠分银行，发行纸币，通行全国”。[③] 为维持信用，南京临时政府以各种办法保障军用票。其一，制止滥发。南京临时政府以“发行纸币应归中央办理以维币制”为由，多次制止地方军用票的滥发。[④] 其二，兑现票纸。财政部认为军用票“信用未彰”，“非速设银行机关无以善于其后”。[⑤] 因而着手改组中国银行，设法收回各省军用票。沪行更是为了兑换军用票，“甚至将该行房地抵押”。[⑥] 同时，南京临时政府还在各地设立兑换所，维持军用票的兑现信用。2月11日，陆军部发布告示设立兑换所承兑军用票；2月27日，财政部指示上海设立财政部军用票兑现处。[⑦] 此后，财政部又在镇江、扬州等地设立兑换所，并与陆军部协商由各地军政分府加以维持。[⑧] 其三，维持流通。南京临时政府不仅设法打破军用票之间的区域壁垒，要求“一体照收”，还依托商会组织、大型商号等融通市场的军用票，劝勉“盖予通用”。[⑨] 可见，南京临时政府维持市面的决心。

统一货币发行权是货币本位制平稳运行的重要基础，南京临时政府一

---

① 《财政部发行军用钞票示谕稿》（1912年1月31日），中国第二历史档案馆编《中华民国史档案资料汇编》第2辑，江苏人民出版社，1981，第386页。

② 《财政部呈大总统请设储蓄银行拟定则例乞交参议院决议施行》（1912年3月21日），中国第二历史档案馆藏，档案号：廿六（2）-16。

③ 《副总统黎元洪为请财政部组织中央民国银行发行纸币事致大总统等电　第四十五号》（1912年1月21日），中国第二历史档案馆编《南京临时政府遗存珍档》（壹），凤凰出版社，2011，第262页。

④ 《财政总长陈锦涛致各省都督通电——制止各省滥发军用票》（1912年2月24日），中国人民银行总行参事室编《中华民国货币史资料》第1辑，上海人民出版社，1985，第6页。

⑤ 《财政部令中国银行监督文——迅即来宁设行以便收兑军票》，《中华民国货币史资料》第1辑，第22页。

⑥ 《告知军钞收回之原因复南京黄留守电》（1912年5月15日），周秋光编《熊希龄集》第2册，湖南人民出版社，2008，第623页。

⑦ 《陆军部军币兑换所告示》，《临时政府公报》第13号，1912年1月11日，“令示”第2~3页；《财政部在上海添设本部军用钞票兑换处示》，《临时政府公报》第23号，1912年2月27日，“令示”第12页。

⑧ 《陆军部复财政部咨准镇江扬州等处设立兑换所各军政分府力加维持》（1912年3月8日），中国第二历史档案馆藏，档案号：廿六（2）-22。

⑨ 《交通部咨财政部据铁路局呈变通办理》（1912年3月4日），中国第二历史档案馆藏，档案号：廿六（2）-22；《粤垣通用南京军用票》，《申报》（上海）1912年5月17日，第6版。

改前清传统，意图将各地造币厂管理权收归中央。清度支部也曾奏准造币厂章程，尝试统一铸币权。① 然而，该政策并没有得到切实执行。如江南造币厂，度支部曾拟将其收归国家办理。但该厂是苏省重要利源，因而清政府准许该厂“仍准留归宁省办理，由部颁发钢模，照式鼓铸”。② 设计合理可行的制度固然重要，但若不能切实地贯彻与维持，制度便不能发挥出作用。清末虽有制度出台，但受各方面条件所限，未能始终如一地执行。

南京临时政府成立后，江南造币厂有意服从政府管理，③ 孙中山也试图将其改造成造币总厂。1 月 23 日孙中山命令财政部接管该厂，但遭到江苏都督庄蕴宽等人的抵制。2 月 17 日庄蕴宽请求延续晚清传统，将江南造币厂划归苏省办理，以借造币来弥补财政之不足。④ 当时，中国已有造币厂中能作总厂之用者，仅天津造币厂和江南造币厂。⑤ 江南造币厂划归地方，对南京临时政府统一铸币权极为不利。22 日孙中山批示“造币权理应操自中央，分隶各省是前清秕政，未可相仍”。⑥ 虽经驳斥，但江苏都督仍不予配合。26 日他又提出江南造币厂是苏省公款开办，“实未便听中央之处分”，甚至指出“揆诸欧美共和国制度，总统无变更地方财产之处分”。如果说此前还是寄托于中央体恤地方，将造币厂诸权下放，而此次则明显带有地方质疑中央权限的意味。财政部为统一币权，对此加以逐条批驳：江南造币厂在前清时已隶属中央，财政部不过继承其事；铸币非为谋利，关键在事权统一，前清官吏不懂此理，方以铸币余利弥补经费之不足；地方税入不足要从税收中补救，与造币事务不能混为一谈。⑦

3 月 3 日，孙中山批准造币厂章程 12 条，以江南造币厂为南京临时政府造币总厂，并着手接管其他地方造币厂。该章程是晚清造币总厂章程 18 条的简化版，对其中的名称以及总厂选择等内容做了修改，并删除晚清章程第六、七、八、九、十六条关于造币厂代铸其他省银圆以及人事相关等

---

① 《度支部奏酌拟造币厂章程折》，《北洋官报》第 17 期，1910 年，“奏议录要”第 2 ~ 3 页。

② 《大总统令财政部为江苏都督呈请将江南造币厂仍暂归宁省办理》，《临时政府公报》第 19 号，1912 年 2 月 22 日，“令示”第 3 页。

③ 《专电：南京》，《申报》（上海）1912 年 1 月 9 日，第 1 张第 3 版。

④ 《大总统令财政部为江苏都督呈请将江南造币厂仍暂归宁省办理》，《临时政府公报》第 19 号，1912 年 2 月 22 日，“令示”第 2 ~ 4 页。

⑤ 王兼善：《及早筹划造币总厂条陈》（1912 年），陈度编《中国近代币制问题汇编》下册，上海瑞华印务局，1932，“造币厂”第 11 页。

⑥ 《大总统令财政部为江苏都督呈请将江南造币厂仍暂归宁省办理》，《临时政府公报》第 19 号，1912 年 2 月 22 日，“令示”第 2 ~ 4 页。

⑦ 《大总统令江苏都督遵照财政部议复江南造币厂办法》，《临时政府公报》第 39 号，1912 年 3 月 15 日，“令示”第 1 ~ 3 页。

南京临时政府尚无力统筹的条例，其余部分条款甚至是照录前者。[①] 可见，金融制度所存在的“惯性”，南京临时政府的变革也不可避免地蕴含了传统习惯、旧有法规的底色。虽如此，其统一货币发行权的意图不难看出。

同时，南京临时政府还极力维持铸币成色的统一及发行权的集中。辛亥鼎革以来，各地银铜元成色降低、滥发现象较普遍。如武昌银元局所铸银元，成色多低至 9 成以下，各银行拒不接纳，大为影响商务。[②] 而且，地方滥铸银、铜币也屡见不鲜。如江北都督蒋雁行、湖南财政司等便呈请在辖区内发行铜元等币。[③] 另外，商民也有要求开厂铸币的行为。如江苏山阴公民曾桢请求开办江北造币厂鼓铸铜元、银币；江北商界代表张秉璜等呈请以清江浦旧造币厂为基础，集宝银十万两铸铜币。[④] 商民呈请多以缓和金融市场、疏解财政困难为说辞，实际上亦掺杂着一定的利益诉求，如在张秉璜呈请中便表明“开铸按得利息除提还修补费用外，化作十成，以七成归公，三成归商”。[⑤]

对此财政部不得不对其加以批驳，3 月 6 日财政部在回复江北都督、湖南财政司请求铸造铜元的电文中，指出“铜元为辅币之一，各国皆严限制，若为筹款开铸，终必贻害细民，何啻饮鸩止渴”，对其严加驳斥。[⑥] 3 月 7 日财政部又接连发文对商民所请铸银、铜币给予批驳，在回复张秉璜呈请中表示“查滥铸铜元乃前清弊政之一，民国初建拟整理币制以期划一。况造币之权应归国有，非商人所能承办。所请承办铸铜币一节，碍难照准”。其他呈请也多以政府正划一币制为由，未予批准。[⑦]

---

① 《度支部奏酌拟造币厂章程折》，《北洋官报》第 17 期，1910 年，“奏议录要”第 2 ~ 3 页；《大总统批财政部拟具造币厂章程请批准呈》，《临时政府公报》第 27 号，1912 年 3 月 2 日，“令示”第 6 ~ 8 页。

② 《武昌银元减低成色》（1912 年 2 月 8 日），《中华民国货币史资料》第 1 辑，第 30 页。

③ 《电江北都督蒋雁行》，沈式荀编《中华民国第一期临时政府财政部事类辑要》，台北：学海出版社，1970，“钱法”第 23 页。

④ 《江苏山阴公民鲁桢呈拟办江北造币厂并抄粘原禀教令请立案》（1912 年 2 月 7 日）、《李祖庆说帖请就苏省铜元局鼓铸银币拟具章程呈条鉴核》（1912 年 2 月 9 日）、《江北商界代表张秉璜等折呈财政奇窘拟铸铜币恳准委任承办》（1912 年 2 月 10 日），中国第二历史档案馆藏，档案号：廿六（2）– 15。

⑤ 《江北商界代表张秉璜等折呈财政奇窘拟铸铜币恳准委任承办》（1912 年 2 月 10 日），中国第二历史档案馆藏，档案号：廿六（2）– 15。

⑥ 《电江北都督蒋雁行》，《中华民国第一期临时政府财政部事类辑要》，第93 页。

⑦ 《财政部批江北商界代表张秉璜等折呈财政奇窘拟铸铜币恳准委任承办》（1912 年 3 月 7 日）《财政部批江苏山阴公民鲁桢呈拟办江北造币厂并抄粘原禀教令请立案》（1912 年 3 月 7 日）《财政部批苏省铜元局鼓铸银币拟具章程呈候鉴核》（1912 年 3 月 7 日），中国第二历史档案馆藏，档案号：廿六（2）– 15。

辛亥鼎革之际，划一货币本位被视为整理币制的前提，从制度的动态形成角度来看，统一货币发行权、保障纸币兑现性等措施指引着货币变革。在财政部批复地方呈请的沿用传统制度铸造、发行货币的文件中，多次以“本部正在统筹全局，整理币制，以期划一”，或“民国初建，正拟整理币制，以期划一”等语进行驳斥。[①] 说明，南京临时政府此时正在重塑新制，货币政策已有大致的衡量标准和施行准则。因此，南京临时政府在进行统一铸币权与兑现军用票时，便着手对货币本位制进行整顿。

1912 年 3 月初，财政总长陈锦涛呈文孙中山，称“欲定币制，当以研究本位为前提”，拟定《币制纲要》6 条，要求实行金汇兑本位，“在备用金于国际汇兑而不用金币于国中；在国中备以银、纸币作金之代表，令其随时与金兑换，专为国际往来之需”，并对本位标准、单位、重量、种类进行了规定。《币制纲要》以金币为价值尺度，而不真正铸金币，以银币代行金币的流通手段职能。这种金单位的纯金量定为 75% 格兰姆，约合库平银 2 分零 1 毫。对于银辅币，成色为 80%，总重为 26 格兰姆，合库平银 6 钱 9 分 7 厘。金银主辅币间比价为 1 元折合 100 分，1 分折合 10 厘。[②]《币制纲要》制定的金单位，是对以往货币价值基准的突破。

对比晚清和南京临时政府的货币本位方案，能较为明显地看出改良与革命的分歧，这也可以说成是渐进式制度变迁与激进式制度变迁的区别。晚清立足于改良，主要着眼于对内部货币市场的清理，带有传统的深刻烙印；而南京临时政府侧重于革命，主要偏向于对外的货币兑换，意图使中国的货币融入世界货币体系之中。当然，辛亥革命的不彻底性也使货币本位变革困难重重。

三　路径依赖与货币本位制度转换困局

革命往往会促成不连续的制度变迁，然而路径依赖又会阻碍制度的跨越。路径依赖意味着历史是重要的，忽视过去累积的制度条件，不仅无法

---

① 《财政部批李祖庆请就苏省铜元局鼓铸银币拟具章程候鉴核呈》《财政部批江苏山阴公民鲁桢拟办江北造币厂并抄粘原禀教令请立案呈》《财政部批江北商界代表张秉璜等拟铸铜币以救财政奇窘垦准委任承办呈》，《临时政府公报》第 33 号，1912 年 3 月 9 日，“令示”第 1~2 页。

② 《财政部陈报整顿币制本位计划并检送币制纲要呈稿》（1912 年 3 月），中国第二历史档案馆藏，档案号：廿六（2）-24。

理解制度演变的过程，更无法为新制度建设提供支撑。[①] 辛亥鼎革后的制度变革，也并不总是直线向前发展。货币本位制度在实践中的呈现便是铸币与兑换券，虽然南京临时政府进行了本位制度的变革，但在具体的实践过程中却呈现出与制度背离的一面。

就南京临时政府《币制纲要》文本而言，主要涉及的是主辅币的重量、成色、兑换等问题。虽有言，纲要所列仅为改革首重内容，其他实施该案应筹备事宜，再由财政部随时续定，[②] 但可以看出，纲要带着仓促成事、未能完备的烙印。制度本身具有“惯性”，要改变制度，不仅需要大见识、大格局，还要有硬手腕、强实力。但是，辛亥鼎革之际，政局不稳、经济待兴、社会动荡，骤然更改本位币制，抵制者与旁观者占多数，纲要的贯彻困难重重。

南京临时政府虽有意转向金汇兑本位制，部分地区也有采用“官定本位”“改铸民国新币”的呈请，[③] 但政府诸人也意识到在储金有限之时猝办为难。3 月 11 日，财政部在答复湖北造币厂铸新本位币文件中指出，民国既成，统一货币是国人所望，而统一办法“必自定本位始”，但是金汇兑本位所需经费，“刻下万能办到”。因此，财政部提出折中方案：“处此新旧交换时代，不改不可，猝改又不能，惟有暂就旧章，另刊新模铸作纪念币。俟时局大定，储金有着，再筹酌新币本位。”[④] 这种退却，亦是部分学者认为南京临时政府最后未能确定货币本位制的原因。[⑤] 在本位一时难以变更的情况下，以旧章新模，鼓铸具有过渡性质的纪念币，不失为一良策。这种货币不仅具有流通价值，可缓解市面上银根紧缺的压力，还具有良好的收藏价值，可当作收藏品清除出流通领域。3 月 11 日陈锦涛向孙中山呈请，拟先另刊新模鼓铸纪念币，在其中 1000 万元上刊大总统肖像；其余新币更换花纹样式，暂准流通。[⑥] 同日，孙中山批准财政部所请，由造

---

① 〔美〕道格拉斯·C. 诺思：《制度、制度变迁与经济绩效》，杭行译，第 105、118 页。

② 《财政部陈报整顿币制本位计划并检送币制纲要呈稿》（1912 年 3 月），中国第二历史档案馆藏，档案号：廿六（2）-24。

③ 《湖北造币厂条陈币制用官定本位》（1912 年 2 月），中国第二历史档案馆藏，档案号：廿七（2）-18。

④ 《财政部通告各省造币厂俟纪念币钢模造就即寄交照铸电文》，《临时政府公报》第 35 号，1912 年 3 月 11 日，“纪事”第 11~12 页。

⑤ 邱远猷、张希坡：《中华民国开国法制史——辛亥革命法律制度研究》，首都师范大学出版社，1997，第 567 页。

⑥ 《财政部鼓铸纪念币并请示新币花纹呈》，《临时政府公报》第 35 号，1912 年 3 月 11 日，“纪事”第 11 页。

币总厂先行鼓铸，嗣后收换清廷银币。[①]

正在此时，造币总厂发生了反对政府更调厂长的风波，致使纪念币开铸一事一再延误。造币总厂改建后即奉命停铸，以待获得民国新模具后重开。3月1日该厂原总理余成烈意图开工鼓铸，遭到陈锦涛的阻拦。3月5日财政部发文指出，经调查该厂和日本大阪造币厂造币数目相等，而用人支费是其3倍，“殊属不成事体”，指令此后厂中事务应遵照新章重新组织，旧有厂内职员待考察后再分别取舍。[②] 3月7日孙中山批复财政部，批准造币总厂正长由王鸿猷兼任，造币总厂厂长由王兼善补充。[③] 在造币总厂人人自危的情况下，工人更倾向于此前管理厂务的余成烈担任厂长，遂以“造币总厂全体匠徒”的名义，上书要求孙中山收回另委厂长的命令。[④] 财政部本欲整顿厂务统一铸币，却不曾想因人事更换酿成抵制风潮。3月14日和15日王兼善和王鸿猷分别上书请辞，16日孙中山批示同意暂停对厂务的整顿，抵制风波始告一段落。[⑤] 延宕至4月该厂才铸成纪念铜币，5月开始铸造纪念金、银币。[⑥] 这一风波虽带有一定的偶然性，但也反映了南京临时政府管理权的有限性。

其他地方造币厂也多存在不愿被南京临时政府接管的问题。财政部曾派员前往广东进行查收造币厂事宜，“以为统一币制之张本”。4月17日调查员在报告书中陈述，该省财政司对于财政部将造币厂收回直辖一事，有意拖延。而此时财政部也不过是名义上接收，承诺“用人、行政不会更动，厂中所铸出币仍归粤用”。即便如此，仍旧窒碍重重，该员在汇报中称“该造币厂直统于中央乃为必当不易办”。[⑦] 而对于军用票的管理，财政部曾多次通电各省，将发行票式、数目，分别详报以凭考核，但“奉行寥寥”。[⑧] 这一方面体现了央地之间对于币权的博弈，另一方面也反映了货币

---

① 《专电：光复纪念银币》，《申报》（上海）1912年3月1日，第1版。

② 《财政部令稿》（1912年3月5日），《中华民国史档案资料汇编》第2辑，第406页。

③ 《大总统批财政部遴员补充造币厂长呈》，《临时政府公报》第31号，1912年3月7日，“令示”第4页。

④ 《临时大总统关于造币总厂匠徒请留余成烈交财政部核办令》（1912年3月13日），《中华民国史档案资料汇编》第2辑，第410～411页。

⑤ 《大总统批财政部次长王鸿猷恳辞兼任江南造币总厂正长呈》，《临时政府公报》第40号，1912年3月16日，“令示”第2页。

⑥ 《财政部南京造币分厂民国四年报告书（节录）》（1915年12月），江苏省钱币研究会编《中国铜元资料选编》，江苏省钱币研究会，1989，第400页。

⑦ 《财政部抽派往粤调查员报粤省造币厂情形》（1912年4月17日），中国第二历史档案馆藏，档案号：廿六（2）-15。

⑧ 《财政长陈锦涛呈大总统交代部务并沥陈困难情形文》，《时报》1912年4月9日，第3版。

制度对原有路径的依赖，即一种制度的实行总会形成既得利益集团，他们在此后的制度实践中力求巩固这一制度，从而阻碍制度的进一步创新。[①]

政治是制约制度变迁的重要因素，也是制度路径依赖形成的主要原因。辛亥鼎革之际的政局变动，使社会各界对制度的预期产生怀疑，局限了政府对货币本位的变革。3 月 10 日袁世凯在北京就任临时大总统，发布通令称“现在民国法律未经议定颁布，所有从前施行之法律及新刑律，除与民国国体抵触各条应失效力外，余均暂行援用，以资遵行”。[②] 晚清的银本位制，以及相关的铸币、纸币成例，是否与国体有抵触未有言之者，因而沿用晚清旧习并不为过。4 月 1 日孙中山莅临参议院行解职礼，命令“本处各部办事人员，仍各照旧供职，以待新国务员接理”。[③] 虽北京政府新的国务院于 4 月 21 日才正式宣告成立，[④] 但在北京政权默认银本位与南京临时政府行将终结之时，其触及货币基础的本位变革更是寸步难行。陈锦涛总结财政部诸事办理困难时说道：“官制未定，故统系不明，行政动贻掣肘之忧，财务讵有起色之望。”[⑤]

另外，南京临时政府对纸币的管理也受制于传统习惯与货币市场的牵累难以有所推进。南京临时政府时期，中国发行和流通近代纸币所必要的银行存款、资产证券及其他纸制信用工具发展水平均较低。[⑥] 因而，南京临时政府对纸币规范所能依靠的力量与所能采取的措施非常有限，不得不顺应市场。这可从和兴昌茶栈呈请乾泰、坤泰两钱号钱票通用案窥探一二。

1912 年 4 月 9 日和兴昌茶栈以乾泰、坤泰两号所发“铜圆花票”在江西武宁县山茶贸易中“久成为商场之习惯”，请求恩准通用。财政部批示，“查纸币特权应属中央，非普通商人所能发行，姑念茶讯已近，待用甚殷，又值金融机关尚未完备之际，准暂通用”。但财政部提出限制条件，“所有乾泰、坤泰已印钱票应由该茶栈自请上海商会出具条结，并声明收销日期，呈部核准后再咨交涉司给照，并咨行江西都督存案”。然而，这一限制却遭到了上海商会的排斥，当茶栈遵赴上海商会请具保结时，该商会认

① 董建新：《制度的经济哲学研究》，第 191 页。

② 《临时大总统令　民国元年三月初十日》，《临时公报》1912 年 3 月 11 日，“命令”第 1 页。

③ 《孙中山宣布四月一日交代解职各部须仍照常办公的临时大总统令》（1912 年 4 月 1 日），《南京临时政府遗存珍档》（壹），第 77 页。

④ 章开沅、严昌洪主编《辛亥革命与中国政治发展》，华中师范大学出版社，2011，第 291 ~ 292 页。

⑤ 《财政长陈锦涛呈大总统交代部务并沥陈困难情形文》，《时报》1912 年 4 月 9 日，第 3 版。

⑥ 〔以〕荀尼夫：《走向世界的人民币：全球视野下的中国货币史》，李守旗译，鹭江出版社，2018，第 167 页。

为“各埠印用或由上海运往之纸币以亿万计，只凭信用别无保证之人，且上海商家云集，若遇事动须保结，在商会亦难任其劳”，因而不予办理。不得已之下，茶栈再赴财政部陈明情况，呈请财政部准其行使，以维市面而恤商难，并承诺“倘有违法舞弊等情，小栈当负其责任”。[①] 南京临时政府无奈，于12日由财政部批示准许发行转运。此次小栈定印的1.32万张纸币，折合铜圆132万枚，几乎无准备金，信用风险极高。[②]

从此次呈请过程而言，一方面反映出政府对兑换券发行的慎重，不仅直言纸币发行权归中央所有，而且一度尝试以上海商会具保，并对发行转运给予多方的限制；另一方面可看出货币本位制度执行的乏力，上海商会以无保证之习惯拒绝承保，茶栈亦因山民旧有传统上陈印发兑换券，而政府也无良法进行措置。可见，政府与市场之间深刻的博弈关系。从制度的角度解释，“理性人”在制度变迁中往往倾向于熟悉的运行规则，或仅适当地调整使自己适应于新旧制度之间的复杂关系，难以直接导向新制度。[③]

辛亥鼎革之际的民国政府，始终处于动荡之中，制度零散、粗糙，缺乏配合性和整体性，致使其在变革货币本位制度时屡遭挫折。陈锦涛在总结币制、银行办理困难时曾说，中央“方拟改办”，“设法更张”，而“欲沾利益者纷起要求”，“希图破坏者横生冲突”，以致“群言淆乱，变象纷呈”。[④] 可见，南京临时政府变革的艰难与不易。从制度惯性的角度而言，南京临时政府金汇兑本位方案，最大的阻碍是先外在性地预设了一个脱离了当时社会经济条件的制度，然后再试图通过调整经济主体去适应这种制度的运行规则，这显然不仅会限制经济主体的灵活性，而且会使制度变革的阻力更大。

四　民国北京政府银本位制的发展取向

真正决定历史前进方向的，从来都不是作为结局的历史事实，而是对历史事实的理解。[⑤] 南京临时政府《币制纲要》的制定与实施所面临的局

① 《和兴昌茶栈为钱票急需恳恩准通用》（1912年4月12日），中国第二历史档案馆藏，档案号：廿六（2）-15。

② 《财政部呈和兴昌茶栈为钱票出口请咨行给照事》（1912年4月12日），中国第二历史档案馆藏，档案号：廿六（2）-15。

③ 〔德〕柯武刚、史漫飞：《制度经济学：社会秩序与公共政策》，韩朝华译，商务印书馆，2004，第476页。

④ 《财政长陈锦涛呈大总统交代部务并沥陈困难情形文》，《时报》1912年4月9日，第3版。

⑤ 赵冬梅：《法度与人心——帝制时期人与制度的互动》，中信出版社，2021，第147页。

部抵制问题，使时人愈发认识到货币本位变革事体重大、条理繁复，需要全局统筹，更使人意识到初始制度的选择极为重要，在设计制度时不仅要考虑直接后果，还需要研究长远影响，以避免积重难返的情形。因而，引发了民国北京政府对货币本位制度的再讨论。

1912 年 10 月 8 日民国北京政府财政部成立币制委员会，并聘任前爪哇银行总裁卫斯林为名誉顾问，商讨中国币制改革问题。卫斯林主张中国先实行变形的金汇兑本位制。他提出，先定新金单位，但不铸币，以此单位来发行兑换券，凭券可兑换外国金币。同时，他认为在当时国势不巩固、禁伪能力不足的情况下，可以准许各色银、铜币继续行用。俟情况稳定后，再法定 1：21 的金银比价，铸造代表金单位的银币。新银币顺利通行后，再铸造金单位的金币，过渡到纯粹的金汇兑本位制。[①] 这一主张得到了时任财政总长周学熙的支持，他表示："币制之定本位为先用银之说，既非天演界中之所宜；舍银而金，又非我国实力之所能。无已，择其最适宜我国情形者，其唯金汇兑本位制度乎。"[②] 以财政部次长章宗元为委员长的币制委员会，经过 20 余次讨论后于 1912 年底出具《币制报告书》，该文着重探讨了各种本位的利弊，在此基础上提出实行金汇兑本位利多弊少的看法。[③]

虽如此，南京临时政府金汇兑本位变革所面临的实践困局依旧难以解决，因而并未形成确定的改革方案。1913 年 1 月财政部聘请社会各界货币专家参与币制委员会，再次讨论本位币制问题。以财政部总、次长，驻外财政员，中国银行正、副总裁，汇丰银行行长，泉币司司长充任特任委员，以中外币制专家为专任委员，以其他富有币制学理经验机关职员充任兼任委员。[④] 该年春，新的币制委员会成立，由周学熙主持，但各方主张却始终争执不下，刘冕执主张金银并行本位制，陶德琨主张金汇兑本位制，徐荣光主张银本位制，未能形成统一结果。这种分歧，已经不再局限于制度本身的优劣对比，而是基于人们在意识形态、习惯风俗、思维定式等因素影响下对制度的理解与再阐释的差异，这种差异影响着人们的行为选择。

讨论的深入，不仅进一步传播了货币本位思想，而且使时人逐渐意识到中国暂时不具有接受新货币制度的能力。如主张金本位的委员徐恩元，逐渐认同银本位主张者对中国安定货币价值能力的质疑，说道"吾国改革

---

① 叶世昌、李宝金、钟祥财：《中国货币理论史》，厦门大学出版社，2003，第 383～384 页。

② 周叔媜：《周止庵先生别传》，台北：文海出版社，1966，第 61 页。

③ 《财政部币制委员会币制报告书》（1913 年），《中华民国货币史资料》第 1 辑，第 69 页。

④ 《财政部币制委员会改组内容》，《申报》（上海）1913 年 1 月 22 日，第 3 版。

币制，当从画一币制入手，目前暂用银本位。俟银币画一，国库充裕，再推行金本位制，以为抱稳之计”。[①]

1913 年 9 月，新任国务总理兼财政总长熊希龄解散了币制委员会，另在国务院组织币制会议，会员有司法总长梁启超、造币厂监督吴鼎昌等。此时，多数人虽然对金本位、金汇兑本位抱有热情，但也意识到为今之计，“只得将就现实，实施银本位”。[②] 对于金汇兑本位，认为“此制虽佳，但亦须宽筹基本金为之准备，并须酌看国内商务情形，是否输出可以超过输入，或输出、入可以相等，乃能采用金汇兑本位”。同时，参考印度实行金汇兑本位情形，并根据中国当时贸易输入超过输出事实，因而否定了金汇兑本位。最终，北京政府采取了渐进的方式，决定确立银本位制，认为中国当务之急应是先有本位“以最短之事件谋币制之统一”，“俟将来商业发达，再行改为金本位，为第二步之办法”。[③] 1914 年 2 月颁行的《国币条例》，是近代中国第三个币制法规，再次确立银本位制。

需要指出的是，此时的银本位制并不是对晚清银本位制的重新确立，而是根据客观条件的变化以及货币理念的不同，在旧有制度要素和结构方面进行了局部的调整和改造，可谓是一种局部的制度创新。银本位确立后，刘冕执甚至写有《银本位制亡国论》，历举实行银本位在国际所遭受的损失。[④] 1915 年 1 月，财政部再设以章宗元为委员长的币制委员会。该会归纳了时人对币制的各种意见，出具《中国币制改革商榷书》，其中在金本位、金汇兑本位、金银复本位、银本位之间争议依旧存在。而对当时的银本位也有三种不同观点：一派主张照当时通行条例执行；一派主张加铸金币，实行金银合行本位；一派主张缩小银币单位，以适应民众生活水平。[⑤] 8 月，币制委员会以“立他日金本位之基础”为由拟订《修正国币条例草案》，将银元成色按既成事实降低为 89%，尝试加铸金币，但规定“金本位未实行以前，虽铸有金币，而国币之标准，乃系一元银元”。[⑥]

---

① 徐恩元：《币制改革意见书（续）》，《申报》（上海）1913 年 4 月 15 日，第 6 版。

② 李宇平：《近代中国的货币改革思潮》，第 135 页。

③ 《财政讨论会第一次会议录——议题国币及其施行条例与理由》，《税务月刊》第 3 期，1914 年 3 月，“杂录”第 56 ~ 58、64 页。

④ 刘冕执：《记余与中国经济之关系》（1932 年 5 月 24 日），刘冕执编《钱币革命实行方案汇览》，中华钱币革命协进会湖南分会，1933，第 276 页。

⑤ 孔祥贤：《从〈中国币制改革商榷书〉看民国初期对货币本位制的争论》，《中国钱币》1986 年第 2 期，第 50 ~ 55 页；叶世昌、李宝金、钟祥财：《中国货币理论史》，第 387 页。

⑥ 《币制委员会呈财政部说帖——拟订〈修正国币条例草案〉》（1915 年 8 月），《币制汇编》第 3 册，第 37 ~ 64 页。

从货币史角度，一般认为金本位或金汇兑本位制对银本位制具有先天的优势，因而银本位制的确立从表面上看是新政权过于妥协与退让，但从制度设计层面而言，此时的银本位暗含着金本位的取向，这种经济制度上的融通，既反映出政府对稳定内部社会秩序的担当，也折射出政府对融入世界货币体系的追求。

制度一旦被确立，则会渐趋形成新的惯性，不断进行自我强化，并寻找发展的支撑。在此基础上，制度会沿着新的路径演变，甚至造成制度路径被重新锁定，阻滞其后的制度再优化。① 清末民初确立的银本位制，奠定了中国近代货币本位制的发展方向，直至1935年南京国民政府的法币改革才将银本位制改为汇兑本位制。

一般观点认为，民国北京政府时期，政治上的四分五裂和财政上的捉襟见肘，致使中国硬币和纸币均处于更趋混乱的状态。但是，此时的中国货币市场也在银本位制下出现整合的一面。中央集权分解与地方权势膨胀的时期，货币处于相互竞争状态，信用机制成为货币体系的核心要素之一。“袁头币”的出现及流通可谓是20世纪中国货币经济史上的里程碑，政府更是得以通过垄断“袁头币”的铸造，来支持中国银行、交通银行发行纸币。② 据1924年的一项统计，在全国流通中的9.6亿银圆中，有7.5亿为“袁头币”，外国银圆仅为3000万左右。③ 中国银行和交通银行所发行的纸币数量，也在20世纪20年代超过了西方在华银行。中国依附于银本位制度虽然多少有点偶然，却也在一定程度上适应了中国经济发展，并使中国多次避开了由国际金本位所导致的经济大萧条等不利影响。

银本位制的再确立，是中国式现代化的体现。它并没有全盘接受西方话语，多次拒绝了西方希望中国施行的改革方案，在深刻认识中国货币市场发展状况和水平的基础上，走出了中国自身的货币发展之路，维护了国家主权和民族利益。

结　语

究竟是外来的货币本位理论改造了中国本土的货币制度，还是中国传

① 〔美〕道格拉斯·C. 诺思：《经济史中的结构与变迁》，陈郁等译，上海人民出版社，2003，第79页。

② 朱嘉明：《从自由到垄断：中国货币经济两千年》（上），台北：远流出版事业股份有限公司，2012，第324页。

③ Kaoru Sugihara, ed., *Japan, China, and the Growth of the Asian International Economy, 1850 - 1949*, Oxford: Oxford University Press, 2005, p. 114.

统的货币制度吸纳了外来的货币本位理论，抑或是两者在相互排斥与交融中共生？实际上，金融存在极高的惯性尤其是货币制度方面，这一方面表现为先前使用的货币，被赋予继续使用的自然优势，变革极为不易；另一方面在不确定事件发生时，货币使用者容易倾向于重复之前的实践，多是因循守旧。即便是朝代更替的制度重建时期，因制度惯性的存在，也极少出现对旧有制度彻底废止的情况。

任何一种管理和运行机制，都具有明显的制度化特征，这是机制赖以生存的根本性因素。机制的相对稳定性，与改革机制的滞后性，形成强烈的对比，构成了制度惯性。制度惯性的现象普遍存在于社会诸多方面，即便当人们发现旧有制度存在众多弊端时，由于新制度形成的漫长性和制度实践的不可预估性，也会导致旧有制度在惯性力量作用下依旧会持续存在并发生作用。清末民初的制度惯性呈现四个明显的特征。一是多重均衡。货币本位变革存在多个路径，初始制度的选择并不是单一的，制度在偶然因素和必然因素作用下形成，但这种选择也许是较理想但并不一定最具实践性。二是可能无效。货币本位制的设计者的有限理性，决定了初始货币制度往往并非最优且最具实践性，而旧有制度的先天优势诱导人们往往对新制度不为所动。三是超越传统。银本位制虽然带有过多传统的痕迹，但终究推动了中国货币本位制的确立，并通过民国政府的改进，发挥了整合中国纷繁复杂的货币市场的功用。四是路径锁定。银本位制一旦被选择，便会形成新的利益集团和发展方向，导致制度路径被锁定，一方面自我强化制度，另一方面也会阻碍制度的进一步创新。

因而，制度惯性作用使制度变迁呈现出一种动态均衡状态，即制度运行危机出现—旧有制度被打破—新制度得以重建—发展路径被锁定—制度运行危机再出现。这种制度惯性，使变革制度尤其不易，反映了中国近代制度变革的艰难性。晚清在白银的制度黏性影响下，最终选择了与世界货币本位制发展迥异的银本位制。以涤除专制统治为目标的辛亥革命，是一场资产阶级性质的革命运动，此中新生的政权需要更新体制来巩固其合法性，革命领导人便力图改革各项制度确立资本主义秩序。因此，在短暂的存续时间里，南京临时政府在多个领域进行了探索与尝试，促进了中国法制的近代化。就货币制度而言，南京临时政府对国家事权统一的追求与努力，展现出构建国家统一货币管理权的意图，在推动中国与世界融合发展的意愿与尝试、思想与举措方面表现出良好的前瞻性，推动了货币本位制度向着金汇兑本位方向的国际化发展。然而，因制度惯性的影响，南京临时政府的货币本位变革不可避免地蕴含了传统习惯、旧有法规的底色，具有对晚清货币、财政等制度延续的一面，并且受制于传统与现代、中央与地方、政府与市场等多重羁绊，本位变革存在多重困局，南京临时政府终未能重塑新制。最终，中国货币本位制度逆转回银本位制。

An Analysis of the Monetary Standard Reform in the Late Qing Dynasty and the Early Republic of China from the Perspective of Institutional Inertia

Zhong Qinwu

Abstract: Since modern times, China's traditional monetary system has been in constant crisis, and the establishment of the monetary standard has become the core measure for China to deal with the monetary crisis. Because the old monetary system was deeply rooted, the Qing government only improved on the original basis under the effect of system stickiness, and still chose the silver standard under the trend of gold standard internationalization. After the Revolution of 1911, in order to integrate into the development trend of the world currency system, the Nanjing Temporary Government intended to change the silver standard system into the gold exchange standard system, and started to guide it by unifying the coinage right and maintaining the credit of paper currency. However, under the influence of institutional inertia, the unified coinage system was resisted by the local authorities and failed to centralize power, and the management of convertible notes was also involved in the market and turned to compromise, which ultimately failed to reshape the new system. After a new round of controversy, the Beijing Government of the Republic of China finally reverted to the silver standard, which established the development path of the monetary standard in modern China. By combing this process, we can get a glimpse of the complexity of the 1911 Revolution from the perspective of monetary history, which is conducive to understanding the difficulties and difficulties of modern China's institutional reform.

Keywords: The Revolution of 1911; Nanjing Temporary Government; Monetary Standard System; Gold Exchange Standard; Silver Standard

近代中国海关税款的战时存解（1931～1945）[*]

——以长沙关为中心的考察

张小彤[**]

摘　要：辛亥鼎革，中国海关税款改存入外国银行。为国家主权与财政大局计，南京国民政府推动收回海关自主权，部分款项得以存入中央银行。抗日战争爆发后，日军劫夺各关税收，加之沿海海关大量沦陷，国民政府能够控制的关税遽减。全面抗战爆发后，国民政府颁布《公库法》以统制战时经济，但在海关系统暂缓实施。太平洋战争爆发后，上海海关总税务司署沦陷，国民政府另组重庆海关总税务司署，以辖制后方关区，统制战时经济。1942 年 10 月 1 日，《公库法》开始在海关系统实施。此后，海关逐渐由关税的征收、保管机构，变为仅有审定税额、开具缴款书之责的机构，其性质俨然回到辛亥鼎革以前。早在抗战初期，长沙关的税款就已经由中央银行长沙分行接办，但彼时款项划拨较为宽松，海关监督和税务司具有较多权限。其在战时辗转迁移、坚持稽征，是抗战期间国民政府统制内地海关的实例。

关键词：抗日战争；近代中国海关；税款存解；《公库法》；长沙关

鸦片战争后中国近代海关制度的建立，既标志着中国海关的近代化，也伴随着特殊情况下海关自主权的丧失。及至辛亥鼎革，走向共和，海关自主权非但没有收回，反而日渐沦丧。彼时学人激于时事，已格外关注海

* 本文系国家社科基金青年项目“近代中国国库制度研究（1905－1949）”（21CZS043）的阶段性研究成果之一。

** 张小彤，女，山东潍坊人，武汉大学历史学院博士研究生，研究方向为中国经济史、财政史和近代中国海关史。

关制度、关税与海关主权等问题。[①] 既往对关税与海关主权的研究，皆难以绕开对海关税款存解的讨论。[②] 近代中国海关的关税自主权自《南京条约》的签订开始沦丧，在南京国民政府时期逐渐收回。全面抗战爆发后，《公库法》在海关体系内的逐步实施，使近代海关关税实现自主。既往对《公库法》的研究多从公库本身出发，侧重国民政府层面对公库的设立和公库制度的发展的考察，探讨公库收支程序和公库类型，亦有对公库建设实况的系统考察。[③] 对其与收回关税保管权的关系关注较少。[④] 本文则从近代中国海关出发，将其税款存解的战时变化与《公库法》的实施相结合，着重考察国民政府在抗战期间将海关税款存解入“公库”的过程。此过程中，国民政府与海关总税务司、地方海关之间发生多重互动，海关监督亦参与其中。国民政府最终通过《公库法》实现了对海关的全面限制，海关总税务司的态度也由一开始的拒绝解款、万般拖延到妥协，并寻求自我变革，以适应战时海关发展。

一 战前海关税款存解的变迁与抗战初期海关变局

近代中国海关的税款存解方式几经变革。辛亥鼎革以前，海关洋员仅具有估税权，“所有税款征收存放汇解等事，俱由海关道或海关监督主之”，[⑤] 总税务司并无直接管理税款的权力，各关税务司仅能按照税则切实审核应当征收的税钞数目，并将其据实列账呈报政府。

如图1所示，商人如需完成纳税，至少需要经过如下步骤：首先，经过税务司审核无误，税务司一方将商人应缴纳之税钞数目列账呈报政府；其次，商人需要赴海关收税银号缴纳税钞；再次，由银号出具收据给税务

① 民国时期对海关制度、关税和海关主权等问题颇为关注，可参见陈锋的《20世纪的晚清财政史研究》（《近代史研究》2004年第1期）中有关关税研究论著的评述。

② 陈诗启：《海关总税务司和海关税款保管权的丧失》，《厦门大学学报》（哲学社会科学版）1982年第4期；姜萍：《浅析近代中国的关款保管问题》，《天中学刊》2007年第1期；傅亮：《民国海关税款的保管与分配》，博士学位论文，华东师范大学，2017。

③ 现有成果多侧重“公库”本身，对《公库法》颁布后海关税款存解“归公”的过程关注普遍较少。

④ 傅亮认为1942年海关施行《公库法》表明海关税款的征收与保管权彻底收回，杨智友、李宁认为《公库法》的实施使海关财权被褫夺、海关担保债赔功能消失，极大地冲击了外籍税务司制度。傅亮：《民国海关税款的保管与分配》，博士学位论文，华东师范大学，2017；杨智友、李宁：《抗战时期的中国海关》，江苏人民出版社，2021。

⑤ 〔英〕魏尔特：《关税纪实》，海关总税务司公署统计科，1936，第1页。

司；最后，税务司将银号出具的收据转交给海关监督。如此一来，海关方面实际上并不直接接触税款，税钞存入的是政府指定的银号。而所谓“银号之选择，及其职员之管理，纳税所用之货币种类，多数银号对于商人之额外需索，税款存留银号之久暂，及其汇解清廷之方法”，[①] 均与各关税务司无涉。

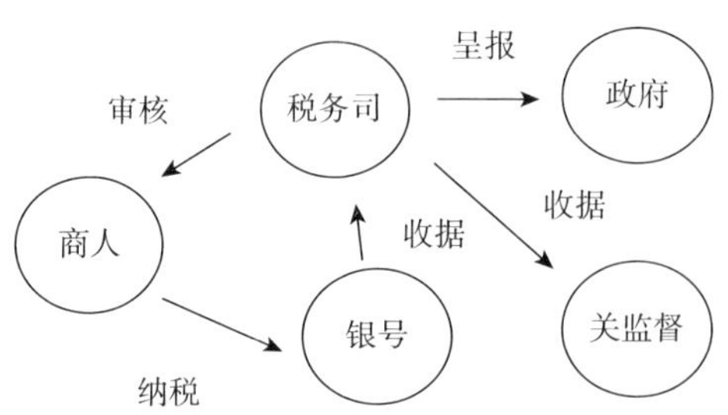

图1　辛亥鼎革前纳税人缴税示意

辛亥鼎革以后，海关税款开始被存解入外籍银行。这一时期，海关新增职权至少有四：其一，海关开始主管各埠的税收事宜，拥有了征税权；其二，海关可以保管未汇沪以前的各埠税款，新增了关税保管权；其三，汇解各埠税款至上海，将之分配于各保管银行，归入债务账内存储，汇解权亦归海关负责；其四，管理债务账内存款，用以支付各项到期的对外债务。[②] 至此，海关已经拥有了关税的征收、保管和汇解的权力。彼时的海关总税务司是安格联，在其任职期间，洋人主导下的中国海关的势力日渐增长，地方海关在征收关税后可以直接将税款存入汇丰银行，不必经过中央政府便可以直接汇解和拨付西方各国的债款。这一时期，海关监督的权限大大缩小，最后连管理海关五十里外常关的权力也被剥夺了，兼之国内政局混乱，海关长期保持其中立立场和独立性。此后，中央政府和民众开始了漫长的收回关税保管权的斗争。

海关税款的存解在民国时期多次发生变化。傅亮从整体上考证了北京政府时期、南京国民政府初期、抗日战争初期和重庆国民政府时期的关税征管状况。[③] 大体言之，北京政府时期，财政窘迫，各地海关将其征收的税款直接汇解至总税务司，再由总税务司将关税存入外籍银行，直接偿付外债，政府基本难以干涉关税的保管和使用过程，仅能够获得部分关余。

---

① 〔英〕魏尔特：《关税纪实》，第2页。

② 〔英〕魏尔特：《关税纪实》，第11页。

③ 傅亮：《民国海关税款的保管与分配》，博士学位论文，华东师范大学，2017。

1926年10月7日，广州政府率先开征二五附加税，这对辛亥鼎革以来海关税务司的关税征管权力造成了冲击。南京国民政府时期，国民政府试图通过设立中央银行以收解各机关公款，包括海关税款。中央银行是国家银行，正式成立于1928年11月1日，由国民政府设置经营，同年10月5日颁布的《中央银行条例》明确中央银行之特权包括“经营国库”。[①] 1929年以后，海关中新增的税款已经可以存入中央银行，[②] 按照旧税率征收的进口税、复进口税、转口税、常关税以及船钞等继续汇缴至上海，存入海关总税务司在上海汇丰银行的税收账户和船钞账户。由此可见，抗日战争爆发前，国民政府并未能够完全将海关税款存入中央银行，海关税款的保管权并未被全部收回。

抗日战争爆发后，东北沦陷，东三省的海关也难以幸免。伪满洲国成立后，日军遂开始假借其名义干涉和劫夺各关税收。面对此种情形，国民政府表示将封闭东北海关，实行“移地征税”，计划将哈尔滨、牛庄、安东、龙井村等各关关闭。1932年6月18日，伪满声明其自建立后欲“关税独立”、扣留关余，并表示将“先收大连以外满洲海关之全部税收，停止汇往南京政府”云云。[③] 6月终，日方和伪满洲国已经武力接收东北地区除瑷珲外诸关，此时各关尚未汇给上海海关总税务司的税款计有关平银2220143.81两，合洋元3458984.06元。其中，除去山海关存在横滨正金银行的税款计洋元289792.74元最终得以汇解中央政府外，均被没收。同年，大连关、瑷珲关也被接收。[④] 包括大连关在内的东北各口海关，在此前全国税收总数中占据重要位置。“东三省各埠海关之税收总额，依近五年所收之数为根据，平均占海关税收全额百分之十五”，[⑤] 此次接连被伪满洲国强行劫夺，国民政府之关税损失重大。同年，国民政府开始将全部的

---

① 财政部财政科学研究所、中国第二历史档案馆编《国民政府财政金融税收档案史料1927—1937》，中国财政经济出版社，1997，第454页。

② 这一时期得以存入中央银行的海关税款包括额外进口税、2.5%进口附加税（实际进口税的一半）、1.25%的土货复进口附加税（实际复进口税的一半）、2.25%国内工厂产品附加税（实际的出口税的一半）以及常关实际缴纳的一半的附加税。上述税款被缴纳给4个独立账户，即额外进口税账户、出口和复进口附加税账户、国内工厂产品附加税账户和常关附加税账户，然后将此4个账户的税款定期汇缴给上海的中央银行“总税务司税收暂付款账户”。《海关总税务司署通令》（第3858号），1929年2月8日，中华人民共和国海关总署办公厅编《中国近代海关总税务司通令全编》第19卷，中国海关出版社，2013，第151页。

③ 《伪国强夺东北关税问题》，《银行周报》第16卷第24期，1932年6月，第1页。

④ 〔英〕魏尔特：《关税纪实》，第31页。

⑤ 《伪国强夺东北关税问题》，《银行周报》第16卷第24期，1932年6月，第2页。

关税，包括所有的进出口税、转口税以及转口附加税等均存入“海关税收账户”，并将所有的税款汇解至中央银行海关总税务司账户，同时将全部关余汇解至中央银行。在每月的最后一天，由海关总税务司负责从中央银行的税收账户中拨发部分款项给汇丰银行，用以偿还外债和赔款。① 此后，汇丰银行基本不再作为海关关税的保管银行。这一时期，国民政府虽然在督促海关将税款汇解到中央银行一事上取得了一定进展，但海关对其所征收之税款的存解和使用仍然享有一定的主动权，海关税款仍然多用于对外债赔，以维持中国债券信用。

截至1934年9月，负责存解全国范围内各地方海关经征之税款的银行情况仍较为复杂，负责经征税款之银行并不统一，但已经呈现出向中央银行集中的趋势（见表1）。②

表1 截至1934年9月各地方海关征收及汇解税款情况

关名	经征税款银行	每月经征银行之酬劳费（元）	每月汇解税款平均次数（次）	经汇税款之银行	汇水（‰）
秦皇岛	中国银行	200	4	中国银行	2（关金汇款免费）
津海	中央银行	5181	26	中央银行	免费
龙口	交通银行	250	4	交通银行	按汇兑日行市（关金汇款免费）
东海	交通银行	400	6	交通银行	按汇兑日行市（关金汇款免费）
威海卫	交通银行	250	3	交通银行	按汇兑日行市
胶海	中央银行	896	19	中央银行	按汇兑日行市（关金汇款免费）
重庆	中国银行	600	3	中国银行及聚兴诚银行	按汇兑日行市
万县	中国银行	300	3	中国银行及聚兴诚银行	按汇兑日行市
宜昌	中国银行	290	1	中国银行	7.5
沙市	中国银行	300	2	中国银行	3
长沙	中国银行	500	8	中国银行及邮政局	按汇兑日行市（关金汇款免费）
岳州	汉口中国银行	3505	1	汉口中央银行	按汇兑日行市

① 《海关总税务司署通令》（第4399号），1932年3月3日，《中国近代海关总税务司通令全编》第21卷，第380～382页。

② 《民国二十三年九月内各口征收存放及汇解税款办法》，引自〔英〕魏尔特《关税纪实》，第21～29页。

续表

关名	经征税款银行	每月经征银行之酬劳费（元）	每月汇解税款平均次数（次）	经汇税款之银行	汇水（‰）
江汉	中央银行	2337	31	中央银行	按汇兑日行市（关金汇款免费）
九江	中央银行	560	6	中央银行	3（关金汇款免费）
芜湖	中央银行	400	9	中央银行	3（关金汇款免费）
金陵	中央银行	311.60	4	中央银行	0.6（关金汇款免费）
镇江	中央银行	620	11	中央银行	2（关金汇款免费）
江海	中央银行	千分之三又邮包税收税每月100元	6	中央银行	免费
苏州	中国银行	150	2	中国银行	免费
杭州	中央银行	240	6	中央银行	按汇兑日行市（关金汇款免费）
浙海	中央银行	400	16	中央银行	2（关金汇款免费）
瓯海	中国银行	270	3	中国银行	1.5
福海	中央银行	550	1	中央银行	8
闽海	中央银行	890	4	中央银行	8
厦门	中央银行	800	7	中央银行	按汇兑日行市（关金汇款免费）
潮海	中国银行	2000	10	中国银行	按汇兑日行市（关金汇款免费）
粤海	中国银行	3428	11	中国银行	按汇兑日行市（关金汇款免费）
九龙	海关自行收税	无	7	中国银行及汇丰银行	按汇兑日行市（关金汇款免费）
拱北	宝行成记银号	每月港洋90元，另外年给港洋1500元，以偿该行所存于海关押金2万元利息之损失	3	香港汇丰银行	按汇兑日行市
江门	海关自行收税	无	6	广州中国银行及汇丰银行	按汇兑日行市
三水	三水关官银号	343	4	广州中国银行及麦加利银行	按汇兑日行市
梧州	海关自行收税	无	4	香港汇丰银行	按汇兑日行市

续表

<table>
<tr><th>关名</th><th>经征税款银行</th><th>每月经征银行之酬劳费（元）</th><th>每月汇解税款平均次数（次）</th><th>经汇税款之银行</th><th>汇水（‰）</th></tr>
<tr><td>南宁</td><td>达和银号</td><td>63</td><td>1</td><td>达和银号</td><td>按汇兑日行市</td></tr>
<tr><td>琼海</td><td>中国银行</td><td>500</td><td>5</td><td>中国银行</td><td>按汇兑日行市（关金汇款免费）</td></tr>
<tr><td>北海</td><td>中国银行</td><td rowspan="2">500</td><td rowspan="2">5</td><td rowspan="2">中国银行及西营东方汇理银行</td><td rowspan="2">按汇兑日行市</td></tr>
<tr><td>广州湾分卡</td><td>广益祥同记庄</td></tr>
<tr><td>龙州</td><td>海关自行收税</td><td>无</td><td>无</td><td>无</td><td>无</td></tr>
<tr><td>蒙自</td><td>海关自行收税</td><td>无</td><td>5</td><td>各汇兑处所</td><td>按汇兑日行市</td></tr>
<tr><td>思茅</td><td>海关自行收税</td><td>无</td><td>无</td><td>各汇兑处所</td><td>按汇兑日行市</td></tr>
<tr><td>腾越</td><td>腾越关官银号</td><td>滇币172.22元</td><td>1</td><td>各汇兑处所</td><td>按汇兑日行市</td></tr>
</table>

资料来源：《民国二十三年九月内各口征收存放及汇解税款办法》，引自〔英〕魏尔特《关税纪实》，第21～29页。

由表1可知，1934年，全国范围内各口海关的税款存解银行并不完全相同，主要包括中央银行、中国银行、部分邮政局及地方银号等，少数如九龙、江门、梧州、龙州、蒙自、思茅、腾越等关由海关自行收税。其中，经征税款之银行为中央银行的有津海、胶海、江汉、九江、芜湖、金陵、镇江、江海、杭州、浙海、福海、闽海、厦门等各关；由中国银行负责经征的有秦皇岛、重庆、万县、宜昌、沙市、长沙、岳州、苏州、瓯海、潮海、粤海、琼海、北海各海关；由交通银行负责的有龙口、东海、威海卫等关；另有部分关所由地方官银号负责。地方海关纳税所用货币结构中，包括银行之银元支票、关金券及关金支票、银元以及地方现洋等，如重庆关纳税所用货币的99.5%均为川洋，按照1933年12月行市，川洋101元可折合银本位币100元。这种情况的出现，是由于北洋政府曾在民国初年委托中国银行代理国库，与此同时，各地方银号仍然存在，情况复杂，国库不能统一。直至国民政府设立中央银行以经理国库，并在此后颁布了系列相关法令，才使公库制度逐渐统一，为此后《公库法》的颁布和实行奠定了基础。

二　全面抗战时期《公库法》颁布与税务司的因应

全面抗战爆发后，日本试图劫夺津海关与秦皇岛海关的税款，并致力于将沦陷区海关税款存入横滨正金银行。同为英国人的海关总税务司梅乐和与津海关税务司梅维亮对此表现出明显的妥协退让态度。几番交涉无果，梅乐和申请“赋予津海关税务司全权”，以“保存中国海关行政之完整，及海关在津、秦两地代表中国政府执政之主权”。[①] 最终，国民政府同意将津、秦二海关税款存入“当地有相当地位殷实可靠之银行”，而梅维亮则在获得授权后立刻致电日本驻天津总领事堀内，表示将在天津正金银行开立账户，将两关征收的关税，包括进口税、进口附加税、出口税、出口附加税、复进口半税和复进口半税附加税等统一存入该银行。[②] 1937 年 12 月 22 日及 24 日，日本在津、秦两关分别实施伪税则，国民政府财政部之“不得接受伪政府命令及与商定任何条件”“海关现行章制及办事手续不得变更”“现行税则不得擅行变动”的最低立场也被打破。[③] 次年，日、英两国签订“1938 年英日关于中国海关的非法协定”，同意将日本占领区所有海关之一切关税、附加税及其他捐税以总税务司名义存入正金银行。

这一时期，日军劫夺使国民政府能够获得的海关税款日益减少，海关总税务司也以种种借口拖延和拒绝汇解税款。1938 年 5 月 17 日，梅乐和在致孔祥熙的电稿中，称关务署署长郑莱指示他把江海关寄存在汇丰银行的 25000000 元税款拨交到中央银行，考虑到国际局势，梅乐和没有同意。[④] 5 月 21 日，国民政府财政部指示梅乐和关于海关税款汇解存储的办法：

> 其一，将各海关的净数收入，按照上月的进口、出口、转口正税收入成数，摊算本月的各项拨款，包括应偿付的外债赔款、总税务司署经费以及其他等项，按照现行之办法逐一分区集中，并委托集中地点之汇丰银行按期转汇入上海汇丰银行的总税务司账户；其二，将各关的除去摊汇上海之外的税款，总税务司饬令各关转知当地经手之银行，令其汇至汉口中央银行之总行，并存入总税务司账户内以备按期拨付内债基金；其三，关于各关每期摊解至上海海关总税务司的税款

① 《1937 年 10 月 17 日梅乐和致关务署第 375 号代电》，中国近代经济史资料丛刊编辑委员会主编《一九三八年英日关于中国海关的非法协定》，中华书局，1965，第 14～15 页。

② 《1937 年 10 月 22 日梅维亮致日本驻天津总领事堀内函》，中国近代经济史资料丛刊编辑委员会主编《一九三八年英日关于中国海关的非法协定》，第 16 页。

③ 《1938 年 1 月 7 日国民党政府财政部致梅乐和电》，中国近代经济史资料丛刊编辑委员会主编《一九三八年英日关于中国海关的非法协定》，第 32～33 页。

④ 《1938 年 5 月 17 日梅乐和致孔祥熙电稿》，《一九三八年英日关于中国海关的非法协定》，第 107 页。

> 数目，应当分门别类直接报送到财政部以及关务署，以备核查；其四，各关区每期汇解于中央银行总行的税款数目，亦应按期备案至财政部、关务署。[①]

由此可知，在《公库法》颁布以前，财政部仍允许海关自行摊算各项经费的数额，包括需要偿付的外债和总税务司所需要的经费等项目，并希望海关方面将各关摊汇上海之外的税款汇至汉口中央银行之总行，以备拨付内债基金。此外，孔祥熙要求梅乐和将摊解至上海海关总税务司的税款数目和汇解至中央银行总行的税款数目，按期备案至财政部和关务署。梅乐和则坚持各关之税款由总税务司进行统一管理，对将关余汇至汉口"一时无法照办"。[②] 此时，由于中国不同意英日"协定"，日本亦拒绝汇解税款，以至于中国因此面临无法按时偿付外债的问题。在此局势下，中方仍然拒绝支付日本的庚子赔款，并且拒绝同意将沦陷区海关税款汇入正金银行。至此，中国的关税以及偿付债赔款项的问题已成僵局。

1938 年 6 月 9 日，国民政府正式颁布《公库法》。[③] 其现金、票据、证券之出纳、保管、移转及财产契据等保管事务主要由中央银行代理。[④] 迨至 1942 年 10 月 1 日，《公库法》才得以开始在海关系统正式施行。[⑤]《公库法》主要从收入和支出两个方面来限制各税收机构，其对海关收入的限制略有三端。其一，清查并核收结存款项，限制海关的关税保管权。国民政府饬令关务署督同总税务司查明海关于 1942 年 6 月底以前结存的款项，令就近国库核收，统一严格管理。[⑥] 其二，代理收税，限制海关的征税权。财政部要求关、盐、统各税收机关，汇报各附属分关卡及各税局分局所分卡的分布地点及有无金融机关等情况，以便通知代理公库银行筹设分支库，"或派员收纳税款，或委托其他银行及邮政机关代理收税"。[⑦] 其三，改变纳税人缴纳关税的手续。《公库法》要求各关征税时，仅能依法填具收

---

① 《1938 年 5 月 21 日财政部致梅乐和电》，《一九三八年英日关于中国海关的非法协定》，第 110 页。

② 《1938 年 5 月 28 日梅乐和致孔祥熙电》，《一九三八年英日关于中国海关的非法协定》，第 110 页。

③ 审计部编《审计法令汇编》，商务印书馆，1948，第 139 ~ 141 页。

④ 《公库法及各海关施行公库法后处理收支应行注意事项》，1938 年 6 月 9 日，湖北省档案馆馆藏，档案号：LS025 - 002 - 0132 - 0001，第 2 页。

⑤ 孙修福：《中国近代海关秘史》，天津教育出版社，2014，第 416 页。

⑥ 陈诗启：《中国近代海关史》，人民出版社，2002，第 844 ~ 845 页。

⑦ 石涛、何品编《中央银行》，上海远东出版社，2014，第 35 ~ 36 页。

款书，由纳税人径缴国库核收，税款直接存入国库，“其从前由银行业务诸关部分经收者，应当依法移归国库主管部分经收”，并由国库局洽办其经收手续。其大致手续可以分为四步：首先，由缴款人向海关自行报验相关商品的种类和价值，由海关税务人员核定税额后出具缴款书；其次，缴款人凭借缴款书将应缴纳之税额，缴入各代理国库之银行，如中央银行派员设立的驻关收税处；再次，代理国库之银行须出具收据，交由缴款人以为凭证；最后，缴款人将收据交由海关核查，由海关发出正式凭证。① 此后，纳税过程实际上由以海关为核心变为以缴款人为核心，税款实际上直接被缴入国库，海关无法再直接接触税款，海关由此成为一个负责查定税额、催缴税款的机构。

在海关经费的支出方面，《公库法》亦有严格之限制。近代以来，海关经费需用甚多，划拨向来容易，“应由税款内提用若干，向由总税务司与政府直接商定，不容第三者之参与”。② 直至 1933 年 2 月 1 日，国民政府对各中央机关的经费划拨尚未严格要求，“各项收入仍得由各机关自行收纳定期解库，各机关之经费得向财政部请领自行保管及支付，并得由本机关收入项下坐支”。③《公库法》实行后，关税收入缴入代理国库银行，均存入“收入总存款”账户中，由国民政府财政部统一进行分配。海关一般只能领取由财政部依照预算分配的经费，这种按期固定分配的经费划拨之一般程序如下：首先，由海关总税务司署负责编制每一关区按月经费分配表，包括薪给费、旅运费、设备费、特别费等项目，呈送财政部；其次，国库署根据海关呈送的预算，经审计会签，于期前填发支付书，通知中央银行国库局，将预算总数扣除一部分（暂定 20%）存入重庆国库为调拨之未分配数，其余则由财政部“收入总存款”账下分别拨付款项汇发至各关区总关所在地至代理国库，拨入各关普通经费存款户；再次，各口海关在支付时，须开发其经费存款户之公库支票用以支付；最后，获得公库支票之债权人由代理公库银行处兑现支票，获得现金。④ 如若海关需要临时申请不在预算内的经费，亦需要报由财政部将经费拨入其“普通经费存

① 张超的《国民政府的公库制度建设与财政资金管理（1936—1945）》（《中国经济史研究》2020 年第 4 期）中亦对《公库法》颁布后的收支程序各以图示方式进行比较。

② 〔英〕魏尔特：《关税纪实》，第 117 页。

③ 潘序伦、顾准编著《中国政府会计制度》，立信会计图书用品社，1939，第 71 页。

④ 潘序伦、顾准编著《中国政府会计制度》，第 72 页；《海关总税务司署通令》（第 6055 号），1942 年 9 月 14 日，《旧中国海关总税务司署通令选编（1942—1949 年）》第 4 卷，中国海关出版社，2007，第 185～188 页。

款”才能完成支付。这一种“支票支付”的方式，也使海关无法直接获取和自由划拨有关经费，亦无法领取现款。而且，如果海关的经费存款账户在年度结算时尚有余款，将会由代理国库银行将之重新转入财政部的“收入总存款”账户。在财政部如此精密的预算制度下，“至若公库法实施以前，因各机关及各帐类间得以自由借垫往来，而发生之财政上不统一之现象，在公库法实施以后，自将完全消灭也”。①

全面抗战初期，海关对《公库法》长期采取拖延策略，较为排斥。1941 年 8 月，国民政府行政院要求此前“暂缓实行《公库法》”的各机关须于 1942 年 1 月 1 日起正式施行。② 嗣后太平洋战争爆发，日伪接管上海海关总税务司署，俘虏时任海关总税务司的梅乐和。③ 1941 年 12 月 11 日，梅乐和宣布解职。国民政府于重庆另设重庆海关总税务司署。④ 1941 年 12 月 26 日，重庆海关总税务司署正式开始运行。1942 年 4 月 14 日蒋介石手令谓之：“以后中央与地方各机关其预算经费之收支应一律依照公库法之规定，由代理公库之银行或邮政机关办理之，不得由各机关经领全部经费自办出纳事项。”⑤ 同年 5 月 22 日，行政院训令“所有各海关一切税收及经费应即一律切实遵办，以重库政”。同月 29 日，国民政府关务署代理署长彭重威训令海关总税务司署，要求其转饬各海关一体遵办。⑥ 同年 9 月 14 日，代行海关总税务司职务的周骊表示，此前曾以“自太平洋战事发生后，海关所遭遇困难甚多，目前施行公库法，时机似非适宜”为由呈文关务署及财政部“准予暂缓施行”，然而“政府亟欲推进公库制度，俾便将全国各机关之公款收支一律按公库法集中管理”、“财政部对于海关之困难，虽均明了，但格于法令，仍令饬遵照实施，以重库政”，故而确定以 1942 年 10 月 1 日为各地海关开始实行《公库法》的期限，距离重庆较远的各海关可以在奉令后“以最短之时间与当地代理国库之银行或邮局洽商

① 潘序伦、顾准编著《中国政府会计制度》，第 73 页。

② 孙修福：《中国近代海关秘史》，第 416 页。

③ 《海关总税务司署通令》（渝字第 529 号），1943 年 5 月 29 日，《旧中国海关总税务司署通令选编（1942—1949 年）》第 4 卷，第 433 页。

④ 《财政部训令》（关渝字第 25854 号），1941 年 12 月 22 日，《旧中国海关总税务司署通令选编（1942—1949 年）》第 4 卷，第 264 页。

⑤ 《自 1942 年 10 月 1 日起贯行公库法合将各关应行遵办事项分别核示的通令》，1942 年 9 月 14 日，湖北省档案馆馆藏，档案号：LS025－002－0132－0004，第 1 页。

⑥ 《自 1942 年 10 月 1 日起贯行公库法合将各关应行遵办事项分别核示的通令》，1942 年 9 月 14 日，湖北省档案馆馆藏，档案号：LS025－002－0132－0004，第 1 页。

后立予实行”。[①]

此后，周骊遵从国民政府《公库法》的要求，并在海关内部进行“自我改革”。其通令各地方海关，表示海关体系的会计制度若实行《公库法》，则需对税款之收存拨汇、经费之保管支用等“在根本上多加改革”。周骊表示，各关经费“向系先由经征税款内坐支，随后补办抵解手续”，可以节省汇费，并使各关可以按期迅速领到经费，应付急需。此后则除政府特许之“依照游击区域或接近战区地方各机关”外，不得按照以前办法办理。其拟定将各关会计程序进行更改：其一，实行《公库法》后，海关应与代理国库洽商一切；其二，海关预算及经费方面，实行国库“统办收支”制度，但保留一定的弹性制度。由海关总税务司署调节全国海关开支，编制每一关区按月经费分配表，由国库按照每一区域分别划拨。同时，由于战时情况特殊，为使经费预算稍有弹性，财政部允许海关自每月划定之海关经费总数中扣出一部分（暂定为20%）存入重庆国库，以便总署随时调拨。这一时期，地方海关支用经费的步骤为：首先，海关总税务司署编制预算分配表给国库署审核，接着由国库署填发支付书给中央银行，然后由中央银行国库局按照各关区额定分配数额分别汇发，由各关区总关所在地之代理国库，拨入各关普通经费账户。各关支用时则签发公库支票，由此账户支付。[②]

周骊表示，其相信在公库实行之初，虽将有许多苦难及不便之处，但是只要“各关税务司暨所属竭力推进”，《公库法》定能顺利实施。同时，周骊在通令中为战时各地方海关留有一定的缓冲余地，并与国库署商定了依照早前颁布之《公库法》第九条划定“依照游击区域或接近战区地方各机关办法之各关区”，为瓯海关、闽海关（包括福海分关在内）、上饶关、曲江关和思茅分关五关区。其谓彼时各海关“多可指为位在游击区域或接近战区”，但为严格限定，最终规定此类关区“仅适用于当地无代理国库之区域”。[③] 此类“依照游击区域或接近战区地方各机关办法之各关区”可以暂时自行保管收纳经费，“仍得继续自其经征之税款内依照分配预算额定数坐支经费”。但是，仍需要按旬或按月自行填具缴款书，并将其连同

① 《自1942年10月1日起贯行公库法合将各关应行遵办事项分别核示的通令》，1942年9月14日，湖北省档案馆馆藏，档案号：LS025－002－0132－0004，第1～21页。

② 《海关总税务司署通令》（第6055号），1942年9月14日，《旧中国海关总税务司署通令选编（1942—1949年）》第4卷，第186～187页。

③ 《自1942年10月1日起贯行公库法合将各关应行遵办事项分别核示的通令》，1942年9月14日，湖北省档案馆馆藏，档案号：LS025－002－0132－0004，第1～21页。

现金设法送交附近代理国库之银行或直接汇交中央银行国库局核收库账。[①]此外，海关在贯彻《公库法》时仍能够保留部分收入，如各关代收当地的各种附捐，包括堤工捐、浚河捐、河工捐、码头捐等，均毋庸解缴国库，[②]只需由各关所在地之代理国库收纳后在每日终结账时将该项退回各关，再由各关税务司存入当地代理国库银行之业务部或者其他银行开立之专户账户。此外，海关还可以获得部分零星支出经费，大概可以签发公库支票预提款项并自行保管1000～2000元，以备零星支出之用。由于战时海关分支卡所众多，各地总关税务司对于分支关卡的经费派发亦有可以操作之处，此处不再赘述。由此可知，在《公库法》的严格要求之下，基于海关自身特质以及战时的复杂情况，海关仍能够在有限范围内获得部分经费，以供弹性使用。

三　长沙关税款存解入“公库”的过程

近代长沙关正式建关于1904年7月1日，其税款至晚在1935年由中央银行长沙分行接办存解。在此之前，长沙关的税款曾由中国银行经办。1912年11月26日，财政部部长周学熙签发《金库出纳暂行章程》，曾委托北京中国银行暂行代理财政部出纳保管事务。1928年，中央银行成立，同年颁布的《中央银行条例》规定其负有“经营国库”之责。

中央银行自设立后，便积极收解各机关公款。具体到海关方面，国民政府在设立中央银行后多次要求梅乐和将海关经费款项悉数存放于斯，以重公库。1929年1月24日，财政部关务署训令海关总税务司梅乐和，表示该海关总税务司署暨所属各关税务司署经费款项，“凡有中央银行分行之处，均应悉数存放该行，以重公币，再嗣后海关以银两购买银元并应专向该行购买”。[③] 同月30日，梅乐和通令各关税务司，将海关经费存入其所在地的中央银行分支行或行将设立之分支行，表示海关采购所需银元时，亦应通过该银行办理。同时，其宣布中国银行享有海关兑换业务的优

① 江苏省中华民国工商税收史编写组、中国第二历史档案馆编《中华民国工商税收史料选编》第1辑，南京大学出版社，1996，第2420页。

② 《自1942年10月1日起贯行公库法合将各关应行遵办事项分别核示的通令》，1942年9月14日，湖北省档案馆馆藏，档案号：LS025－002－0132－0004，第1～21页。

③ 《财政部关务署训令》（第162号），1929年1月24日，《旧中国海关总税务司署通令选编（1911—1930年）》第2卷，中国海关出版社，2003，第440～441页。

先权，并应当不低于当日的市场兑换率。[①] 中国银行和交通银行等均曾代理国库经办税款存解，使中央银行接管海关款项时，往往需要与之交涉。如1931年中央银行接办江海关收税处时，曾表明江海关收税处先后经历了由中国银行派员办理，到中央、中国银行共任办理，最后订期已满，由中央银行收回自办的过程。[②]

1934—1935年，是长沙关税款由原中国银行转交中央银行存解的过渡时期。在此期间，长岳关监督负责双方的沟通与交涉。1934年，财政部要求长沙海关将其关税存入中央银行长沙分行。1934年4月13日，财政部训令长岳关监督，称早前已经通令"各税收机关征收税款，均应交由中央银行存解，违者以违法论"。[③] 然而，经中央银行反映，仍然有部分税收机关的税款未能按照要求存入，即"现闻各税收机关，对于税款，仍有未尽存入本行者"，基于此举"与国库统一之制未能符合"，故而中央银行致函财政部，希望其饬"各税收机关切实遵办，以符功令"。[④] 在中央银行的要求下，财政部通令长岳关监督，并要求其"恪遵本部迭次通令办理""并通行所属一体遵办"。[⑤] 在财政部的训令下，长岳关监督复训令岳州关办事处主任，要求其将征收的税款按照要求存入中央银行。[⑥] 关监督是中央政府派遣负责监督管理地方海关的中国官员，长岳关监督则为同时负责监督长沙关和岳州关两处海关的关监督。

财政部在1934年上半年对长岳关监督的训令，已经明确表示国民政府要求将海关税款汇入中央银行的意向。然而，由表1可知，直到1934年下半年，经征长沙关税款的银行仍为中国银行，纳税所用货币中上海关金汇票占67.75%，其余32.25%为现洋，即孙币或袁币，其每月付给经征银行500元，汇解税款平均次数为8次，经汇税款之银行为中国银行及邮政局，

---

① 《海关总税务司署通令》（第3852号），1929年1月30日，《旧中国海关总税务司署通令选编（1911—1930年）》第2卷，第440～441页。

② 《中央银行接办收税处》，《银行周报》第15卷第4期，1931年，第54页。

③ 《财政部关于所收税款应遵令交中央银行存解的训令及长岳关监督公署的训令》，1934年4月6日，湖北省档案馆馆藏，档案号：LS025－003－0211－0002。

④ 《财政部关于所收税款应遵令交中央银行存解的训令及长岳关监督公署的训令》，1934年4月6日，湖北省档案馆馆藏，档案号：LS025－003－0211－0002。

⑤ 《财政部关于所收税款应遵令交中央银行存解的训令及长岳关监督公署的训令》，1934年4月6日，湖北省档案馆馆藏，档案号：LS025－003－0211－0002。

⑥ 《财政部关于所收税款应遵令交中央银行存解的训令及长岳关监督公署的训令》，1934年4月6日，湖北省档案馆馆藏，档案号：LS025－003－0211－0002。

汇水则按照汇兑日行情计算，关金汇款则免费。[①]

1935 年 8 月 30 日，财政部要求长沙关的各项税款均交由中央银行的长沙分行存解。中央银行长沙分行致函财政部表示，截至 1935 年，其在长沙收存各机关公款并不顺利，“长沙各国税机关除统税管理所外，尚未来行开户”。财政部部长孔祥熙致函长岳关监督，表示既然中央银行长沙分行已经成立，“所有该地国税机关自应将公款悉数存入”，各机关公款和一切国税，均应由中央银行收解，以重库款，而符功令。[②] 此时，长岳关监督尚未被裁撤，仍在协调地方事务等方面发挥作用。最终和中央银行长沙分行签订“经收长沙关税收合同”的仍然为长沙关税务司一方，而非长岳关监督，这也表明此时海关监督仅为地方海关事务的参与者。

1935 年 8 月 31 日，中央银行长沙分行致函长岳关监督，表示将自 1935 年 9 月 1 日起接管长沙关的收税事宜，其谓：

> 案查长沙关收税事宜向由中国银行代办，兹以长沙关税务司业与中国银行解约，改由敝行代办，敝行经奉敝总行电令与该税务司正式签订经收长沙关税收合同，兹定九月一日起所有经收长沙关税款事宜统由敝行办理。[③]

由上述亦可知，在长沙关税务司与中国银行解约以后，一切与长沙关税款有关的事宜将由中央银行接管办理。在接到财政部和中央银行的通令后，长岳关监督迅速致函长沙关税务司，要求其“查照办理”。[④] 此后，长沙关税务司迅速完成了征解税款与中国银行解约并移送中央银行接办的任务，并简单叙述了其与中国银行、中央银行双方进行接洽的过程：

> 查本关前于八月一日奉总税务司令同前因，当即通知长沙中国银行，声明原定收解各项税款合约，截至本年八月底止取消。一面即与中央银行长沙分行经理接洽。新立合约，系即八月二十四日经双方正式签字。九月一日适值星期，至二日始将中国银行所收各项税款账项

① 〔英〕魏尔特：《关税纪实》，第 23 页。

② 《长岳关监督公署关于各项税款应交中央银行长沙分行存解的公函和财政部的训令》，1935 年 9 月 5 日，湖北省档案馆馆藏，档案号：LS025 - 002 - 0887 - 0001。

③ 《中央银行长沙分行关于自九月一日起接办长沙关收税事宜的公函》，1935 年 9 月 2 日，湖北省档案馆馆藏，档案号：LS025 - 002 - 0887 - 0003。

④ 《长岳关监督公署关于各项税款应交中央银行长沙分行存解的公函和财政部的训令》，1935 年 9 月 5 日，湖北省档案馆馆藏，档案号：LS025 - 002 - 0887 - 0001。

下预存之款一概移存中央银行新立账目项下。此次中央银行接收税款时，人员多未更动，一切手续，照旧进行，并无窒碍。[①]

由上述长沙关税务司致长岳关监督的函件可以看出，其已经于1935年8月1日接到海关总税务司的命令，并在8月底与长沙中国银行解除原定的收解各项税款的合约。与此同时，长沙关方面已经与刚建立的中央银行长沙分行进行接洽，并于8月24日签订了新合约。自9月2日起，长沙关原在中国银行中所收各项税款账下预存的各项税款一律移存至中央银行新立的账目下。[②] 同月9日，长岳关监督公署复函财政部部长孔祥熙，表示在其督促下，长沙关税务司已经完成与中央银行长沙分行关于长沙关征解税款接收的事宜。[③] 由此可见，至晚在1935年，长沙关已然在财政部和海关总税务司署的联合要求下与中央银行长沙分行接洽税款收解事宜。

上述长沙关税款存解入中央银行长沙分行的过程，实际上发生在《公库法》颁布以前。这一时期，地方海关在将税款存入中央银行的同时仍享有一定的自主权，主要表现为解款时限较为宽松、经费支取较为自主，海关在税款存解和支配等方面仍然享有一定的主动性。譬如1935年3月21日，长岳关监督刘鹏年致函岳州关办事处，表示其“二月份不敷经费，准于上年结存罚款内挪用”，“仍应于下月为数归垫，以结清款目”。[④] 嗣后，《公库法》在海关体系内得到全面贯彻，这使各地方海关的关税稽征、经费划拨受到严格限制。长沙关并未被划入“游击区域或接近战区地方各机关”范围，因此并不能够“暂时自行保管收纳经费”和“自其经征之税款内依照分配预算额定数坐支经费”，而是被严格限制，按旬或按月自行填具缴款书，连同现金设法送交附近代理国库之银行，或直接汇交中央银行国库局核收库账。[⑤]

长沙关的税收在战时大幅增长，多是由于战时消费税的征收，并建立在其战时大量增设分支卡所的基础上。截至1943年12月20日，根据国民

① 《长岳关监督公署关于长沙关征缴税款已归中央银行接办的公函及长沙关税务司公署的公函》，1935年9月9日，湖北省档案馆馆藏，档案号：LS025－002－0887－0002。

② 《长岳关监督公署关于长沙关征缴税款已归中央银行接办的公函及长沙关税务司公署的公函》，1935年9月9日，湖北省档案馆馆藏，档案号：LS025－002－0887－0002。

③ 《长岳关监督公署关于长沙关征缴税款已归中央银行接办的公函及长沙关税务司公署的公函》，1935年9月9日，湖北省档案馆馆藏，档案号：LS025－002－0887－0002。

④ 《长岳关监督公署关于岳州关办事处不敷经费准在结存款内挪用的指令》，1935年3月21日，湖北省档案馆馆藏，档案号：LS025－002－0735－0008。

⑤ 江苏省中华民国工商税收史编写组、中国第二历史档案馆编《中华民国工商税收史料选编》第1辑，第2420页。

政府统计其辖下之后方各关暨所属分支关所[①]的数据，此时长沙关辖下之分支机构的数量在内地海关已经达到最多，其总关区辖下共计有16处支关、51处支所。[②] 随着长沙关关区的西迁及其分支机构的设立，其辖区不仅遍布湘中、湘北、湘东及湘西地区，更远及相邻的鄂南、粤北、桂东北以及黔中南等地区。[③] 据国民政府财政部关务署记载，长沙关在战时消费税的征收方面仅次于重庆关：1943年之战时消费税的征收，长沙关以11100余万元居于第二位，仅次于重庆关的19700余万元；1944年1—3月，重庆关征收战时消费税共计8200余万元，其次即为长沙关，征收战时消费税达6100余万元。[④] 因此，战时消费税的存在对长沙关的发展具有重要意义，其征收也是长沙关在战时最重要的任务。

此外，抗日战争胜利之际长沙关被裁撤时，其经费账户的处理也具有鲜明的公库特色，强调结存款项和余款等均须汇入国库。长沙关裁撤后，其税款账结至1945年11月底，“嗣后如罚款及充公价款内补征之税款及以前远地邮局代征之税款，均经寄由江汉关税务司代缴国库，归并江汉关税款列报”；报关行现金押款账将遵令陆续免费汇转入沅陵中央银行；其中税款现金押款之余额前经遵令分别汇解国库，罚款及充公款项则先汇解江汉关后转解国库，并转入江汉关杂项收入数。[⑤] 其中，有部分关于“未了案件暂记账”的规定：长沙关之未了案件暂记账则移转江汉关未了案件暂记账内以待将来清算，该账户尚存有“重修海关码头”账余额国币2200元及“长沙关俱乐部”账国币1807.53元，两款来源及应如何结算处理，因有关文件已于1938年运赴香港寄存，现时无从查考，亦并移转江汉关未了案件暂记账内以待将来清理，云云。[⑥] 长沙关所谓“未了案件暂记账”

---

① 出自《改订后方各关暨所属分支关所名称表》，《旧中国海关总税务司署通令选编（1942—1949年）》第4卷，第647～663页。

② 截至1943年底，长沙关之支关包括长沙、湘潭、衡阳、柳江、八步、洪江、邵阳、益阳、沅江、长安、零陵、晃县、津市、常德、沅陵、藕池等。出自《改订后方各关暨所属分支关所名称表》，《旧中国海关总税务司署通令选编（1942—1949年）》第4卷，第654～656页。

③ 参见《抗日战争时期长沙关及其所属分支机构分布图》，长沙海关志编纂委员会编《长沙海关志》，五洲传播出版社，2003，第22～23页。

④ 《财政部关务署向国民党五届十二中全会等会议口头报告问答资料（1944年）》，《中华民国史档案资料汇编》第5辑，江苏古籍出版社，1997，第75页。

⑤ 《关于长沙关如期结束在沅陵成立结束办公处并拟定结束办法的呈》，1947年1月31日，湖北省档案馆馆藏，档案号：LS25－0002－0104－0009。

⑥ 《关于长沙关如期结束在沅陵成立结束办公处并拟定结束办法的呈》，1947年1月31日，湖北省档案馆馆藏，档案号：LS25－0002－0104－0009。

实际上是《公库法》实行以后海关自创的新规定。海关自身账目一向分为“税款”与“经费”两类，而政府之会计制度则分为“预算内之收入”与“预算内之支出”两类，其在海关税款收入之外尚包括其他如行政和财产收入。因此，周骊在依照《公库法》对海关收支程序进行自我改革时，要求各地方海关在将行政及其他收入缴解入代理国库时，应先将此项收款连同尚未发给奖金之罚款及充公货物变价，另立“未了案件暂记账”存储。[①]

结　语

辛亥鼎革，海关税务司获得了关税的征管权力。此后，中央政府与海关总税务司署围绕关税及税款存解进行长期博弈。随着国内政局的相对稳定，兼为国家主权与财政大局计，南京国民政府主导开展收回海关自主权的运动，虽颇具成效却始终未能彻底控制海关税款。迨至全面抗战爆发，沿海海关相继沦陷，余者多为内地关所，国民政府另组重庆海关总税务司署，中国海关格局发生明显变化：其一，海关空间格局发生变化，沿海海关沦陷，国民政府另立重庆海关总税务司署统辖内地海关，沦陷区的沿海海关与国统区的内地海关分立两端，海关失去其长期坚守的“中立立场”和“完整性”；其二，国民政府海关发展重心的变化，由沿海转向内陆，内地关所从未如此重要；其三，海关关卡设置和任务重心的变化，由战前多设在沿海及西南国界边区一带变为设置在货运之进出要口及内地应征战时消费税货物之产区附近，征收战时消费税成为战时海关的重要任务；[②]其四，海关地位的变化，抗日战争期间的中国海关危机重重，国民政府亦强化对海关的管制，以至于海关地位较战前明显下降。

全面抗战爆发后，国民政府颁布《公库法》以统制战时经济，但并未能够立刻在海关实施。太平洋战争爆发后，该法方得以贯彻到海关体系。《公库法》在战时海关系统的贯彻基于国民政府对海关控制的强化，其对海关的限制主要集中在收入和支出两个方面：其一，要求海关将留存未汇解之税款解交中央银行，使海关失去关税的保管权；其二，在征税过程中限制海关直接接触税款，绝对划分税务机关经征与收款之责，使海关失去关税的征收权，仅在国民政府征收海关税款的环节发挥查定催款的作用；

① 《海关总税务司署通令》（第6055号），1942年9月14日，《旧中国海关总税务司署通令选编（1942—1949年）》第4卷，第191～192页。

② 财政部海关总税务司署编《十年来之海关》，中央信托局，1943，第20页。

其三，《公库法》严格控制海关经费划拨，这与海关自身长期以来的经费划拨习惯以及会计制度有较大出入。近代中国海关在辛亥革命以后才正式拥有税款的征收、保管和汇解权，此后不复存在。海关在关税稽征过程中的参与度回到了辛亥鼎革以前。

面对国民政府对海关的种种限制，海关总税务司的态度从一开始的拒绝、拖延到最后的妥协和自我调适，转向新的任务重心，经过了一个长期的过程。这种转变主要基于彼时的内外环境，以及海关自身特殊地位的逐渐丧失。在长沙关税款由中国银行转为中央银行经办的过程中，长岳关监督从中斡旋，发挥了海关监督协调和交涉的作用。尽管《公库法》的施行不可避免，海关总税务司仍然试图在允许的范围内，为彼时处于重大变故中的海关谋取部分可以洽商的权利。国民政府在战时对其所辖区域海关的控制力度的逐渐加大，也为1943年国民政府与英国订立《中英条约》奠定了基础。

How to Save the Tariff of Modern Chinese Customs Service During the Anti-Japanese War (1931 – 1945)

—Centered on the Changsha Customs

Zhang Xiaotong

Abstract: After the Revolution of 1911, Chinese tariffs are deposited in foreign banks. For the sake of national sovereignty and the overall financial situation, the Nanjing National Government took the lead in regaining the autonomy of customs. Part of the customs duties can be deposited in the central bank. After the outbreak of the Anti-Japanese War, the Japanese army robbed various customs taxes, and a large number of coastal customs were occupied. Tariffs that the Nationalist government could control were cut sharply. After the outbreak of the full-scale Anti-Japanese War, the Nationalist government promulgated the Public Treasury Law to control the wartime economy, However, it has been suspended in the customs system. After the outbreak of the Pacific War, the Inspectorate General of Shanghai Customs was taken over by Japan. The National Government set up the Chungking Inspectorate General to govern the rear customs area and control the wartime economy. On October 1, 1942, the Public Treasury Law began to be implemented in the customs system. Since then, the customs has gradually changed from the collection and storage agency of customs duties to only the functions of verifying the tax amount and issuing payment letters. Its nature seems to return to before the Revolution of 1911. As early as the early days of the Anti-Japanese War, the Changsha Customs had been taken over by the Changsha Branch of the Central Bank. However, the allocation of funds was relatively loose at that time. The Customs has more powers. During the war, Changsha Customs moved and insisted on expropriation, which was an example of the Nationalist government's control of the mainland customs during the Anti-Japanese War.

Keywords: The Anti-Japanese War; Modern Chinese Customs Service; Customs Custody; The Public Treasury Law; Changsha Customs

新财政史视角下法国公债、税收与金融资本的变革*

郭永钦　周沁楠**

摘　要： 随着新财政史研究的推进，有关财政如何塑造近代国家的理论逐渐成熟。这有助于我们重新理解马克思撰写于19世纪的《资本论》财政理论的时代背景。其中金融资本被视为核心概念，并与公债、银行和战争有着密切联系。前人研究多将其用于阐释法国大革命导致了现代国家的起源，而忽略经济史角度的背景考察，对国债、税收等数据库利用不足。本文首先爬梳了法国大革命、拿破仑改革和银行业发展等历史背景资料，说明金融资本具体形态也面临新旧交替的局面。其次，借由财政史数据库将法国财政情况与西欧各国进行对比，说明公债对于金融资本变革的重要作用。最后，本文指出金融资本的变革影响了原特权阶级的权力格局，卖官鬻爵制因此逐渐走向边缘化。

关键词： 金融资本；《资本论》；公债；新财政史

1859年马克思在《〈政治经济学批判〉序言》中提到阶级、税、国债、信用和国家等概念，并在《资本论》第二卷、第三卷中讨论过公债问题。但由于他的去世，大量其计划中的政治经济学著作未能出版。《资本论》中除了列出提纲外，对于财政学方面的问题未及深入阐发。现有研究多侧重于政治经济学角度的解读，[①] 且较少结合法国大革命和马克思生活

* 本文系广东省哲学社会科学重点实验室（广州大学海上丝绸之路重点实验室）项目成果（项目号：GD22TWCXGC15）。

** 郭永钦，男，四川成都人，广州大学人文学院副教授，研究方向为经济史、历史地理；周沁楠，男，广东梅州人，广东外语外贸大学商学院2019级本科生，研究方向为经济史。

① 李连波、陈享光：《从金融资本到金融化资本——日常生活金融化的政治经济学分析》，《马克思主义与现实》2020年第6期。

时代的历史背景，对于同时期的国债、税收等经济史数据显然也利用不足。[①] 近年来，随着“新财政史”（New Fiscal History）研究的推进[②]、“欧洲国家财政数据库”ESFDB（European State Finance Database）等项目的公开，我们可以重新审视西欧前近代的国家财政问题，尤其是其中有关公债、赋税制度与近代国家起源的关系问题。

一　金融资本概念的提出与发展

马克思主义财政学的观点认为，金融资本在国家财政中的作用尤为重要，信用和银行制度又是现代金融制度的重要内容。金融资本这一概念并非由马克思首创，在他生活的时代，以公债、银行为首的金融资本早已出现，这在《资本论》中被称为可贷货币资本或虚拟资本。他曾指出：“信用制度和银行制度把社会上一切可用的、甚至可能的、尚未积极发挥作用的资本交给产业资本家和商业资本家支配，以致这个资本的贷放者和使用者，都不是这个资本的所有者或生产者。”[③] 尔后对于20世纪初新出现的股份制公司等变化，奥地利马克思主义政治经济学学者希法亭认为通过购买公债来控制国家已不是银行家的主要手段了，而是通过控制公司股本结构控制国家产业。而考茨基把希法亭《金融资本》的出版，看作《资本论》三卷本增补和修订的最终完成。事实上，列宁的帝国主义理论中的每个主题都是《金融资本》论述过的被视为资本主义发展“最高阶段”的金融资本的关键概念。[④] 进入20世纪70年代后，垄断资本学派卡莱茨基和斯坦德尔等人将金融化视为对抗经济停滞的重要力量。[⑤]

具体而言，各国银行家通过银行参与了对国家金融资本的再分配，一旦战争等其他不可预期因素出现，公债的利率大幅变化，他们又可以趁机

---

① 版面所限，兹不列举。

② 邦尼与奥姆罗德（W. M. Ormrod）将欧洲国家财政体系归纳为“贡赋国家”（tribute state）、“领地国家”（domain state）、“税收国家”（tax state）和“财政国家”（fiscal state）四种形态。详见 M. Ormrod, M. Bonney and R. Bonney, *Crises, Revolutions and Self-Sustained Growth: Essays in European Fiscal History, 1130 - 1830*, Oxford: Oxford University Press, 1999, pp. 170 - 197。

③ 《马克思恩格斯全集》第25卷，中共中央马克思恩格斯列宁斯大林著作编译局译，人民出版社，1974，第686页。

④ 〔加拿大〕M. C. 霍华德、J. E. 金：《马克思主义经济学史（1883—1929）》，顾海良等译，中央编译出版社，2014，第99页。

⑤ 张雪琴：《垄断资本学派论当代经济金融化》，《马克思主义与现实》2021年第1期。

通过佣金和折扣率获取利益。折扣率获益主要是通过接受贷款时折扣率与向公众募款时的折扣率之间的差额获利。高负债国家的信誉度低时，就被迫接受较低的发行价格，其中包含了债权人的风险补偿。当时的西班牙、意大利、城邦国、奥地利王朝，以及奥斯曼帝国等就主要通过较大的折扣率发行公债。①

法国金融行业的发展则经历了一番波折。在大革命爆发之前，除了面向对象比较窄的贴现银行外，没有形成现代银行体系。推翻了王朝统治后，通货膨胀严重破坏了货币和金融体系。雅各宾党人 1793 年颁布的诸多法令也给金融业造成了巨大打击，包括关闭证券交易所、清算贴现银行，以及解散股份公司带股垄断者等。随着拿破仑上台，金融行业才逐渐恢复，外国银行家和商人形成的私人银行团体参与了国际贸易融资和外国放贷。② 拿破仑于 1800 年 1 月 18 日授权私人银行以创立股份制公司的形式成立法兰西银行，可以发行银行券。除了行长必须由元首任免外，国家还可以从信贷中提取一定比例的资本金。可见不同于英格兰银行，法兰西银行成立伊始就有政府参与的影子。法国工业革命发生在 19 世纪 20—60 年代，而近现代法国的银行，均是在 19 世纪初才开始营业的。1848 爆发革命恐慌后，苏格兰人约翰·劳早期所建皇家银行也受波及倒闭。此后直到地方银行与法兰西银行合并，才形成法兰西银行的垄断，法兰西银行成为事实上的中央银行。“过了差不多一个世纪，借助于第一执政握有的大权，才建立起另一个享有同样特权的银行，即法兰西银行。”③ 这导致 19 世纪政治危机暂时结束后，银行家数量开始增加，从 1840 年 200 多个银行家到 1862 年的 300 多个。但股份制银行和企业银行直到第二帝国时期才开始繁荣。④

上述史实显示了金融资本的两个时代特点：一是银行资本的崛起，逐渐使金融资本的形式发生变化；二是金融介入国家财政，尤其是公债问题。以下就这两点分述之。

首先是银行资本崛起的问题。马克思的观点是：“用国家的名义装饰起来的大银行，从一产生起就只不过是私人投机家的公司，它们支持政府，依靠取得的特权能够把货币贷给政府。”⑤ 在第二帝国时期，工商业快

① 王志军：《欧美金融发展史》，南开大学出版社，2017，第 68 页。

② 王志军：《欧美金融发展史》，第 65 页。

③ 〔英〕马歇尔：《货币、信用与商业》，叶云龙译，商务印书馆，2017，第 320 页。

④ L. Neal, “Priceless Markets: The Political Economy of Credit in Paris, 1660 - 1870”, *The Journal of Economic History*, No. 1, 2002, pp. 206 - 226.

⑤ 《马克思恩格斯全集》第 23 卷，人民出版社，1972，第 823 页。

速发展的背后是以银行业为代表的金融业的推动。比如该时期法国全国性铁路网的建成，背后就有佩雷尔兄弟的动产信贷银行对第二帝国的铁路建设注入的资金。类似的还有银行资助下的巴黎扩建工程、城市电气公司等。这一时期相对于产业资本的金融资本的崛起，交易所的作用迅速增强，经纪人将全部生产都集中起来，此时法国已征服了非洲，殖民地被直接租给公司，金融操纵比生产性活动成为更加可靠的利润来源。[①] 第二帝国银行也逐渐减少工业投资和中长期货款，而将大量货币资本输往国外，只有极少投入国内生产，因此在促进法国的资本输出方面银行是先导者。[②]

其次是金融介入国家财政的问题。“国家财政赤字，正是他们投机的对象和他们致富的主要泉源……每一次新的公债都使金融贵族获得新的良好机会去盘剥经常被人为地保持在濒于破产状态的国家，因为国家不得不按最不利的条件向银行家借款。此外，每一次新的公债都使他们获得新的机会，通过交易所活动来掠夺一般投资于公债券的大众。”[③] 战时公债主要由银行认购，这可能导致不兑换的银行券的额外发行，从而使银行增加存款。在战争年代，英格兰银行的国家有价证券投资从 1320 万英镑增加到 7110 万英镑。[④] 债券在发行时期的价格总会低于票面价格，这一方面使银行家和交易所依靠票面价格涨跌从而获得额外收入，另一方面又便于国家对战争军费进行筹款。公债占财政收入的百分比直接体现了金融介入国家财政的程度。从表 1 可以看出，英国在各个时段上，都处于极低的政府赤字比例，而公债占比却并不高，相反却处于欧洲诸国的最低水平。对比英国和法国的数据，就可发现法国的财政赤字与公债并无特别优势。

表 1　政府赤字占 GDP 的百分比与公债所占财政收入的百分比

单位：%

时段	法国	意大利	葡萄牙	西班牙	英国
1851—1859	2.2		0.8	0.6	0.7
1860—1869	1.2	5	1.5	2.3	0.1

① 〔加拿大〕M. C. 霍华德、J. E. 金：《马克思主义经济学史（1883—1929）》，顾海良等译，第 13～16 页。

② R. Cameron, *A Concise Economic History of the World: From Paleolithic Time to the Present*, Oxford: Oxford University Press, 1989. 引自刘苏荣《论法兰西第二帝国银行体制的变革》，《曲靖师范学院学报》2003 年第 4 期，第 62～65 页。

③ 《马克思恩格斯全集》第 7 卷，人民出版社，1959，第 13 页。

④ 马金华：《外国财政史》，中国财政经济出版社，2011，第 48 页。

续表

时段	法国	意大利	葡萄牙	西班牙	英国
1870—1879	2.4	1.4	1.2	1.8	0
1880—1889	0（27.5）	1.1（38.8）	1.1（60.1）	0.5（34.4）	0.1（32）
1890—1899	0.1（27）	0.5（39）	0.7（46.6）	0.1（42.4）	0.1（22.7）
1900—1913	0（21.1）	0.8（29.7）	0.1（43.3）	0.2（38.7）	0.3（14.3）

注：括号中的数字为公债所占财政收入的百分比。

资源来源：Data supplied by Prof José Luís Cardoso and Prof Pedro Lains on Portuguese public finance in 'Paying for the Liberal State：The rise of Public Finance in Nineteenth Century Europe'（CUP，2010）。Government deficit as a percentage of GDP（UK，Spain，Italy，France，Portugal），1851 - 1913。1762 - 1766，1800 - 1802，1812，1817，1821：Tomas 1988 & Silveira 1987，cited in Valerio 2001，p. 663，1797 - 1799，1803：Costa（1992，p. 26）1804：Macedo et al.（1998，Ap. 1）1827 - 1828，1847：Reis 1996，p. 37，1834 - 1845：Mata & Valério（2001，pp. 140 - 141；RHES）1852 - 1914：Mata（1993，p. 175）Debt：1812，1817，1827：Silveira（1987，p. 529）and Mata（1993，p. 255）（1）F. D. Costa（1992，p. 19）。公债数据来自 Debt payments as a percentage of revenue，1880 - 1913（UK，France，Italy，Spain and Portugal）。表格为笔者整理。

二　公债、税收与特权的关系

马克思认为，公债与税收的对应关系无非货币资本与国家财政的一种主动媾和的产物。① 对于公债，他利用了剩余价值理论和社会再生产理论来分析：指明了它们是产业工人创造的剩余价值分配形态之一。具体而言，公债虽然可以实现社会生产再分配的功能，但“在所谓国民财富中，真正为现代人民所共有的唯一部分，就是他们的国债。因此，一个国家的人民负债越多就越富这一现代理论是完全合乎逻辑的”。② 可见马克思对公债的积极意义予以肯定。但对于公债被用以扩大税源时导致税收负担增大的问题，他却持批判的态度：“由于债务的不断增加而引起的增税，又使政府在遇到新的额外开支时，总是要借新债。”③

这种看似矛盾的关系正是当时历史背景的写照。在法国的旧制度时期，公债长期稳定地为债权人带来收益，税收又为国家持续带来丰沛的资金。这两种基本财政手段存在的矛盾关系难以突破就在于特权阶层的固化，主要有以下两点原因。

① 《马克思恩格斯全集》第 23 卷，第 824 ~ 825 页。

② 《马克思恩格斯全集》第 23 卷，第 823 页。

③ 《马克思恩格斯全集》第 23 卷，第 824 页。

其一是法国一直维持着绝对君主制的政治结构。比如三级会议虽在14世纪以前已经存在，从“封建税制”向“国家税制”的转变最终才促使三级会议向国王让渡征税权，后来“协议税”又为“强制税”所取代，前者须经三级会议同意才能征收，后者则建立在君主权威的基础上。[①] 这种君权影响财政制度的格局无法改变。历代的财政治理方针也印证了这点，不断征收新税、加重税赋，到改革国内的税收体制，都无法在旧的体制内部解决现有矛盾，只能另辟蹊径。国家财政伴随金融资本货币化是一种出路。马克思认为，当国债券或股票开始资本化时，“随着生息资本和信用制度的发展，一切资本好像都会增加一倍，有时甚至增加两倍……这种‘货币资本’的最大部分纯粹是虚拟的”。[②] 货币资本在短时间内可以被大量筹集，这无疑是纾解短期财政困难的最好办法，比如应付短期战争的大量开支等。譬如国王在征收全国性赋税时，需要召开三级会议。有学者曾将这层关系概括为共同利益、共同需要和共同同意三个方面。其中代表审核征税理由时，主要以共同利益为标准。战争与军费筹款，则作为共同需要的主要体现。[③]

其二是银行家逐渐向有资金需求的国王提供贷款或者直接介入政府官僚机构。通常而言，主权国家借款主要有发行公债（由公众认购）和通过私人银行等中介间接发行债券两种渠道。但前者只适用于信誉良好的国家，而信誉一旦受损则需要有私人银行斡旋担保。国家贷款业务因此一直成为私人银行的一项主业，其中一般由一家私人银行操作国家贷款的发行，以及通过折扣率接受总借款金额的包销、代销，将债券投放市场和民间。[④] 如杜尔哥的继承者内克尔就是来自瑞士的银行家，他被路易十六委以财政总监重任，负责财政税收制度的改革。

在19世纪之前，法国的银行业等发展缓慢，与战争影响相关的债务借贷事务不得不交由外国银行办理。如随着两次复辟战争和《第二次巴黎条约》的签订，路易十八政府通过军火商乌佛拉尔与各国银行家谈判贷款事宜。[⑤] 伦敦城银行中早期的私人银行，如霍尔银行和巴林兄弟银行将拿破仑战败后的7亿法郎赔款和15万大军的驻扎费作为政府贷款卖给其他银

① 熊芳芳：《从“领地国家”到“税收国家”：中世纪晚期法国君主征税权的确立》，《世界历史》2015年第4期。

② 《马克思恩格斯全集》第25卷，第533～534页。

③ 顾銮斋：《中西中古税制比较研究》，社会科学文献出版社，2016，第65～76页。

④ 王志军：《欧美金融发展史》，第67页。

⑤ 马金华：《外国财政史》，第76页。

行，使它们在欧洲金融中心募资。连法国首相黎塞留（Richelieu）都不得不称欧洲有六强：英格兰、法国、普鲁士、奥地利、俄国和巴林兄弟。[①] 由上可见，战争导致巨额财政开支，从而促使公债的发行，形成了一种逻辑链条。图1就很好地描述了这种关系。马克思也认为："由于国债是依靠国家收入来支付年利息等等开支，所以现代税收制度就成为国债制度的必要补充。"[②] 这种公债与税收之间的关系的不稳定性促进了传统金融资本的发展与革新，这是马克思在当时时代背景下论述未及深入的。

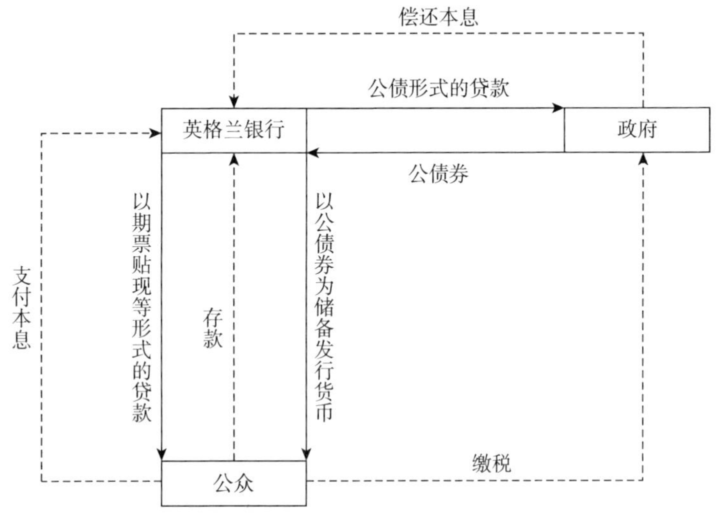

图1　公债与银行关系

资料来源：刘守刚：《财政思想与经典传承》，复旦大学出版社，2020，第158页。

与此相对，在18世纪的英国，债务负担促使近代税制诞生已成为学界共识。[③] 经历英法七年战争、北美独立战争和18世纪末的反法同盟战争，英国欠下了巨额英镑债务，滑铁卢战役后，其负债达到顶峰。财政支出总量占国民收入的8%～10%，形成财政－军事（fiscal-military）国家。在拿破仑战争时期，英国政府支出空前上涨，于1810年达到了顶点，占国民生

① 王志军：《欧美金融发展史》，第62页。

② 《马克思恩格斯全集》第23卷，第824页。

③ 这方面的研究成果甚为丰富，如 J. Brewer, *The Sinews of Power: War, Money and the English State, 1688－1783*, Cambridge: Harvard University Press, 1990; H. Wenkai, *In the Building of Fiscal State, Compare England (1642－1752), Japan (1868－1895), and China (1895－1911)*, Cambridge: Harvard University Press, 2013；等等。

产总值（GNP）的23%，1815年之后支出才回落到18世纪的水平（8%）。[①] 尽管财政－军事国家的出现主要是出于维持社会等级制度，以及保护英国霸权，但当时社会舆论普遍对所得税的产生持负面评价。[②] 1816年22000位城市商人银行家和贸易商请愿要求改革税收制度，利物浦勋爵在战争结束后面临的难题是如何在不使用所得税的情况下偿还国债。尽管对于税收的观点，学者们诸如马尔萨斯、李嘉图和穆勒有颇多争论，但对于国债有害论大多看法一致，他们认为国债相当于增加军事开支或是公务员的工资。[③] 直到1815年法国的威胁消失后，政府着手引入所得税解决债务问题，但这再次引起了民众的反对，因为所得税收入从生产者手中转移到了食利者手中。[④]

法国国债则受到的阻力较小，发展迅速。法国的外国国债在进入19世纪后才开始发展。19世纪50年代中期，约2亿英镑的英国国债在伦敦上市，到1860年不足4亿英镑，而1823年法国在巴黎交易所才开始进行普鲁士国债、奥地利国债等证券交易，但到了1861—1865年，巴黎的外国国债已发展至与英国相同的规模。弗格森就指出，法国在19世纪60年代末以前曾是与英国并列的资本输出国；19世纪60年代末以后，因普法战争法国才失去国际金融市场的地位。[⑤]

由于各国币值不同，部分国家和年代的收入数据缺失，故只能以国债－支出比例作为大致统计指标。从图2中可以看出，从1802年亚眠会议到1808—1814年的干预葡萄牙和西班牙的战争，法国征收赋税的能力骤升。但波拿巴政权收入却明显下降，由于战争与赔偿问题，产生较多财政赤字，因此对借贷日益依赖。[⑥] 在绝对君主制下，法国国王擅用权力，拖延债务还款、勾销债务、操纵利率等。虽然学者们对于影响法国旧制度末期税收体制的特权阶级、财政总监等褒贬不一，但是对于法国税收体制“低

① 〔英〕马丁·唐顿：《信任利维坦：英国的税收政治学1799—1914》，魏陆译，上海财经大学出版社，2018，第22页。

② 〔英〕马丁·唐顿：《信任利维坦：英国的税收政治学1799—1914》，魏陆译，第47页。

③ 〔英〕马丁·唐顿：《信任利维坦：英国的税收政治学1799—1914》，魏陆译，第49~51页。

④ 〔英〕马丁·唐顿：《信任利维坦：英国的税收政治学1799—1914》，魏陆译，第52页。

⑤ N. Ferguson，“The Cash Nexus：Money & Power in the Modern World 1700－2000”，*International Journal*，No. 3，2001，p. 278；〔日〕富田俊基：《国债的历史：凝结在利率中的过去与未来》，彭曦译，南京大学出版社，2011，第251页。

⑥ 〔西〕何塞·路易斯·卡多佐、佩德罗·莱恩编《为自由国家而纳税——19世纪欧洲公共财政的兴起》，徐静等译，上海财经大学出版社，2018，第73~75页。

效、专断和明显不合理……并被迫采取灾难性的借款措施”[①] 这几点却有共识。这种糟糕的财政状况使税收改革和新债发行都面临挑战。而随着法国启蒙运动的兴起、法院贵族在财政问题上施加的影响，税收体制改革引起了广泛的社会舆论关注。

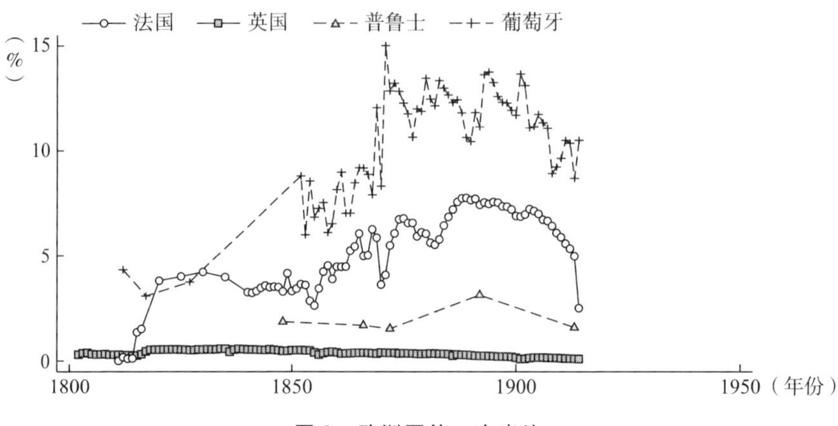

图 2 欧洲国债－支出比

资料来源：笔者整理。法国：Data supplied by Prof Richard Bonney on French public finance in ‘Paying for the Liberal State：The rise of Public Finance in Nineteenth Century Europe’（CUP，2010）。1800 – 1814，Expenditure，Revenues and Deficit under Napoleon，1801 – 1814（in millions of old francs），1815 – 1914，French Revenues，Expenditure and Public Debt，1815 – 1914（in millions of old francs）。英国：B. R. Mitchell and P. Deane，Abstract of British Historical Statistics Cambridge，1962，pp. 396 – 398；普鲁士：Table 4. 1：Public Expenditure Shares of Prussia and the Reich，1847 – 1913（shares in percentage）Source：Prussia：Schremmer（1989，pp. 458，462），Table 4. 5：Public Debt of Prussia and the Reich，1794 – 1913 Source：Prussia，debt：Schremmer（1989：454）。葡萄牙：Public Accounts of Portugal，1762 – 1914（in contos，1 conto = 1 million reis）. Sources：1762 – 1766，1800 – 1802，1812，1817，1821：Tomas 1988 & Silveira 1987，cited in Valerio 2001，p. 663；1797 – 1799，1803：Costa（1992，p. 26）1804：Macedo et al.（1998，Ap. 1）1827 – 1828，1847：Reis 1996，p. 37；1834 – 1845：Mata & Valério（2001，pp. 140 – 141；RHES）1852 – 1914：Mata（1993，p. 175）Debt：1812，1817，1827：Silveira（1987，p. 529）and Mata（1993，p. 255）（1）F. D. Costa（1992，p. 19）。

新财政史研究表明，稳定的利率和政府借款的低利率显示出 19 世纪的法国和旧制度时期的明显不同。18 世纪法国政府难以支付偿债成本，被迫任由部分债务违约，因此债务利息率由于违约风险的存在而相对较高。[②] 如

① 黄艳红：《法国旧制度末期的税收、特权和政治》，社会科学文献出版社，2016，第 9 页。

② 〔西〕何塞·路易斯·卡多佐、佩德罗·莱恩编《为自由国家而纳税——19 世纪欧洲公共财政的兴起》，徐静等译，第 76 页。

1759年10月法国政府宣布暂停支付年金本金和到期的付款通知单所列款项。[①] 1764年12月强制扣留部分债权人的利息收益并将其用来偿还国家债务，美其名曰“让国家的债权人为偿还国债做出贡献”。1770年，法国的政策朝令夕改使部分债权人遭受严重损失，并引发了一系列的破产，因为法国缺少像英国议会那样强有力的代表机构来担保王室债务。[②]

内克尔改革就是在此背景下进行的。除基于公共信用继续借贷以维持财政平衡外，还在1781年初首次披露国家财务数据，呼吁公众关注国家财政。当时法国的财政赤字据估计已超过一亿。[③] 而法国民众对国家的财务数据持续关注引起执政者的困扰和不满。于是政府官僚与特权阶层推举擅长理财的卡隆作为继任者，但他也重蹈覆辙。1783—1785年，巴黎高等法院多次向国王呈递谏诤书，并请求国王详查国家财务数据，巴黎议会也以战争虽结束财政却依然赤字谴责卡隆。高利率融资因此越来越困难，原来的税收和公债间的平衡关系被打破。这导致公债借款多但是利率浮动大，体现出国家财政在兑现信用问题上受各方掣肘。

财政作为公共产品与近代国家概念密不可分。对此，笔者认为考察法国的案例应该区别界定“传统金融资本”与“变革后的金融资本”。金融资本本质上是货币资本与国家在一定程度上的结合。在旧制度下法国传统金融资本就是由公债和国家财政耦合后的资本形态，掌控它的“资本家”并不完全等同于现代意义上的金融、商人类资本家，而是以特权为标志的食利者阶层，他们是与政府财政紧密结合的。因此，特权制度也具有类似的公共品化特性。这一制度在政策与政局动荡时放大了财政体系的紊乱状态，从而使公债持续贬值，导致了传统金融资本向近现代金融资本如银行业的变革。但这一时期法国已长时间无法实现大规模低利率的借贷，信用

---

① 这是政府的一种预支形式，通常做法是让各地的军役税（talle）总收税人提前6~8个月把税款交给国库，但是政府需要为此行为支付一定利息，通常是5%。实际上，这种做法等同于总收税人和总包税人利用国家税款放贷取息。若他们手中没有现钱，他们可以从他人处借钱后以高利息转借给国王，从中牟利。因此，如果政府暂停支付短期债券（1759年和1770年就发生过），必然产生一系列的连锁信用危机。这样的后果是国家税款成为私人牟利的资本以及政府寅吃卯粮的透支政策。参见M. Marion, Dictionnaire des institutions de la France, Burt Franklin, 2013, pp. 50, 486。引自A. Goodwin, *Reform and Revolution in France: October 1789 - February 1793*,《新编剑桥世界近代史第八卷：1763—1793》，中国社会科学出版社，1999，第751~752页。

② C. Gomel, les causes financières de la révolution française, Guillaumin, 1892, 引自黄艳红《法国旧制度末期的税收、特权和政治》，第261~262页。

③ R. Harris, “French Finances and the American War, 1777-1783”, *The Journal of Modern History*, Vol. 2, 1976, 引自黄艳红《法国旧制度末期的税收、特权和政治》，第264、266页。

也已经破产，只能通过中间机构或个人借贷并继续降低贷款利率来实现资金流通，最终形成恶性循环。

马克思虽敏锐地察觉到以上事实，并批评法国的国家财政受“传统金融资本”如金融贵族等特权阶层控制的现状，[①] 但他并未严格区分不同时段“金融资本”语意的变化，导致他在具体批判欧洲“金融资本”时所指对象出现差异。例如他也同时指责德国国王企图设立“国有银行”来进行“欺诈交易”；[②] 揭露了奥地利资本家依赖政府剥削“城市的自由中等阶级”的事实；[③] 以及谴责英国银行刻意降低现金准备金以“收割”英国工商业的行为。[④] 后几个案例更类似于本文所指“变革后的金融资本”，即现代意义上的以银行为代表的金融行业。

目前公开的欧洲财政史数据库可以使我们在前人基础上，更为全面地对比同时期欧洲各国国债利率随时间变动的情况。从笔者整理的图 3 可以看出，法国在 18—19 世纪都保持着相对较高的国债利率，而在旧制度末期

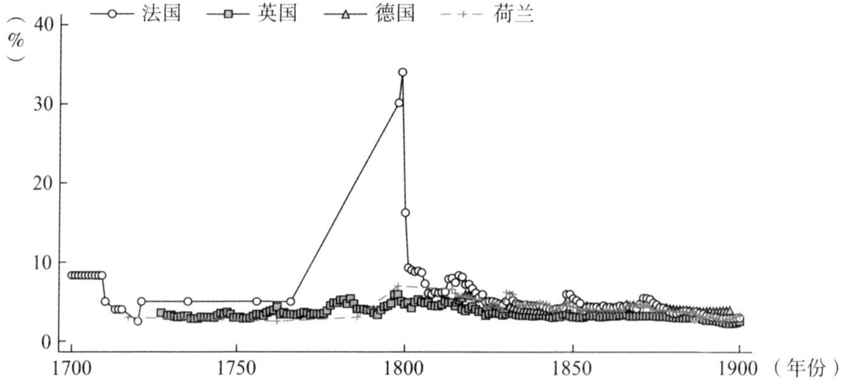

图 3　1700—1900 年法国、英国、德国、荷兰国债利率

资料来源：笔者整理。S. Homer and R. Sylla, *A History of Interest Rates*, NJ: Rutgers University Press, 2005. 法国：（rentes）1800 年以前为年金，第 170 页，表 15；1800 年以后分为 5% 年金和 3% 年金，1853 年之前为 5% 公债，1853 年后为 3% 公债。荷兰：第 175 页，表 16；1814 年后为 2.5% 国债利率，表 28，第 233～235 页。德国：1815 年以后，4s 国债分为普鲁士和德意志帝国。第 255 页，表 32，1878 年以后选择 4s 德意志帝国。英国：3% 国债利率，1800 年以后，表 19，第 192～194 页。1800 年以前，第 157～158 页，1753 年之前为年金（annuities），之后为 consols 国债。

① 《马克思恩格斯全集》第 7 卷，人民出版社，1959，第 12 页。

② 《马克思恩格斯全集》第 16 卷，人民出版社，1964，第 450～451 页。

③ 《马克思恩格斯全集》第 27 卷，人民出版社，1972，第 272～273 页。

④ 《马克思恩格斯全集》第 7 卷，第 492～540 页。

和大革命时期，利率波动幅度极大，这种情况直到拿破仑时代才逐渐好转。这对于欧洲的金融投资者来说，产生了连锁反应。比如荷兰投资者宁可折价卖出法国国债，转而投资收益率更低但更稳定的英国国债。可见政府的不稳定状态下的政策风险，促使投资国债的商人宁可牺牲一部分风险收益而追求稳定获利。

为了应对财政上的捉襟见肘局面，法国将卖官鬻爵当作一个常态化的财政收入来源之一，这其实是作为“传统金融资本”的特权阶层进行的自我调整。在当时，法国、西班牙等传统天主教国家普遍存在的卖官鬻爵行为，保护了精英的财产权利，并且“收买”（bought off）新兴资产阶级，但在英国和荷兰这种新教国家新兴资产阶级难以被驯化。[①] 早期英国的国家财政也是以高强度的税收征收和大量的公债借款维持的，长期低利率的公债就是政府信用的具体表现形式，也可认为是一种公共产品。卖官实际上提供一种将特权权利直接套现的渠道，这在不同国家呈现出的差异性是由各国政治体制决定的。卖官机制盛衰的动态变化体现了从传统金融资本（特权）到现代金融资本（金融行业）的转变。

法国的特权之所以不同于同时代欧洲大陆其他国家，是因为其特权并不是以继承为主要特征的，或者说承袭时间较短。法国大部分的贵族家族历史没有超过300年，而且并不连贯，王室与特权之间存在授受关系。例如，18世纪的法国尚无明显的新旧贵族之分，不少贵族及官员的出身是底层人民。随着战争爆发和社会动荡，王室为了临时纾解国家财政上的困局，维持稳定状态，又不断地面向越来越广泛的人群释放新的特权。富裕阶层多购买官职，而获取免税特权。民众对以“特权”为代表的公共品的需求又是有增无减的，这可以通过卖官鬻爵行为得到平衡。而这种现象尽管可以在短时间内维持国内财政稳定，但代价是国家层面的长期信用贬值，由此导致这一模式的最终失败，最终使传统金融资本破产而过渡到现代金融资本的形态。

这一变化带来了特权阶层新的变化。目前学界对此最为流行的解释是，特权阶层格外重视以免税权为代表的特权。所以，他们缴纳的税款往往相对于他们的资产来说比例较小，绝大部分税收负担仍落到底层人民身上。这部分特权阶层也因此能有更多的资产通过投资金融行业获取收益，后者收益已远远超过传统特权。这一变化缓慢地发生，并形成了本文所指

① 〔美〕托马斯·埃特曼：《利维坦的诞生——中世纪及现代早期欧洲的国家与政权建设》，郭台辉译，上海人民出版社，2016，第14～15页。

的“金融资本”具象的前后差异。

具体而言，类似年金、范围广阔的间接税和日益倚重的直接税成为财政的重要特征后，法国原有特权阶层在国际资金市场上买卖公债，使捐官制在后来逐渐被边缘化。[①] 1786 年巴黎股票经纪人职位出售，60 个经纪人中只有 33 个付得起这笔钱。高等法院官价从 1720 年的 50 千锂下降到 1780 年的 17 千锂左右；不过另一方面值得玩味的是，律师（从 20 千锂上涨到 90 千锂）、诉讼代理人（从 10 千锂上涨到 50 千锂）、巴黎拍卖商（从 15 千锂上涨到 60 千锂）的官价却发生了显著的上涨。[②] 这一现象引起了社会的动荡，直到 1789—1790 年，司法部门和“行政性”官职的出售制度才被彻底废止。以实业思想著称的圣西门本人就出身于巴黎的贵族家庭，他认为银行家是实业家生产活动的调度者，因此银行家就处在“实业制度”的核心位置。1789 年前后，圣西门就利用国家财产进行投机牟利。可见，随着旧的“金融资本”集团凋零，新的现代的金融资本迅速发展起来，贵族集团和特权阶层经历了身份的更替。

结　语

总而言之，18 世纪的法国，公债、银行与战争之间相互影响，金融资本在中间起到重大作用。公债推动了国有银行发展，而战争使公债的大量发行成为可能。受法国的绝对君主制与官僚体制影响，传统金融资本以特权阶层为代表，而后随着银行等现代金融组织的诞生与发展，金融资本也经历了形态上的嬗变。特权阶层参与金融投资本身获利更多，原有的卖官鬻爵制度也因此被逐渐边缘化。以上因素综合决定了法国金融资本走向近现代化的最终归宿。

---

① 〔英〕威廉·多伊尔：《捐官制度：十八世纪法国的卖官鬻爵》，高毅、高煜译，中国方正出版社，2016，第 87 页。

② 〔英〕威廉·多伊尔：《捐官制度：十八世纪法国的卖官鬻爵》，第 378、393、396 页。

The Reform of French Public Debt and Financial Capital from the Perspective of New Fiscal History

Guo Yongqin　Zhou Qinnan

Abstract: With new fiscal history research advancement, a theory about how to finance shaped modern countries is gradually developed. It helps us to rethink the fiscal theory in *Das Kapital* by Marx in the 19th – century. He considered finance capital as a central concept and argued that the French Revolution resulted in the emergence of the modern state with public debt, banks, and war. Most of the previous studies were based on the derivation of traditional Marxist political economy theory, ignoring the investigation of its economic history background. Moreover, insufficient utilization of databases such as national debt and taxation is one of the problems. Firstly, this paper sorts out the historical background materials such as the French Revolution, Napoleon's reforms and the development of the banking industry. Then we specify the form of financial capital which faced the alternation from the old to the new. Secondly, by comparing the financial situation of France with that of Western European countries through the fiscal history database, it shows the important role of public debt in the transformation of financial capital. Thirdly, this paper indicates that the change in financial capital affected the power structure of the original privileged class, and the system of selling officials gradually weakened.

Keywords: Financial Capital; *Das Kapital*; Public Debt; New Fiscal History

论近代四川蚕桑业技术新法

——基于四川蚕桑公社的考察

李　瑞*

摘　要：1902 年，张森楷创设了中国西部第一家集产、学、研于一体的蚕桑业教育机构——四川蚕桑公社。该公社运用新法来改良传统的蚕丝业，既促进了蚕桑业的进一步专业化，又丰富了民众的蚕桑业知识，进而还培养了蚕桑业技术人才，并在此基础上扩大了蚕桑的商品性流通频率，提高了川丝的世界关注度。总的来看，该公社在一定程度上代表了近代四川蚕桑业新法的开端，亦为近代四川从传统农耕社会向现代工业社会转化的一个试验样本，但是，因时局的限制以及张森楷自身的局限性，该公社昙花一现，在多重压力下很快殒殇。

关键词：张森楷；蚕桑新法；四川蚕桑公社

19 世纪中期以来，随着日本、意大利等国蚕丝业的快速发展，[①] 中国生丝在国际生丝市场上遇到了强劲对手，衰退之象尽显。如何振兴中国传统产业成为时代话题。受此影响，一大批接受了新式学堂教育的知识分子，以强烈的救世意识投身工商业，力图避免国家的倾覆及主权的丧失。四川的张森楷就是其中的一员。1902 年，四川人张森楷放下治史追求，在合州（今重庆市合川区）大河坝成立四川第一个“民款民办”[②] 的蚕桑公社，“以考验桑虫蚕病丝弊，讲求栽培、养育、杀蛹、制种、缫丝等法，

* 李瑞，女，贵州贵阳人，西南大学历史文化学院民族学院博士研究生，研究方向为中国近现代史。

① 19 世纪 70 年代中期，意大利的生丝产量增长 54%，日本则激增 335%。汪敬虞：《从中国生丝对外贸易的变迁看缫丝业中资本主义的产生和发展》，《中国经济史研究》2001 年第 2 期。

② 《文篇：试办四川蚕桑公社推广集股通启》，《农学报》第 170 期，1902 年，第 1 页。

为本省农家改良旧术，指授新学，以开风气而扩利源”。[①]

20 世纪 50 年代初期，何炳棣、张仲礼两位先生对晚清知识分子群体有所关注。[②] 60 年代末西方出现了对中国近代绅士或社会精英（elite）的研究，芮玛丽（Mary Clabaugh Wright）特别撰文分析中国近代出现的精英。[③] 国内马敏将该群体作为一个整体进行宏观研究，通过对其阶层的类型区分、社会属性、社会功能、政治参与的探讨，与西方的早期资产阶级作比较，陈述对于“市民社会”与“公众领域”的见解。[④]

20 世纪四五十年代起，国内不少学者开始梳理张森楷生平及四川蚕桑公社兴办的历史脉络。[⑤] 80 年代，历史学拓宽了研究领域，经济史、社会史、文化史多学科协同共进，张森楷作为影响一个区域的历史人物，得到了学者更多的关注，该阶段的研究主要聚焦在张森楷对史学的巨大贡献[⑥]和张森楷的实业生涯上。[⑦] 90 年代，学界对张森楷的研究更为具体，唐唯目专著《张森楷史学遗著辑略》[⑧]，通过梳理蚕桑公社的业绩，高度评价了张森楷对合川蚕桑业及四川蚕桑业发展的推动作用。21 世纪至今，尽管学界对张森楷的研究没有间断，但都集中在罗列叙述张森楷史学成就或蚕桑公社的兴办过程两部分内容，[⑨] 尚未涉及张森楷及其四川蚕桑公社在四川近代化进程中承担的角色。本文拟通过对四川蚕桑公社的考察，探讨四川蚕桑业的近代化转型，希望更充分地理解四川现代化进程，并在此基础上增进对其他地区乃至中国现代化进程的理解。

---

① 《文篇：四川蚕桑公社事宜通章》，《农学报》第 173 期，1902 年，第 1 页。

② 参见何炳棣《明清社会史论》，中华书局，2019。张仲礼《中国绅士研究》，上海人民出版社，2008。

③ 参见〔美〕芮玛丽《同治中兴：中国保守主义的最后抵抗（1862—1874）》，房德邻等译，中国社会科学出版社，2002；《中国的革命：第一阶段 1900—1913》，1965 年美国朴次茅斯举行的辛亥革命史国际学术讨论会会议论文。

④ 参见马敏《官商之间：社会剧变中的近代绅商》，华中师范大学出版社，2003。

⑤ 参见杨家骆《四川一大史学家——张石亲先生》，《新中华》第 11 期，1943 年；晦可《张森楷（清末川丝改良的倡导者）》，《世界农村月刊》第 5 期，1947 年；傅振伦《四川史学家张森楷》，《四川地方志通讯》1982 年第 3 期。

⑥ 参见罗继祖《张森楷〈十七史校记〉》，《社会科学战线》1980 年第 4 期，第 196 ~ 197 页；唐唯目、刘道平《卓越的历史学家张森楷》，《历史知识》1980 年第 3 期。

⑦ 参见叶昌林《四川蚕桑公社简史》，《重庆地方志资料》1986 年第 2 期；叶昌林《四川蚕桑公社始末》，《蚕学通讯》1987 年第 2 期。

⑧ 唐唯目：《张森楷史学遗著辑略》，西南师范大学出版社，1998，第 243 ~ 245 页。

⑨ 参见张静澄《张森楷和他的史学巨制》，《文史杂志》2008 年第 5 期；吴洪成《张森楷与四川蚕桑公社——一位历史学家的实业教育探求》，《职业技术教育》2008 年第 25 期，第 77 ~ 80 页。

一 张森楷与四川蚕桑公社的筹设

张森楷（1858—1928）[①]，原名家楷，字元翰，号式卿，晚号端叟。1871 年，离家求学的张森楷首次接触《史记菁华录》《日知录》，这开启了他接受新知的大门。6 年后张森楷以优异成绩博得张之洞的赞许，获奖《輶轩录》《书目问答》二书。后又被张之洞继任者谭宗浚赏识，张森楷以高才生身份被送到四川当时最高学府成都尊经书院学习。在尊经书院，张森楷结识了一群志同道合的老师同学，并成为“合州四俊”[②] 之一。1893 年，36 岁的张森楷考中举人。但其身处“御外侮弥内患”的“昏昏梦梦”时代，[③] 与之深交的学者李慈铭、管作霖等皆因时局痛心疾首甚至付出生命的代价，[④] 这激发了张森楷内心强烈的治学经世之志。中举之后，张森楷认识到“研读历史，以启民智，不如实业救国救民之实在”。[⑤] 但以何种实业去实现自己救国救民的理想，张森楷在此时还没有方向。在“开眼看世界”的影响下，许多新知识、新技术通过纸本读物得以传播，令深处内陆地区的有志之士得以了解世事变化。张森楷通过罗振玉主办的《农学报》，偶然了解到法国蚕病科学，具有现代科学特征的“新蚕学”引起了他的兴趣，他认为，“顾念当今生计世界，实业竞争，岂能袖手旁观……而近来所闻见，历史所习惯皆一重农，蚕业为农之一部分，较农学为简，事轻者易举”。[⑥]

在四川，蚕丝自古就是民间主要副业之一，为民生之大本。近代开埠通商后，生丝更成为国内通商大宗，仅在 1891 年重庆海关成立当年，经上海出口的川丝价值就达 70 余万海关两，[⑦] 但传统蚕桑业在多种新知识、新产品的围堵下却日见式微。1897 年，浙江海关税务司康发达以保护利源为

① 张森楷自 1902 年担任四川蚕桑公社社长起，前后 7 年均住社内，亲自督办社务。1909 年辞去社长职务，并于 1912 年任川汉铁路公司经理。1922 年修成《合川县志》并刊行，1928 年 6 月 23 日病逝于北京，终年 71 岁。

② “合州四俊”为张森楷、丁治棠、戴子和、彭耀卿。

③ 《本馆论说：读辛丑大事记感言》，《南洋七日报》第 25 期，1902 年，第 36 页。

④ 与张森楷深交的学者李慈铭因听闻甲午战败，咯血而卒；友人管作霖也痛心中华从此国将不国，气急攻心。

⑤ 管作霖任邻水知县期间，张森楷曾在其修造的玉屏精舍潜心治史。1894 年春闱时与管作霖一见如故，并时常议论时局。管作霖离任时，曾感叹其任内全县没有饿死之人，但常被总督衙门饬不恤荒政，游宴兴作，伤财劳民。张森楷因此劝慰管作霖实业之道才是提高民力、国力之本。

⑥ 张森楷编纂《民国新修合川县志》第 19 卷，《蚕桑中》，1921 年刻本，第 1 页。

⑦ 四川省地方志编纂委员会编纂《四川省志・丝绸志》，四川科学技术出版社，1998，第 8 页。

由，上书称中国蚕务急需设局讲求整顿。[①] 张森楷怀着“必将以担负义务，责我国民”[②] 的激情，放下治史追求，潜读农、工、商之学说。他对蚕桑业的关注成为四川蚕业新法的开端。

创建蚕桑公社的设想最初是由时任合州知县施焕提出的，原计划官股官办，拟建在嘉定（今乐山），聘请日本蚕学士渡边义武为教习。但政局起伏，施焕被临时调赴湖北上任。临行前施焕得知张森楷有意专研蚕桑，于是转交四川蚕桑公社集股简章，委托其代办此事。[③] 张森楷以“讲求蚕学以厚民生为善后计”[④] 的责任担当，于 1901 年 11 月 13 日与当时社会名人何荣楠[⑤]、吕翼文[⑥]、彭致君[⑦]在重庆议定《四川蚕桑公社章程》,[⑧] 公社由官款官办改为民款民办。[⑨] 同时，他们商讨以苏州、梧州、无锡等地的农学蚕桑公社为参考，仿照公司形式集资入股，计划 3 年所需股金 1.5 万两。[⑩] 在何荣楠、吕翼文、彭致君的支持下，筹备阶段的四川蚕桑公社就“招股银一千两”,[⑪] 张森楷好友曾纪钟又投股 800 两，何荣楠、吕翼文、彭致君及施焕都为股东，此外还有成都龚维翰、重庆增加陈鼎丰等 6 人、邻水文士彬、岳池杜相宜、岳池崇福寺僧伯园、西充王荃善、江北唐积深、合州新增秦鸿恩等 10 人，多为有积蓄的士绅。股东们推选张森楷为四川蚕桑公社社长。[⑫] 次年，为摆脱四川“桑质不佳，蚕种多病，缫法未善，

---

① 《蚕务条陈》,《农学报》第 2 期，1897 年，第 40 页。

② 晦可：《张森楷（清末川丝改良的倡导者）》,《世界农村月刊》第 5 期，1947 年，第 33 页。

③ 详见张森楷编纂《民国新修合川县志》第 19 卷，《蚕桑中》。

④ 张森楷编纂《民国新修合川县志》第 76 卷，《序跋下·戊午六十生日自序》，第 52 页。

⑤ 何荣楠，号笏九，四川忠州（今忠县）人，1880 年进士，任安徽望江知县，后任太湖知县。因痛恨官场腐败，不久后托词奉养老母还乡。1906 年创办忠州五属联立中学堂并自任监督。

⑥ 吕翼文，光绪二十三年（1897）举人。光绪三十一年（1905）朝廷开经济特科，户部尚书张百熙首荐翼文，翼文上书力辞。毕生致力于讲学著述，并创办《朴学报》，著有《说文释例》《说言语理董》《王氏礼笺疏》等，成为四川近现代史上的一位名儒，亦是清末民主革命人士邹容的老师。

⑦ 彭致君，四川巴县人，清末数学家，撰有《改正代数备旨补草》13 卷。

⑧ 张森楷编纂《民国新修合川县志》第 20 卷，《蚕桑下·发起人张森楷等筹款济公协恳立案并批　清光绪二十七年三月》，第 1 页。

⑨ 《文篇：试办四川蚕桑公社推广集股通启》,《农学报》第 170 期，1902 年，第 1 页。

⑩ 张森楷编纂《民国新修合川县志》第 20 卷，《蚕桑下·发起人张森楷等筹款济公协恳立案并批　清光绪二十七年三月》，第 1 页。

⑪ 见张森楷编纂《民国新修合川县志》第 19 卷，《蚕桑中》，第 2 页。

⑫ 详见张森楷编纂《民国新修合川县志》第 21 卷，《蚕业下·股东施焕等二十三人债主戴光等九人以官夺民业强没债款控争呈农工商部恳示饬遵案》，第 31 页。

丝价益低"[①] 的困境，张森楷散发《四川蚕桑公社推广集股说明》[②]，规定设领守25人，每领守负责集银10股，每股100两，给股票一张。[③] 1902年2月，四川第一个"民款民办"的蚕桑公社在合川大河坝正式成立，首次招收学生20人，开办实习授课，从蚕桑普及、改良桑种、注重检验三个方面推动了四川蚕丝业的进步。

普及蚕桑，宣传大利。张森楷"用俗语演说蚕桑之利益，随处刊刻张贴"。[④] 对民宣传，通俗性是首要问题。蚕桑自古是四川地区十分重要的农家副业来源之一，其大利民众并非不知。咸丰以前，中国实行农桑并重的国策，四川州县官府大力提倡栽桑养蚕，"蜀中墙下树桑，宅内养蚕，习以为常"。[⑤] 政府希望在四川进行蚕桑新法的推广，因此洋务运动以后，蚕桑专著的撰写和刊刻数量惊人。但四川的现实情况却不容乐观，以三台为例，老百姓"栽桑未及百分之一"，甚至出现"百里不见一株桑者，隙地任其荒芜"的景象。[⑥] 其中一个原因就是这些蚕桑图书多为对历代知名农书的采辑，晦涩难懂，"文辞博奥，非浅人所能尽知，或时地攸殊，非变通无以尽利"。[⑦] 然现代化涉及的新知识、新技术的传播并非传统教育识字所能传递的，需要"功能性识字率"的提升，[⑧] 而张森楷用俗语传播蚕桑之利，比如在讲解蚕室的通风时，以"如人的鼻子一样，能吃新鲜空气，养成他的生命，欲使新鲜空气源源不绝给他吃，无非由蚕室门户气窗，装置完全，可以开闭自在"，[⑨] 达到"使人一见能解，是诚兴利觉民之苦心也"的目的。[⑩]

---

① 《文篇：四川蚕桑公社事宜通章》，《农学报》第173期，1902年，第1页。

② 张森楷编纂《民国新修合川县志》第20卷，《蚕桑下·四川蚕桑公社推广集股说明》，第7页。蚕桑公社在集股初期目标是250股，银25000两，但是最后只收到15000余两，离开社要求资金差距很大，张森楷多次申报州署、川东道筹借公款未果。1902年张森楷公开募股，向全川散发《四川蚕桑公社推广集股说明》。民立实业中学堂成立后，知州陈夔琪从宾兴局抽款10000两作公股入社，另提书役门印厘头银1分为常款。

③ 张森楷编纂《民国新修合川县志》第21卷，《蚕桑下二·股东代表职员唐积深等以业废款县协恳督宪赏查饬复案并批》，第24页。

④ 《选报：四川蚕桑公社演说》，《北洋官报》第14期，1902年，第12页。

⑤ 贺长龄、魏源等编《皇朝经世文编》卷37《福州知府李拔 蚕桑说》，《户政十二·农政》，清道光刻本。

⑥ 陈开沚：《劝桑说》，成都昌福公司排印，年份不详，三台县档案馆馆藏，第3页。

⑦ 赵敬如：《蚕桑说》，上海辞书出版社，1896，第1页。

⑧ 〔美〕吉尔伯特·罗兹曼主编《中国的现代化》，国家社会科学基金"比较现代化"课题组译，江苏人民出版社，2003，第167页。

⑨ 《演说：四川蚕桑公社蚕业白话（续二十册）》，《四川官报》第21期，1905年，第1页。

⑩ 《选报：四川蚕桑公社演说》，《北洋官报》第14期，1902年，第12页。

广植桑树，改良桑种。合川自有土桑为草桑、药桑、油桑、鸡脚桑等，叶小而薄，条短而乱，张森楷先后多次从浙江海宁引进良桑30000余株，继后又陆续繁殖良桑幼苗，以每株6分银的价格减价出售。[①] 栽桑方面，张森楷根据蚕种需要布局桑园，没有选择“桑基鱼塘”模式，而是成片种植桑苗，不兼种其他农作物。育苗分压条、埋条、插条三种，以“破骨接”进行桑苗嫁接，[②] “从此佳种遍传蚕业”。[③] 在张森楷苦心经营下，四川蚕桑公社自有桑园5个，投产桑树70000余株，其中良种桑30000余株，桑叶自给自足，同时每年出售良桑嫁接苗60000余株。[④] 桑树不同于制种、缫丝在短时间内可以获得技术改良的成果，农作物的生长需要时间的积累，张森楷开辟的这些桑园也为四川后来的蚕桑发展奠定了良好的基础。

注重检验，拟定标准。四川本地蚕种都是农家自制自养，多产黄茧，捉蛾、交尾、割爱、产卵等步骤都是由家庭内部人员完成，无须专门技术指导，也不具有专业生产能力，纯粹为农产品加工副业。[⑤] 四川蚕桑公社开社后，张森楷多次从江浙等地引入新长、新园、诸桂等春蚕种以及玉稀、诸夏等夏蚕种，产出白茧。[⑥] 张森楷第一次赴杭州蚕学馆聘请优秀毕业生丁祖训、陈翰、朱敏三人赴合川指导时，从浙江购回的蚕种在途中开始孵化，丁祖训、陈翰、朱敏带领学生鲁心富、张守铭、唐二潜等人精心饲养，收获蚕茧3斗，尽管这仅占买种的1% ~2%，但也算是蚕桑公社的第一次收获。[⑦] 此后，张森楷利用显微镜等现代科学仪器对制种进行培育，注重运用硫黄烟熏、石灰水喷射等消毒办法。为规范制种检验，张森楷还上书农商部，拟定《取缔四川制种营业条说》，[⑧] 建议设置制种管理机关，规定制种家必须通过相应考核注册立案。在张森楷的努力下，“较诸向产之茧好三倍，多加二倍，重加一倍。远近来观，莫不欢羡”，[⑨] 四川蚕桑公

---

① 《四川：蚕桑公社成绩》，《广益丛报》第240期，1910年，第10页。
② 唐唯目：《张森楷史学遗著辑略》，第238 ~239页。
③ 《四川：蚕桑公社成绩》，《广益丛报》第240期，1910年，第10页。
④ 叶昌林：《四川蚕桑公社简史》，《重庆地方志资料》1986年第2期，第124页。
⑤ 蒋同庆：《蚕业统制论》，《中华农学会报》第120期，1934年，第80页。
⑥ 叶昌林：《四川蚕桑公社简史》，《重庆地方志资料》1986年第2期，第123页。
⑦ 张森楷编纂《民国新修合川县志》第19卷，《蚕桑中》，第3页。
⑧ 叶昌林：《四川蚕桑公社简史》，《重庆地方志资料》1986年第2期，第120页。
⑨ 《官学大臣咨川督允准蚕桑学社立案并饬查推广公文》，《农学报》第254期，1904年，第1 ~3页。

社建立以后“社誉大起，来学百数十，宿舍不能容”。[①] 1903 年，四川蚕桑公社附设复缫土丝工厂、女经纬丝厂，主要收购当地土丝并加工成“摇经丝”。[②] 1904 年，四川蚕桑公社缫制的细丝由数百磅激增至 5000 磅，“可谓蚕业之极盛也”。[③] 1906 年，四川蚕桑公社由于“社产均属优良”得到学部表扬，学部奖励张森楷的学生由四川学务官考验后颁发文凭。[④] 因其学员多地学习，经验颇丰，“纷纷然有志奋兴，后尘可布”。[⑤]

在张森楷的致力推动下，四川蚕桑公社开社以来得到快速发展，并引起了地方政府的重视。1904 年，四川通省劝工局以四川蚕桑公社所为“益于商民”，[⑥] 要求四川各属仿照立社，认销四川蚕桑公社子种，以开辟利源。四川各属州县积极响应。时任总督赵尔巽下令设立蚕桑传习所，由“省城原设之农业学堂”“全川所立蚕桑公社”的毕业生及“川中就学江浙及日本蚕业学校”毕业回川者担任教习，[⑦] 同时，在省城另设蚕桑师范讲习所，以培养师资，“以求蚕学统一之效”。[⑧] 在四川蚕桑公社的影响和政府实力推广下，1909—1910 年泸州、巴县、汉州、锦州、岳池、巴塘、黔江、荣县等地大力筹设蚕桑传习所，[⑨]“川省自督宪移节以来，即饬各州县设立蚕桑传习所，其认真倡办者已有数十处之多”。[⑩] 酉阳州属龙潭分州刘锋开办蚕桑学堂，[⑪] 涪州蚕桑传习所制丝“亦极匀净”，[⑫] 资阳县初次出产的茧丝“颇为匀洁”，[⑬] 荣县产出的生丝“居然能以五粒茧子缫四股头，

---

① 张森楷编纂《民国新修合川县志》第 76 卷，《序跋下·戊午六十生日自序》，第 52 页。

② 张森楷编纂《民国新修合川县志》第 19 卷，《蚕桑中》，第 7 页。

③ 张森楷编纂《民国新修合川县志》第 19 卷，《蚕桑中》，第 4 页。

④《要示照登：学部示：一件四川蚕桑公社长合州举人张森楷呈送社产物品原定章程恳请奏明立案由》，《中华报》第 489 期，1906 年，第 1 ~ 2 页。

⑤ 张森楷编纂《民国新修合川县志》第 23 卷，《商业》，第 12 页。

⑥《政事门：纪闻：中国部：四川：成都府蚕桑通饬》，《广益丛报》第 109 期，1906 年，第 11 ~ 12 页。

⑦《四川总督奏各属筹设蚕桑传习所推广蚕桑办理大概情形折》，《商务官报》第 22 期，1909 年，第 13 页。

⑧《四川总督奏各属筹设蚕桑传习所推广蚕桑办理大概情形折》，《商务官报》第 22 期，1909 年，第 14 页。

⑨ 详见 1909 年《四川官报》第 15 ~ 18 期，1910 年《广益丛报》第 222、225、234 期。

⑩《新闻：本省近事：饬办蚕桑》，《四川官报》第 3 期，1910 年，第 66 ~ 67 页。

⑪《四川：禁烟最早》，《广益丛报》第 226 期，1910 年，第 8 页。

⑫《四川：涪州蚕桑传习所成立》，《广益丛报》第 189 期，1908 年，第 8 页。

⑬《公牍：督宪批资阳县造赍蚕桑成绩各表并呈丝茧文》，《四川官报》第 15 期，1909 年，第 47 页。

制成洋装出口，细丝力争销路，深得实业办法嘉慰”。[①] 在四川蚕桑公社的带动下，清末四川各地掀起了植桑养蚕的热潮。

二　四川蚕桑公社与蚕桑生产的技术改良

传统蚕桑业集农业、手工业及商业于一身，其产品进入消费领域前需要经过植桑、养蚕、缫丝、纺织等重要步骤。18 世纪末 19 世纪初的中国依旧是“小农业和家内工业的统一”的国家。[②] 而与此同时，西方却因工业革命改变了传统的农业社会，机器生产成为主要生产方式，这极大地促进了社会生产力的发展。法国在 18 世纪创制了先进的“贾卡德”提花丝织机（Jacquard Loom），成为当时世界上丝绸生产技术最为先进的国家。[③] 意大利生丝“色”“质”优美，在国际市场颇受欢迎。[④] 1860 年以后，受惠于近代科技和机器工业而蓬勃发展的法国、意大利蚕丝业，遭受蚕病侵害，导致蚕茧减产，[⑤] 不少已经进入机器化大生产的欧美国家的蚕丝供应量严重不足，引起了极大的恐慌，相对稳定的中国蚕丝业遂成为资本主义列强掠夺的对象之一。英国曼彻斯特商会致首相迈尔本等备忘录记载：“没有（中国）生丝，我们这一门极其重要的迅速增长的制造业，便将大大地瘫痪了。”[⑥] 1895—1897 年，法国政府委托里昂商会派遣商务考察团赴华，其计划之一就是追求法国公共利益，以及出于法国殖民扩张的目的，考察中国大省四川省和云南省的经济与商业价值，其中特别提到了考察养蚕缫丝的能力。[⑦] 作为中国传统副业之一的蚕丝业，面对生丝需求的激增、国际市场的接入，尽管依旧保留着大量小手工业的特征，但逐渐开始出现脱离副业而成为主业的趋势。

---

① 《公牍：批（七月份）：荣县申送蚕桑传习所制成新丝一案》，《四川教育官报》第 8 期，1910 年，第 17 页。

② 彭泽益编《中国近代手工业史资料（1840—1949）》第 1 卷，生活·读书·新知三联书店，1957，第 471 页。

③ 王翔：《晚清丝绸业史》（上），上海人民出版社，2017，第 90 页。

④ 《意大利茧丝受伤　千载一时之机会　中国丝业家注意》，《协和报》第 35 期，1911 年，第 9 页。

⑤ 陈慈玉：《近代中国的机械缫丝工业》，台北：“中研院”近代史研究所专刊（58），1989，第 164 页。

⑥ 朱新予：《浙江丝绸史》，浙江人民出版社，1985，第 117 页。

⑦ 耿昇：《法国里昂商会中国考察团对四川养蚕业与丝绸业的考察》，《中华文化论坛》2014 年第 6 期 。

四川蚕桑公社的建立对改良川丝生产技术起到了切实促进作用。首先，四川蚕桑公社改良了缫丝设备，提高了产品价格。传统蚕桑首先需要农家种植桑树，然后购得蚕蚁进行饲养，待蚕茧成熟后，自行缫丝，通过锅煮沸水，“当蛹未成蛾时，煮茧于釜，抽取其丝，蛹留釜中而死”，[①] 煮茧是因为蚕吐之丝富有胶质，置于空气中即时坚硬，投入热水软化才能找到丝头。“茧滚沸时，以竹签拨动水面丝绪，自见提绪入手，引入竹针眼，先绕星丁头（以竹棍做成如香筒样），然后由送丝于勾挂，以登大关车。”[②] 缫丝的速度，取决于茧的坚硬和干燥的程度。坚硬且干燥的，每天可以缫15斤，软榻而潮湿的每天只能缫10斤。农家通过预计茧数，配备缫车。如果茧好天气凉快，一车可以缫一150斤；如果茧差天热，一车就只能缫80斤。[③] 优质的缫丝应该“使曲折之丝延直而继续不断”，[④] 要达到此目的，不仅依赖于茧种，而且与缫丝工具息息相关。传统大车缫丝器械粗笨，无法满足大规模提高生丝品质的需求。四川蚕桑公社建立初期，张森楷仿用日本人力坐缫丝车，该类缫丝车每台4～6绪，采用铁木结构机架与陶瓷缫丝锅，[⑤] 在添绪、索绪、整绪工序上较大车缫丝效率提升不少，所产生丝比脚踏缫丝机质量好、产量高，缫制的生丝在上海销售的价格每箱比一般川丝高100～200两。[⑥] 1907年，四川蚕桑公社学生鲁心富研制“人力连动缫丝车”成功；[⑦] 张森楷将该车制图后作缩印本呈递给张謇，张謇改良后上报商部，张森楷因此得到“三等商勋四品顶戴”奖励。[⑧]

其次，四川蚕桑公社对技术的改良加速了蚕桑业内部分工的发展。1875年前后，江南制造局翻译馆徐寿首先从技术上确立了养蚕业与缫丝业分离的基础，使蚕桑业内部分工有了进一步发展。基于不同工序的逐步独立，蚕桑业开始由整体行业不断分离出新的手工业部门。1880年，四川单以缫丝工序为行业的作坊已超过3000家。[⑨] 在四川蚕桑公社对生产工具的

① 王治焘：《蚕丝经济史（续第二年第八期）》，《农林公报》（北京）第2卷第3期，1913年，第21页。

② 彭泽益编《中国近代手工业史资料（1840—1949）》第1卷，第10页。

③ 朱祖荣：《蚕桑答问》，《农学报》第1期，1897年，第48～53页。

④ 王治焘：《蚕丝经济史（续）》，《农林公报》（北京）第2卷第16期，1913年，第93页。

⑤ 许才定、孔育国：《中日两国缫丝机发展简史与差距简析（上）》，《国外丝绸》2005年第5期，第24页。

⑥ 《四川：丝业改良》，《广益丛报》第153期，1907年，第12～13页。

⑦ 张森楷编纂《民国新修合川县志》第19卷，《蚕桑中》，第7页。

⑧ 张森楷编纂《民国新修合川县志》第19卷，《蚕桑中》，第7页。

⑨ 王翔：《晚清丝绸业史》（上），第13页。

改良中，缫丝逐渐独立成一个部门。1903 年，四川蚕桑公社附设复缫土丝工厂、女经纬丝厂。[①] 1908 年，张森楷联合重庆商人泰利号韩湘卿、王星奎、陈式勋等集银 2 万两，将公社的两个缫丝工厂合并，收购当地土丝加以复缫，取名为"复缫经纬厂"。[②] 经过四川劝业道立案，正式命名为"四川第一经纬丝厂"，生产"英雄牌"生丝。该工厂为 1300 多人提供了工作机会。[③] 经过复缫的土丝可媲美苏杭产品，川丝价格由每箱 200 两增至 700 两。[④] 技术的进步推动了蚕桑业内部的分工，从而促进了蚕桑经济的发展。从蚕桑业的全部生产过程看，完整的生产从植桑开始，包括制种、养蚕、缫丝等多道工序，其前一工序的成品不能供人直接消费，而是作为后一工序的原料，比如蚕茧作为生丝缫丝的原料，缫好的生丝又成为纺织的原料。蚕桑业各工序之间单线联系，整个生产过程是一个前后相继、相互依赖的连续体，这种模式为专业分工提供了前提，并且各工序对技术的要求高低不一，具备引发技术分工的可能性。缫丝工序的独立可以吸收更多的剩余劳动力，让传统小农经济下的蚕桑业逐渐有了近代劳动密集型产业的影子。通过对农村富余劳动力的吸纳，四川蚕桑公社实际上促进了农村就业，增加了农民收入。

三　四川蚕桑公社与蚕桑业技术人才培养

市场对蚕丝的需求致使大量富余劳动力开始进入蚕桑业，蚕桑生产在民众全部生产中的比重上升，"种棉种麻，均不及种桑之盛"。[⑤] 这令四川蚕丝业具有从家庭副业提升到一个家庭具有支配性的生产活动的可能性。但以家庭为单位的产丝劳动，其效率无法完全满足市场对蚕丝的需求。四川蚕桑公社为这些富余的劳动力提供了培训渠道，通过传授改良新法，提高劳动效率。四川蚕桑公社不限制求学者的身份，"凡有关于蚕桑事业，不论何人均可向本社试问"，[⑥] 这打开了民众受教育的通道，增强了不同阶层之间的社会流动，四川蚕桑公社与富余劳动之间的双向扩充，为实现以

---

① 张森楷编纂《民国新修合川县志》第 19 卷，《蚕桑中》，第 7 页。

② 张森楷编纂《民国新修合川县志》第 19 卷，《蚕桑中》，第 7 页。

③ 《四川：开办蚕桑学堂》，《广益丛报》第 201 期，1909 年，第 10 页。

④ 《四川：开办蚕桑学堂》，《广益丛报》第 201 期，1909 年，第 10 页。

⑤ 徐继镛修，李惺等纂《阆中县志》卷 3，转引自张学君、张莉红《四川近代工业史》，四川人民出版社，1990，第 6 页。

⑥ 《文篇：试办四川蚕桑公社推广集股通启》，《农学报》第 173 期，1902 年，第 1 页。

蚕桑业“挽回利权，全川获益”[①] 的目标打下了坚实基础，并且推动了四川蚕桑由家庭口耳相传的经验传递，转向借鉴和吸收国外先进技术的改良教育。过去以女性劳动力为主的缫丝行业扩展成男女共同涉足的行业。随着蚕桑业内部的分工、各工序生产规模的扩大，蚕桑领域一方面对劳动力提出了更多、更高的要求，另一方面这些劳动力也需要提升自我素质以适应行业结构的变化。

张森楷“对传统经籍版本的热衷与执着逐步让位于一种积极的社会参与意识和救世意识”,[②] 他结合自己在湖北农务学堂和日本考察期间学到的经验，按照学堂的体制，于 1901 年在四川蚕桑公社内附设四川民立实业中学堂,[③] 以提供蚕桑业各工序专业化及程序化的学理基础为目的，开设新法课程。[④]

为保证教学质量，切实增强学生竞争力，张森楷深知“蚕社之美首在教习”,[⑤] 他对总教习要求“兼通中东文法，能教授蚕桑、学理、实习、经济各科”,[⑥] 四川蚕桑公社初创期就曾为教习事宜辗转奔走。建社初期，张森楷本拟聘日本蚕学士渡边义武，但新任日本领事山崎桂嫌“教习翻译身价过轻，须得酌量加重”,[⑦] 张森楷未能如愿请到日本教习。在自费赴鄂皖苏浙考察时，张森楷同样未能聘得心仪之人而勉强请回另外三人执教。[⑧] 尽管这三位教习最后也因家庭或薪酬离开公社，但他们在社期间为四川蚕桑公社培养了一批优秀学生。在张森楷受到“诓诱之罪”控诉时,[⑨] 张森楷大胆起用这些优秀学生，把头班毕业的优等生提为教习,[⑩] 即时缓解了学堂师资匮乏的问题。

在教育环节，张森楷将培养目标分成“学理”和“实习”两大类，其中“学理”部分也包括了教学实习。其开课情况如表 1 所示。

---

① 《文篇：试办四川蚕桑公社推广集股通启》，《农学报》第 170 期，1902 年，第 1 页。

② 《陈旭麓文集·第 1 卷：近代史两种》，第 417 页。

③ 张森楷编纂《民国新修合川县志》第 19 卷，《蚕桑中》，第 4 页。

④ 张森楷编纂《民国新修合川县志》第 19 卷，《蚕桑中》，第 1 ~ 12 页。

⑤ 张森楷编纂《民国新修合川县志》第 19 卷，《蚕桑中》，第 5 页。

⑥ 《四川蚕桑公社利权专章》，《农学报》第 175 期，1902 年，第 1 页。

⑦ 张森楷编纂《民国新修合川县志》第 20 卷，《蚕桑下·四川蚕桑公社股友忠州进士何荣楠等公举执事专请游历恳详立案案并批　光绪二十七年四月》，第 1 页。

⑧ 详见张森楷编纂《民国新修合川县志》第 19 卷，《蚕桑中》，第 3 ~ 4 页。

⑨ 蚕社学生在张森楷聘请的浙江教习被挖走后，曾质问张森楷以教习之名诳诱诸生。详见张森楷编纂《民国新修合川县志》第 19 卷，《蚕桑中》，第 5 页。

⑩ 李桂杨：《张森楷评传》，重庆出版社，2019，第 75 页；张森楷编纂《民国新修合川县志》第 19 卷，《蚕桑中》，第 5 页。

表 1　四川蚕桑公社“学理”科目

学期	科目			
第一期（8 月—12 月）	理化大意	数学大旨	气象论	显微镜使用法
	显微镜实习	栽桑实习	东文初级	
第二期（次年 1 月—夏蚕结束）	土壤论	肥料论	害虫论	应用数学
	栽桑法	养蚕法	东文拼法	栽桑实习
	养蚕实习	制种实习	解剖实习	
第三期（次年 8 月—12 月）	栽桑法	养蚕法	解剖论	杀蛹法
	缫丝法	蚕体生理论	东文浅理	栽桑实习
	考种实习	杀蛹实习	缫丝实习	
第四期（第三年 1 月—夏蚕结束）	缫丝法	蚕体生理论	蚕体病理论	蚕体经济说
	养蚕实习	制种实习	检查茧丝实习	东文深理

资料来源：《文篇：四川蚕桑公社事宜通章》，《农学报》第 173 期，1902 年，第 3 页。

“学理”学习两年，分四期，以近代农工商业的科学技术为内容，诸如“显微镜使用法”“蚕体生理论”“蚕体病理论”等专业知识。可以看到四川蚕桑公社对于学员的理论学习注重由浅入深，注重由理论到实操的训练。为更好地接触和学习新式技术，必修东文，即日语。对理化、数学、气象及显微镜等近代知识的教学，完全改变了传统经验养蚕的知识体系和饲养模式。

“实习”为期一年，以饲养两期春夏蚕为学习周期，与“学理”在入学时间上略有不同，“实习”入学在每年的 1 月份。[①] 课程学习上将栽桑、养蚕、缫丝、制种分科学习并实践。

表 2　四川蚕桑公社“实习”科目

科目				
栽桑法	去害虫法	养蚕法	杀蛹法	缫丝法
制种法	用显微镜法	检查蚕丝法	蚕体生理	蚕体病理
制种	栽桑去害虫（人各 1 亩）		养蚕杀蛹（人各蚁 1 ~ 5 钱）	
缫丝、检查茧丝（兼研究土法改良）				

资料来源：《文篇：四川蚕桑公社事宜通章》，《农学报》第 173 期，1902 年，第 3 页。

从课程安排可以看出，四川蚕桑公社对学员在理论和实践两部分有明

① 《文篇：四川蚕桑公社事宜通章》，《农学报》第 173 期，1902 年，第 3 页。

确的侧重点，但彼此也兼顾相关技能的掌握，如“学理”科在学习科学知识和语言的同时，也需要进行养蚕、制种、解剖等实习，“实习”科在实践的同时，也进行各种新法的学习。

“学理”科和“实习”科分开招生，“学理科招收学生十人，实习科收学生二十人”。[①] 公社对学生有明确要求，每月均有随堂考试，“全月分数评定甲乙，以别优劣”。[②] 同时，每学期考试一次，两年结业再组织一次大考。“学理”科学生两年学习完毕后需要达到60分才准予毕业，若不合格，则需要留社再学习一年，如果依旧无法达到60分，则“除名出社”。[③] “实习”科的学生要求每学期面试一次，第一年重点在于考核桑地和蚕种的病虫害，第二年要求每个学生种植一亩桑地，且连年茂盛，养一两蚕蚁，需制种三百纸。[④] 对于优秀学生，张森楷出资保送到日本留学进一步深造，前后共计输送了28人。[⑤]

在蚕丝实际生产中，植桑、养蚕、缫丝可以单独雇佣劳动者进行生产，各自生产单一成品（桑叶、蚕茧）或半成品（缫制生丝），这些成品和半成品作为蚕丝业链条中后一工序的原料，同其他部门进行交换，从而构成蚕丝的商品生产循环。分科教学一方面有利于学员对这一生产循环分步把握，另一方面加强了学员对蚕桑业的整体认识。

四川蚕桑公社每年也会选派学生游历全川丝业，进行“田野调查”。此外，张森楷还积极呼吁多开蚕社“改良桑种蚕种，丝业锦业利益均沾”，[⑥] 以期达到“一县平均有蚕社十数，有养蚕家千数，而虑民力不厚，不能集事者，未知有也”。[⑦] 蚕桑公社分教习朱敏将养蚕之法以通俗白话编成《蚕业白话》一书，将其作为本校教材，又面向社会发行，而后该书被上海《竞业旬报》刊行。[⑧] 蚕桑公社甚至还扩建校舍，先后在合州官渡和福寿两地兴办了养蚕基地。增聘蚕师、招丝匠、雇桑工，缫装细丝由数百磅至5000磅，春夏蚕种由数十张至4000余张，收入由白银数十两至2000余两，学生学费由白银数十两至2000余两。[⑨] 四川蚕桑公社所缫之丝“顶

① 《文篇：四川蚕桑公社事宜通章》，《农学报》第173期，1902年，第4页。

② 《文篇：四川蚕桑公社事宜通章》，《农学报》第173期，1902年，第5页。

③ 《文篇：四川蚕桑公社事宜通章》，《农学报》第173期，1902年，第5页。

④ 《文篇：四川蚕桑公社事宜通章》，《农学报》第173期，1902年，第5页。

⑤ 唐唯目：《张森楷史学遗著辑略》，第245页。

⑥ 张森楷编纂《民国新修合川县志》第76卷，《序跋下·通筹四川应办事宜书》，第55页。

⑦ 晦可：《张森楷（清末川丝改良的倡导者）》，《世界农村月刊》第5期，1947年，第21页。

⑧ 朱敏：《蚕业白话》，《竞业旬报》第3期，1906年，第17~24页。

⑨ 张森楷编纂《民国新修合川县志》第19卷，《蚕桑中》，第4页。

号可值八百五十两”,[①] 并能够足量供应市场。“合州张式卿所办蚕桑公社，外州来学者日多，大有扩张实业之思”。[②] 各地蚕桑传习所“均来本社（四川蚕桑公社）买桑购种，延定教习，以期实行布种，敷教收茧缫丝之策，遂得风气开通”。[③]

劳动力作为知识、技能和经验的载体，是社会经济发展中十分重要的主观能动性因素，产业结构的变化和优化都必须建立在劳动力的能动作用上。张森楷的新法教育课程培养了具有近代科学知识的专业化人才，这一方面有助于强化各单独生产单位的专业化和程序化，另一方面有助于提高蚕桑业的劳动力素质。张森楷开设的这些课程对传统教育进行了实质性改造，推动了科学技术在中国内陆山丘腹地的传播，也促进了四川传统农、工、商业的技术革新和现代转换。经四川蚕桑公社培训的毕业生提高了四川蚕桑业的产业技术水平及生产效率，这使从业者能以较低的相对成本获得更高的利润，川丝价格较过去每箱增加了 500 两。[④] 较高的利润率，不仅能吸引更多资本的流入，还能推动产业结构的升级。劳动素质得以提高的蚕桑学员不仅“扒接湖桑及天然丝绵衣袴被褥”,[⑤] 还分赴四川各地的蚕桑公社及讲习所担任教习,[⑥] 岳池县甚至成立了蚕桑女传习所，聘请四川蚕桑公社毕业的女学员任教习,[⑦] 这些从事蚕丝业的女性以一种独立的面貌进入现代化的历史进程。在这些毕业学员的带动下，四川各地兴起了“化莠为良”[⑧]“讲求新法”[⑨] 的热潮。南部县出现能将丝缫净的新式取丝

---

① 《四川：丝业改良》,《广益丛报》第 153 期，1907 年，第 12 ~ 13 页。

② 李桂杨：《张森楷评传》，第 85 页。

③ 《新闻：本省近事：推广蚕桑》,《四川官报》第 28 期，1908 年，第 51 页。

④ 《四川：开办蚕桑学堂》,《广益丛报》第 201 期，1909 年，第 10 页。

⑤ 《新闻：本省近事：推广蚕桑》,《四川官报》第 28 期，1908 年，第 51 页。

⑥ 蓬州、南部县、大竹县、锦州等地设置的蚕桑学堂或蚕桑传习所其教习均来自四川蚕桑公社。详情见《四川：开办蚕桑学堂》,《广益丛报》第 201 期，1909 年，第 10 页；《公牍：督宪批南部县设立简式蚕桑传习所请立案禀（并原禀）》,《四川官报》第 10 期，1909 年，第 35 ~ 37 页；《公牍：督宪批大竹县筹办蚕桑传习所覆单》,《四川官报》第 14 期，1909 年，第 43 ~ 44 页；《四川：锦州蚕桑传习所成立》,《广益丛报》第 234 期，1910 年，第 10 页。

⑦ 如岳池县就聘请了两位女教习，一位叫秦如兰，一位叫刘玉钦。详见《公牍：督宪批岳池县禀萧曹会书役设立蚕桑女传习所抄章请立案文（并原禀）》,《四川官报》第 7 期，1910 年，第 64 ~ 67 页。

⑧ 《公牍：督宪批岳池县禀萧曹会书役设立蚕桑女传习所抄章请立案文（并原禀）》,《四川官报》第 7 期，1910 年，第 67 页。

⑨ 《公牍：督宪批江北厅呈验蚕桑传习所丝茧文（并原详）》,《四川官报》第 18 期，1909 年，第 39 ~ 41 页。

机器，[①] 锦州“切实改良，故成绩极佳”。[②] 过去桑随粮的分散模式转向了对水质、燃料、交通、卫生、原料、佣工、民情、物价等的通盘考虑。[③] 四川蚕桑业劳动力素质的整体提高，为 1910 年四川推行《四川通省劝业道振兴丝业之计画》打下了良好基础，其改良丝车、统一缫丝法等要求有了落地的可能。

四　四川蚕桑公社与川丝的改良和销售

蚕桑自诞生那一天起，其“有用性”就与人民生活和社会经济息息相关。19 世纪末，四川巴县“一升茧可出丝 1.25 两，成本约 240 文，在丝季，一个妇女一天可赚 250 文，约合一个先令。对于一个农村家庭来说这是一笔很可观的收入”。[④] 当时，四川保宁、顺庆、潼川、成都、绵州等五府的 46 个州县中，产丝的共有 35 个，此外，还有雅州府、眉州、嘉定府及资州等重要蚕丝区。[⑤] 此时的列强将中国视为其扩大对外贸易不可多得的富饶之地，“我们国家（英国）每一个人的义务就是发展商业”。[⑥] 当英国毛纺织品逐渐失去美洲和欧洲市场时，中国西部有潜力的市场遂成为英国虎视眈眈的目标，“布莱德福德市商会已经准备好了一份关于四川和云南的详细的报告……中国西部几千万的主顾说成是最大的未开辟的市场”。[⑦] 甚至觊觎“中国最富足勤勉的一省（四川）几乎可以直接与欧洲交通”。1891 年，在列强妄图囊括中国西南地区庞大的侵略计划下，重庆设立海关，关税务司由英国人霍伯森担任，重庆正式开埠，川丝开始受到海外市场的直接刺激，表现出对高度的商品化的需求。1904 年新丝上市，每两售价 120 余文，[⑧] 簇桥市场中经细丝价每两 2 钱 8 分。[⑨] 但是，四川由

① 《实业：四川取丝新机器出现》，《并州官报》第 33 期，1908 年，第 16 页。

② 《四川：绵州丝业改良》，《广益丛报》第 231 期，1910 年，第 13 ~ 14 页。

③ 刘安钦：《四川龙君问制丝工厂设立之必要之点》，《中国蚕丝业会报》第 2 期，1909 年，第 176 ~ 181 页。

④ 彭泽益编《中国近代手工业史资料（1840—1949）》第 1 卷，第 91 ~ 92 页。

⑤ Letter by Baron von Richthofen on the Provinces of Chili, Shansi, Shensi, Sz'-Chwan, with notes on Mongolia, Kansu, Yünnan and Kwei-Chau (Shanghai, 1879), pp. 51 – 55.

⑥ 〔英〕伯尔考维茨：《中国通与英国外交部》，陈衍、江载华译，商务印书馆，1959，第 192 页。

⑦ 〔英〕伯尔考维茨：《中国通与英国外交部》，陈衍、江载华译，第 147 页。

⑧ 《新闻：省外近事：丝价情形》，《四川官报》第 13 期，1904 年，第 43 页。

⑨ 《新闻：省内近事：簇桥丝价》，《四川官报》第 16 期，1904 年，第 43 页。

于蚕桑技术落后，蚕体偏弱，多收获乱丝头，因此，经由上海、广东运往美国的生丝逐年减少，[①] 而多以粗丝运往缅甸。1893 年川丝出口 13507 担，但是废丝有 8268 担。[②] 由于当时欧美纺织工业技术得以改良，中国包括川丝在内的手工缫丝产出的废丝、乱丝头一方面被欧美商人视废为宝，[③] 另一方面也暴露了中国生丝的品质缺陷。

四川蚕桑公社开社期间为扩大四川植桑面积，将其新引进的 3 万余株湖桑以 6 分银减价出售，“从此佳种遍传，蚕业当益形发达也”，[④] 一改传统蚕种近亲交配的落后技术。张森楷两次由浙江引进白茧种蚕，按江浙、日本新法，严格技术要求，首次使用现代科学仪器显微镜检验病毒。他对制种、蚕检、保种，蚕室的消毒灭菌，普茧的催青收蚁，扩座除沙，眠期处理，上蔟管理，采茧等工艺总结出一套相对科学的方法，向四川全省推广良种蚕及其工艺，有效地改变了土法养蚕。通过改良缫丝工具，仿用日本人力坐缫丝车，并仿制研发出“人力连动缫丝车”，[⑤] 所缫生丝白净坚韧。过去蚕农抽丝大部分直接将蚕茧放入热水，蚕蛹尚待鲜活。而张森楷采用烘炕法，用高温将蛹杀死，温度控制在 82°C 上下，再烘 30 分钟制成干茧贮存。对煮茧的水质也进行了统一，因河水长期日化和沉淀，水质较软，需经过若干放置炭棒的溜池沉淀，方能煮茧。四川蚕桑公社所缫之丝每大箱装两小箱，每小箱装 14 括[⑥]，丝重 840 两，每大箱丝重 1680 两（以 16 两为 1 斤计），然后张贴商标、字号待售。

植桑面积的扩大及缫丝技术的提升促进了蚕丝商品经济的发展并扩大了蚕丝商品的流通范围。[⑦] 以复缫经纬厂为代表的大型缫丝手工工场开始面向农户及市场收购土丝，进行再次缫制以提高生丝品质。他们对优质土丝的需求，刺激了四川生丝交易市场的发展。过去蚕农家庭手工经营缫丝自行贩卖，或者商贩上门收买，没有出现单一以养蚕为业的“蚕户”，也没有出现单一缫丝的“丝户”，养蚕和缫丝仅仅牢固地结合在小农生产内部。缫丝手工工场出现后，四川农村出现了养蚕农户不自缫的情况。蚕农

---

① 《蚕务条陈（续）》，《农学报》第 3 期，1897 年，第 39 页。

② 王翔：《晚清丝绸业史》（上），第 212 页。

③ 王翔：《晚清丝绸业史》（上），第 171 页。

④ 《新闻：本省近事：蚕桑公社成绩》，《四川官报》第 15 期，1910 年，第 80 ~ 81 页。

⑤ 张森楷编纂《民国新修合川县志》第 19 卷，《蚕桑中》，第 7 页。

⑥ 括造：以丝的色泽、纫的大小、轻重长短、纤度粗细，分门别类放入造箱中，每括的内票及包装纸不用有色纸，防止污染生丝。

⑦ 《新闻：本省新闻：蜀丝畅销》，《四川官报》第 33 期，1906 年，第 50 页。

在家中等待中间商、缫丝厂上门收茧，或自行带到当地市场进行交易。在四川广大的蚕桑生产地区遍布大大小小的农村集镇市场，这些被称为“场”的基础市场成为蚕农和缫丝工厂交易的场所，[①] 他们之间由蚕茧经纪作为媒介，蚕茧经过干燥场后由茧商贩卖给丝厂。四川蚕桑公社所在地合川嘉陵江、涪江、渠江三江交汇，上连川北，下通巴渝，是四川重要的集散市场之一，各地商贩将产品运至合川，一部分就地消费，一部分通过合川运销重庆，通过重庆运至上海出口。19 世纪 80 年代之前，川丝出口为避免夔门关重税，几乎都由陆路运输。之后，川丝出口凭证改为过境证，四川蚕桑公社所产生丝由合川转运重庆、万县等口岸，一部分通过航运转运至上海，一部分经云南转销缅甸等地。

在张森楷的引领下，1912—1950 年，合川境内先后建立起多家丝织厂和 1 家蚕种场（见表 3），令合川成为四川乃至全国蚕丝业发展的重要地区。

表 3　1912—1950 年合川地区丝厂、蚕种场情况

成立时间	厂名	负责人	厂址	简介
1912 年	惠工丝厂	韩湘卿	大河坝	全厂有技工、学工、童工 1300 余人，年产丝 200 担，注册商标“白鹤牌”
1916 年	裕华丝厂	左精业	合川城郊（今合川二中）	先缫办“摇经丝”，后为直缫丝厂
1924 年	怀仁丝厂	易香墀	蚕桑公社旧址	全场工人 600 人左右，以“摇经丝”为主，注册商标“松鹤牌”
1928 年	聚合丝厂	邹俊峰	太和仁里下街	成品内销或转运云南丝帮
1926 年	广益丝厂	何崇入	太和鱼市街濂溪祠	全场工人 400 人左右，专做“摇经丝”，注册商标“太阳白鹤牌”
1930 年	利华丝厂	易华堂	太和鱼市街濂溪祠	为广益丝厂更名，注册商标“龙凤牌”
1938 年	涪滨蚕种场	吴一峰	太和胡家坝	头年制优良蚕种 1000 余张，解放后改为合川县蚕种场
1940 年	怀德丝厂	彭仲南	隆兴乡祝家祠	设木机 30 台，缫制直缫丝，纯内销
1941 年	太和丝厂	易殿臣	太和镇	承买利华、怀仁丝厂，木机 60 台，招工 400 余人，缫制“返扬丝”兼办“摇经丝”
1943 年	惠川丝厂	廖则明	太和廖家院	招工 200 余人，年产丝约百担，缫制“摇经丝”
1950 年	聚合丝厂	易殿臣	太和镇、南津镇	招工 130 余人，缫制“返扬丝”兼办“摇经丝”

资料来源：唐唯目：《张森楷史学遗著辑略》，第 246 ~ 249 页。

合川的丝商借此开始与重庆丝商合作，一同经营丝织、丝线、丝绵

① 每个“场”服务 40 ~ 100 平方公里，详见王翔《晚清丝绸业史》（上），第 67 页。

等，其中不少丝商因而成为合川有名的商号，如裕厚荣、大生同。他们以押汇或押借的方式进行交易，将丝运到重庆，再转运至上海出口。经营内地各省生丝出口业务的丝栈垫付7成款，以及认息金。[①] 这样川丝的流通不再局限于区域内的市场，而是延伸至省外及国际市场。[②] 在这个过程中，四川农村经济得到了活跃，蚕茧买卖"实为农村周转之一大要素"。[③] 蚕桑业不再是传统经济的一部分，而开始对接近代化生产方式，通过缫丝厂的产品流入国内国际市场，最终融入资本主义经济体系中。"蜀中丝货素为出口大宗，年来以丝业家进步，日增行销，尤形畅旺。闻据该帮商董调查，谓近两稔行销之数比例五年前殆加两倍云。"[④]

五　未竟的新法——四川蚕桑公社的殒殇

在张森楷的开拓下，四川其他地区也积极响应。1905年，三台秀才陈宛溪开办了全川第一个机器化的丝厂。[⑤] 1908年5月，清政府发布《劝业道职掌章程》，[⑥] 同年宪政编查馆覆奏劝业道官制细则。[⑦] 随后9月27日，四川设立劝业道，周善培任道台。周善培尤其看重植桑养蚕，在"境内各县遍设蚕桑传习所"，[⑧] 不遗余力地推广蚕桑。锦州士绅孙绳武等"拟在该处创办蚕桑公社，以为振兴蚕桑之计，现已集股万余金，租定南乡丰谷井庙会公地约五百亩，尽种桑株"；[⑨] 南川朱某俊"捐资八百钏在尹子寺内开设蚕桑公社"，[⑩] 颇具成效。[⑪] 1912年军政界及企业界人士纷纷投资生丝业，重庆、南充、三台、乐山、阆中、江津、万县等地先后兴建20多家铁

---

① 19世纪后半叶四川帮商人在上海开有丝栈，比较著名的有同泰康、定源祥、万生丰、葆太和、盈昌祥、聚旭等。

② 王翔：《晚清丝绸业史》（上），第345页。

③ 中国第二历史档案馆编《中华民国史档案资料汇编·第五辑第一编：财政经济（六）》，《高沛郇、卢作孚等关于四川蚕丝业改良初步经过报告（1934）》，江苏古籍出版社，1992，第251页。

④ 《新闻：本省新闻：蜀丝畅销》，《四川官报》第33期，1906年，第50页。

⑤ 1903年，陈宛溪仿照日本方法在三台万安场的凤凰山下兴工修建裨农丝厂，并于1905年完工。

⑥ 《劝业道职掌章程》，《商务官报》第13期，1908年，第30～32页。

⑦ 《宪政编查馆覆奏劝业道官制细则折》，《福建教育官报》第2卷，1908年，第159～169页。

⑧ 姜庆湘：《四川蚕丝业的复兴之路》，《四川经济季刊》第3卷第2期，1946年，第73页。

⑨ 《农林：四川拟设蚕桑公社》，《并州官报》第20期，1908年，第15页。

⑩ 《新闻：本省近事：实业乐捐》，《四川官报》第18期，1908年，第61～62页。

⑪ 《讯饬产丝各县劝导蚕户及时养蚕由》，《农商公报》第3卷第4期，1916年，第4页。

机丝厂。[①] 1915 年和 1919 年，陈宛溪经营的裨农、华新丝厂出品的双鹿牌生丝先后在“巴拿马国际公赛”和“莱比锡万国博览会”获金奖，从此川丝声名大振，外销大增，闻名于欧美，川丝发展实有复兴之势。但 1920 年川丝出口价下降到 351 关两，比 1918 年下降 40% 。[②] 处于向上发展中的四川蚕丝何以遭受如此打击？四川蚕桑公社结局如何？

四川蚕桑公社建立在现代化浪潮尚未触及的乡村——合川大河坝场之太和观，[③] 这一带是传统植桑养蚕区，农民世代以蚕桑为副业。“蜀为数省中菁华聚集之所”，[④] 为张森楷蚕桑实业提供了丰富的自然资源和人力资源。依托传统蚕桑区的优势，张森楷开拓了与长江三角洲、珠江三角洲不同历程的蚕桑现代化之路。他不像资本雄厚的广东商人陈启沅，也不似上海买办出身的黄佐卿，一开始就以强大的资本，“以一种前所未见的铁机方式改良蚕丝”。[⑤] 作为史学家出身的张森楷从蚕桑教育新法入手，其对蚕桑改良的传播更贴近民众，因此在四川蚕桑现代化的过程中并未因“技术的陡变造成了政府的反感和传统手工业者及商人的对峙”。[⑥] 张森楷以其“必将以担负义务，责我国民”[⑦] 的初心开启了近代四川蚕桑新法的进程，可惜却没能最终在时代变革中乘风破浪。究其原因，从大的时代背景看，晚清这样“一个苟且偷安的中央政府，没能肩负起对现代化发展特别重要的那种领导作用”。[⑧] 从张森楷自身看，其满腹经纶却无法适应政商角斗，未能将具有强大潜力的地方经济产业向近代资本主义转化。

张森楷成立四川蚕桑公社的同一时期，四川的历任督抚也积极配合晚清政府推行改革，可惜这种改革的初衷仅仅是来源于对内部封建中央集权瓦解的恐惧，而非内省展现的对促进经济变革的兴趣。政府不能给予民股民办的四川蚕桑公社合适的指导与维护，其公社屡次因为资金问题险至终止。尽管政府制订了“川北为产丝最盛之地，若得绅商多设丝厂，改良出口细丝，则大利之兴，翘足可观也”[⑨] 之类的宏大计划，但对于张森楷提

---

① 四川省地方志编纂委员会编纂《四川省志・对外经济贸易志》，第 102 页。

② 四川省地方志编纂委员会编纂《四川省志・对外经济贸易志》，第 102 页。

③ 《文篇：四川蚕桑公社事宜通章》，《农学报》第 173 期，1902 年，第 1 页。

④ 王彦成、王亮：《清季外交史料》，台北：文海出版社有限公司，1985，第 17 页。

⑤ 王翔：《晚清丝绸业史》（下），第 665 页。

⑥ 王翔：《晚清丝绸业史》（下），第 667 页。

⑦ 晦可：《张森楷（清末川丝改良的倡导者）》，《世界农村月刊》第 5 期，1947 年，第 33 页。

⑧ 〔美〕吉尔伯特・罗兹曼主编《中国的现代化》，国家社会科学基金“比较现代化”课题组译，第 59 页。

⑨ 《新闻：本省近事：试办丝厂》，《四川官报》第 1 期，1910 年，第 89 页。

出的外出考察，以“假名目，骗金钱”[①] 的消极态度阻止。当张森楷提出希望得到政府财政支持时，州署又以“交替在即”为由拖延搁置，张森楷申请的考察费也以“尚需考求”[②] 为由被驳回。

在四川蚕桑公社自身发展中，资金也存在较大问题。股银一直收不上来，“各股友相率观望”，“仅及原招六分之一”，[③] 张森楷只得“另设法”。[④] 清政府所许诺给张森楷振兴实业的重奖也迟迟未兑现，“今奖不给，薪不议，已非劝业之道”。[⑤]

四川蚕桑公社附属中学堂又受到官方办学的压制，被豪绅侵占。1906年，当四川蚕桑公社正值红火之际，合州知州桂良材、豪绅张骏骧联手，先由张骏骧成立蚕桑传习所，桂良才以知州身份，将四川蚕桑公社的官产划拨给蚕桑传习所。同时，以张森楷未按新规定完善学堂备案和学籍管理为由，省督学乘机将四川为民中学堂取缔。张森楷的四川为民中学堂尽管是在学务大臣张百熙批准下设立的，[⑥] 但仍需要“奏咨立案”[⑦] 才能合法办学，张森楷并未在四川完善办学手续。“癸卯学制”实行后，四川当地拒绝为四川蚕桑公社备案。尽管当时川督赵尔巽为四川蚕桑公社“饬州筹银一万两续入公股或作补助费”，[⑧] 但四川为民中学堂的办学资质始终无法落实。按道理学堂立案须经过提学使司，但是张森楷的学堂又附设在四川蚕桑公社之中，蚕桑公社由劝业道管理，但提学使司不管四川蚕桑公社，劝业道又无法为学校立案，这种“踢皮球”的管理导致四川为民中学堂的学生无法依照学制要求获得文凭。[⑨] 毕业生得不到官方承认，除了被聘为教习，他们进入高等学堂的通道被堵塞，从而导致“学生卒业未必能有出

---

① 张森楷编纂《民国新修合川县志》第19卷，《蚕桑中》，第2页。

② 张森楷编纂《民国新修合川县志》第20卷，《蚕桑下·合州知州杨鼎昌禀覆川东道并批（光绪）二十七年八月》，第4页。

③ 《公牍：合州楼牧委员史州同会禀蚕桑公社情形奉批注销拨银原案赍呈试卷请示文并批》，《四川官报》第12期，1906年，第9页。

④ 张森楷编纂《民国新修合川县志》第19卷，《蚕桑中》，第3页。

⑤ 张森楷编纂《民国新修合川县志》第19卷，《蚕桑中》，第11页。

⑥ 张森楷编纂《民国新修合川县志》第20卷，《蚕桑下·社长张森楷遵陈实需缴恳拨济案二十九年十一月》，第13页。

⑦ 张森楷编纂《民国新修合川县志》第20卷，《蚕桑下·督宪札饬催缴各件案》，第15页。

⑧ 张森楷编纂《民国新修合川县志》第19卷，《蚕桑中》，第7页。

⑨ 癸卯学制规定，中学堂必须从小学堂中招录，高等学堂必须从中学堂中招录。小学升入中学堂由学政考试给奖，高等小学毕业由地方官考试核办发放文凭；中学毕业由道府大员核办发放文凭。但当时四川还没有高等农业学堂，因此四川为民中学堂的学生无法参加官方组织的考试取得升入高等学堂的资格。

身”，且“财力单薄，究难扩充”。① 张森楷的四川为民中学堂被取缔后，张骏骧的蚕桑传习所升格为合州农业中学堂，桂良材任农业中学堂监督，从而合州的官办农业教育被张骏骧把持。②

在官员的包庇与豪绅诬陷下，四川蚕桑公社被进一步蚕食。1907 年，豪绅张骏骧串使武生刘梓桢等人以“侵吞公款，结交朝贵、鱼肉乡民”③之名诬告张森楷，尽管劝业道道台周善培发现“刘梓桢等呈供不实，应即销案”，④ 但对张骏骧并未深究提审，仅在语言上“薄惩以儆”，警告“若骏骧再敢掉名来辕朦控，本督部堂自有处置之法”，⑤ 同时叮嘱张森楷“惟不应与本地官绅，动辄抵牾，以致自生阻力”。⑥ 之后，“业道委试用县徐文杰”到合州主持四川蚕桑公社的移交和清算工作。⑦ 徐文杰受张骏骧“以花酒麻雀日相诱饵”，⑧ 捏造张森楷挪用公款，导致蚕社亏空。⑨ 尽管周善培再一次还张森楷清白，怒斥徐文杰“不办正事而耽好花酒，妄听谗言……实属混账已极”，⑩ 但面对手下官吏及豪绅对张森楷的再次陷害，依旧选择了包庇，“惩治官绅一条，经前说过免”。⑪ 同时，希望张森楷能继续办蚕桑公社，“今唯视汝能续办否耳”。⑫ 张森楷要求政府“尽法惩治，以慰企业之心而杀官吏之焰”，⑬ 并上表“持法断案，惩有罪，赏有功，以副朝廷设立劝业本意，他无所求”。⑭ 但最终并未得到回应。可以看到，晚清官吏在面对社会矛盾冲突时，没有选择规范的法律途径，而是以“斡旋的调节伦理程序形式”⑮ 出现，体现了晚清政治的退步和失败。

近代知识分子尽管拥有挽救国家于危难之中的激情与实践，但面对的

---

① 《官学大臣咨川督允准蚕桑学社立案并饬查推广公文》，《农学报》第 254 期，1904 年，第 1～3 页。
② 张森楷编纂《民国新修合川县志》第 19 卷，《蚕桑中》，第 7 页。
③ 张森楷编纂《民国新修合川县志》第 19 卷，《蚕桑中》，第 8 页。
④ 张森楷编纂《民国新修合川县志》第 19 卷，《蚕桑中》，第 8 页。
⑤ 张森楷编纂《民国新修合川县志》第 19 卷，《蚕桑中》，第 9 页。
⑥ 李桂杨：《张森楷评传》，第 89 页。
⑦ 张森楷编纂《民国新修合川县志》第 19 卷，《蚕桑中》，第 9 页。
⑧ 张森楷编纂《民国新修合川县志》第 19 卷，《蚕桑中》，第 9 页。
⑨ 张森楷编纂《民国新修合川县志》第 19 卷，《蚕桑中》，第 9 页。
⑩ 张森楷编纂《民国新修合川县志》第 19 卷，《蚕桑中》，第 10 页。
⑪ 张森楷编纂《民国新修合川县志》第 19 卷，《蚕桑中》，第 12 页。
⑫ 张森楷编纂《民国新修合川县志》第 19 卷，《蚕桑中》，第 12 页。
⑬ 张森楷编纂《民国新修合川县志》第 19 卷，《蚕桑中》，第 11 页。
⑭ 张森楷编纂《民国新修合川县志》第 19 卷，《蚕桑中》，第 12 页。
⑮ 〔美〕吉尔伯特·罗兹曼主编《中国的现代化》，国家社会科学基金“比较现代化”课题组译，第 86 页。

却是无意充分利用这些地方性的具有强大潜力的商业力量去发展经济的政府。他们本应该成为传统社会力量向近代资产阶级转化的中介桥梁，却陷于难产。尽管他们中的一部分人取得了些许成功，但都与官场有着夹杂不清的“血缘关系”，张謇就曾自嘲“介官商之间，兼官商之任”。[①] 作为“状元实业家”的张謇尚且“生已愁到死，既死愁不休”，[②] 更不用说像张森楷这样比较纯粹的实业家，他们无法满足官商之间相互利用、权钱交换的政治需求，这也造成了中国近代化进程中国家和社会力量迟迟无法完成分离。

1916 年，四川蚕桑公社被并入合川县蚕务局，社产由蚕务局接管，其债务于 1919 年 10 月得以清偿结案，曾令川丝重新站稳国内市场，并名扬国际的四川蚕桑公社至此走到了尽头。进入 20 世纪 30 年代，蚕务局也因“无款维持，只执行一部分之职务”。[③] 这位“关怀大局，筹措及此，其识甚卓”的四川蚕桑新法开局之人，这一“物品精良、周密苦心、实效尤堪嘉许”[④] 的四川蚕桑公社终而陨落。

结　语

四川蚕桑公社成立于世界经济急速发展和社会适应性大变化之时，小农经济被铁机生产冲击令张森楷产生了强烈的实业救国的内动力。他通过报纸杂志及实地调研取得了翔实资料，在集股困难、官吏觊觎下排除万难创设了中国西部第一家集教育、科研、生产于一体的蚕桑业教育机构——四川蚕桑公社。为顺应市场对蚕桑制品的需求，四川蚕桑公社开设的新法课程，为蚕桑业各工序的专业化和程序化提供学理基础，优化了蚕桑产业结构。其课程以近代农、工、商业的科学技术为内容，选送优秀学生赴日留学，培养了一批具有现代视野的蚕桑专业人才。[⑤] 张森楷以“担负义务，

① 《为纱厂致南洋刘督部函》，《张謇全集》第 3 卷，第 16 页，转引自朱荫贵《近代中国的资本市场：生成与演变》，复旦大学出版社，2021，第 342 页。

② 马敏：《中国和日本的近代“士商”——张謇与涩泽荣一之比较观》，《近代史研究》1996 年第 1 期。

③ 刘安钦：《振兴四川蚕丝业意见书》，《四川省建设公报》第 1 卷第 5 期，1932 年，第 32 页。

④ 《四川：成都府蚕桑通饬》，《广益丛报》第 109 期，1906 年，第 11 页。

⑤ 四川蚕桑公社附设为民中学堂从 1901 年底开学至 1910 年止，共毕业学生 6 个班，培养 110 多人，这些学员毕业后分布四川 37 个州县，100 余所蚕桑传习所、公私蚕社以及丝厂担任教习、技师和技手。先后出资保送日本深造的学生 28 人。详见唐唯目《张森楷史学遗著辑略》，第 245 页。

责我国民”[①] 的实践努力为四川蚕桑开创良好的商业氛围，四川蚕桑商品流通范围得以扩大，川丝打破了传统内部市场的循环进入世界资本主义经济体系，“奠定了四川近代缫丝工业的稳固基础”。[②] 但当时的四川政府官员更迭频繁，晚清政府只想挽救行将倾覆的政权，因此尽管四川蚕桑业能在晚清重商政策的际遇下发展起来，但未能真正有机会实现近代化的变革。四川政府官员的频繁调动及制度僵化令四川蚕桑公社兴盛一时却难以维系。

张森楷被认为是传统教育下诞生的接受新知识、新理念的企业家。[③] 但就是这样的先进分子，也因自身一直浸润在统一集权管理下形成的习以为常的思想观念，没有冲破藩篱的觉悟。张森楷辞去蚕桑公社社长一职后，蚕桑公社在张骏骧的管理下“日益腐败，管教无术，病毒流传”，[④] 养蚕之家不分规模大小“无保险不死者”。[⑤] 面对自己一手建立起来的蚕桑公社声名扫地，张森楷只是“茫茫前路，思之惘然”[⑥] 却别无他法，四川蚕桑公社最终退出了历史舞台。

早在重庆开埠不久的1893年，为了适应出口市场，四川商务总办就曾向川东一带发放优质桑树秧苗以提高当地蚕丝产量和质量。[⑦] 但政府并未将改革的重点落实到对生产结构的调整上，他们对生丝的扶持仅止步于其换回的经济利益，四川地方政府更没有意识到四川变成资本主义原料基地的巨大风险。他们对于当时的政治环境“有着自己对世界秩序规范的期望”，[⑧] 对待新兴的商人阶层官吏可以使其“无辜受诬”“以重囚相待之”。[⑨] 尽管政府出台了“发达丝业”“畅销外洋”[⑩] 的计划，但是没有意识到其核心应当发达工商业，培养工商业者的实力，推动近代商业的转化。对于积累起来的新知识、新技艺，当地政府没有选择有效地利用。在封建集权下成长起来的先进分子，尽管心怀强烈实业救国的精神，但缺乏突破藩篱、自我革新的逆变。在严重的时代冲击下，“官”与“商”之间

① 晦可：《张森楷（清末川丝改良的倡导者）》，《世界农村月刊》第5期，1947年，第33页。
② 陈慈玉：《近代中国机械缫丝工业（1860—1945）》，第208页。
③ 陈慈玉：《近代中国机械缫丝工业（1860—1945）》，第208页。
④ 张森楷编纂《民国新修合川县志》第76卷，《序跋下·戊午六十生日自序》，第52页。
⑤ 张森楷编纂《民国新修合川县志》第76卷，《序跋下·戊午六十生日自序》，第52页。
⑥ 张森楷编纂《民国新修合川县志》第76卷，《序跋下·戊午六十生日自序》，第52页。
⑦ 张学君、张莉红：《四川近代工业史》，第52页。
⑧ 〔美〕吉尔伯特·罗兹曼主编《中国的现代化》，国家社会科学基金“比较现代化”课题组译，第26页。
⑨ 张森楷编纂《民国新修合川县志》第19卷，《蚕桑中》，第11页。
⑩ 《四川通省劝业道振兴丝业之计画（未完）》，《蚕丛》第1卷第1期，1910年，第94页。

难以形成强大的合力去顺应现代化的历史洪流。因此，四川的现代化在萌动中时暗时明，艰难起步后又步履蹒跚，在波浪式地的曲折进程中艰难探索四川现代化的发展方向。

A Study on the New Technique of Sericulture in Modern Sichuan

—Investigation based on Sichuan Sericulture Commune

Li Rui

Abstract: In 1902, Mr. Senkai Zhang founded the Sichuan Sericulture Commune, the first sericulture education institution in western China, which integrated producing, learning and research. The commune used new methods to improve the traditional silk industry, which not only promoted the further specialization of the sericulture industry, but also enriched the knowledge of the people's sericulture industry, and further trained the technical talents of the sericulture industry. On this basis, it expanded the commercial circulation frequency of sericulture and raised the world's attention to Sichuan silk. In general, the commune, to a certain extent, represents the beginning of a new method of sericulture in Sichuan in modern society, and is also a test sample of the transformation from the traditional farming society to the modern industrial society in modern Sichuan. However, due to the limitations of the situation at that time and Senkai Zhang's own limitations, being like a flash in the pan, the commune was quickly closed down under multiple pressures.

Keywords: Senkai Zhang; New Methods of Sericulture; Sichuan Sericulture Commune

政府、商会、商民在公债承募中的角力与博弈[*]

——以北洋时期直隶善后短期公债为例

董世林　马金华[**]

摘　要： 北洋时期因军兴所费不赀，财力渐趋不敷，政府纷纷举债以资财政，然受限于政府财力与债信等，承募者寥寥，政府乃强行摊派。商会组织是政府公债重点摊派的对象。政府摊派通常先是商请劝诱，继而软硬兼施强行推销。面对政府的摊销压力，商会或呈情减免，或申请延期努力与政府周旋，一旦政府态度强硬，商会只能应承任务，强行向商民分销。商民不堪重负，或逃或抗，公债发行效果不佳。直隶善后短期公债的强行摊派正反映了地方政府与商会商民之间的角力，通过对该个案的分析，呈现了三方之间围绕公债在承募态度和措施上的博弈关系，也描绘了政府、商会和商民三者博弈下中国官场、商场和市场的错综复杂面相。

关键词： 政府；商会；商民；直隶善后短期公债；博弈

北洋时期政府收支短差问题较为普遍，发行公债是政府迅速筹集资金的重要手段。公债发行的核心在于发行方式的选择，怎样推销公债以迅速集聚资金始终是困扰政府的关键问题。此时政府采取多种方法推销公债，商会则成为公债承销的主要对象。在承接公债推销任务后，商会开始组织商民积极认购。在这一过程中，政府、商会和商民保持着密切而又微妙的关系，三者之间产生了一种博弈的关系。本文以直隶善后短期公债的承募为个案，旨在分析政府、商会和商民围绕公债承募的角力与博弈，透视北

* 本文是国家社科基金重点项目“近代中国政府间事权与财权划分研究”（项目号：20AJY018）的阶段性成果。

** 董世林，男，1981年生，中央财经大学财政协同创新中心博士后，云南保山学院讲师，研究方向为财税史；马金华，女，1976年生，中央财经大学财政税务学院教授，博师生导师，中国财政史研究所副所长，研究方向为财税史。

洋时期复杂而矛盾的政商关系。

一　北洋时期政府、商会、商民公债募集中的立场

北洋政府时期，地方政府频繁向商会下达公债承销工作任务，政府、商会和商民三者之间存在一套既定的成规，这其中既有合作，也有争辩，还有对抗。

（一）软硬兼施：政府分派公债

政府向商会分配公债通常先以劝导为主，继而威逼利诱，再不成则勒令强销。1920 年直隶省为军事善后需要，募集发行直隶第四次公债，发行额度 300 万银元。省长曹锐言辞婉约地动员天津总商会："此次续办公债，不独为本年财政舒蹙所关，实为全局治安所系，时局至迫，需要其殷，协助进行，端资群力。查该会为本省众商领袖，维持大局素具热心，历届勃办募债，深资臂助，应仍委令协同劝募，以广招徕……合亟检发章程，令委该会即便遵照，妥为劝募，借期迅集巨款，俾应急需，本省长有厚望焉。"[①] 除此以外，政府还联合公债经办银行，共同劝导商会积极承销公债。直隶省银行曾致电天津总商会"贵会为商业总机关，为绅民所信服，如能登高一呼，自必同声响应"，请其"广为劝导，无论内行外行，以及汇庄、商号，均可筹募"。还认为天津总商会"热心公益，定能共襄盛举"。[②] 一旦劝募不能达到政府的要求，政府则会对商会软硬兼施，督促商会加紧承销公债。比如，1914 年奉天省向当地商会摊派公债，起初省财政厅对奉天商务总会语气恭维，委托商务总会联合各城分会同负劝募购买的职责，希望商会竭力劝募，克期协定认购，数目多多益善。但因百姓连年荒歉，商业陷入困境，募债一再推迟，没过多久，政府态度就立即强硬起来，严格规定：如有损失公债信用行为，一律惩罚；官民、商民如有违反损害公债信用者，处一年半以下有期徒刑，外带 200 元以下罚金。在软硬兼施不能奏效的情况下，政府则会直接向商会下达硬性的承销任务。更有甚者，多个县的民众聚集起来纷纷来到政府门前，提出因灾歉要求豁免公

① 天津市档案馆等编《天津商会档案汇编（1912—1928）》，天津人民出版社，1992，第 1345 ~ 1346 页。

② 天津市档案馆等编《天津商会档案汇编（1903—1911）》，天津人民出版社，1989，第 699 页。

债。政府不但没有应允，反而“督警弹压，事竣后查出主名即刻究办”，“如再聚众概以乱民以军事论，可震慑愚民”。[①] 1925 年募集直隶第五次公债，省长杨以德致函天津总商会，直接强硬地摊派债额：“本省长酌定，在银行公会及不在会各行摊认七十万元，钱业公会共同摊认三十万元，棉纱绸缎等各行共同摊认二十万元。”[②] 而且特意强调，“事关军政要需，统限于阳历本月十五日一律凑齐，缴由省银行代收。除函银钱两行公会外，务祈贵会克日召集棉纱绸缎等行，剀切劝募，如限缴款，倘有不顾大局，故意延诿，即请贵会示知，本省长另有相当办法计”。[③] 这显然是一种咄咄逼人的强压态势。

（二）或迎或拒：商会承销公债

商会在承接政府公债发售业务时，往往根据实际情况，采取相应的措施。一般情况下，公债用途正当、发行规范，商会分销公债会比较顺利。1925 年，浙江财政吃紧，拟发行善后公债 200 万元，且以食盐收入和屠宰税作保。财政厅函请宁波总商会赞助认购，分配承销公债 15 万元。因该债券用途明确、担保可靠，宁波总商会在召集各业董简单开会讨论后，由各业自行分别认定成数，[④] 顺利完成了政府下达的公债销售任务。如果政府一再加码债券发售任务，商会则会予以反抗。1923 年，直隶省筹发兴利公债 100 万元，省政府指派各区警察机关直接向当地商会摊派任务。天津总商会会长卞荫昌直接致函直隶省省长要求收回摊派公债成命，称：“窃据商民纷纷来会声称，现在各区警察派借款项，以兴利直隶公债为名。值兹金融紧迫，商业凋敝，自顾不暇，焉能借贷？请予援助以恤商艰各等情前来。查津埠商业年来因政治之影响，感人事之日非，遂多进行蹉跎，贻误时机，不求盈余，免无折阅。矧因耗费增加，生意毫无，已成外强中干之势，税款担负力已能（难）支，今复加之以公债，惕惧中怀，宜其无法为计也。”[⑤] 恳请省长核查实情，收回成命，以维护商业秩序。如果政府态度坚决，下达硬性债券指标，商会也只能委曲求全，转而强行向下摊派。1925 年，直隶省财政厅致函天津总商会要求其劝募认购天津短期市政公债 300 万元，直接“派令银行公会承募银一百二十五万元，钱商公会承募银

① 王挺：《浅议民国时期公债》，《兰台世界》2006 年第 4 期。
② 天津市档案馆等编《天津商会档案汇编（1912—1928）》，第 1352 页。
③ 天津市档案馆等编《天津商会档案汇编（1912—1928）》，第 1352 页。
④ 宁波市档案馆编《〈申报〉宁波史料集》（六），宁波出版社，2013，第 2576 页。
⑤ 天津市档案馆等编《天津商会档案汇编（1912—1928）》，第 1350 页。

五十万元，天津县公署承募银五十万元各等”。[①] 因商民认购不踊跃，钱款不能及时募足。财政厅饬令天津县行政公署：“荏苒累月，谆劝再三，总复意存观望，诚不知是何居心！为此严令该知事迅即协同商会会长，立将前次摊派债额上紧如数募集，倘仍不肯承购，现值军需孔急，惟有停止募债，另派饷需二百万元，由商会会长负责筹足，限期缴纳，以济要用。”[②] 迫于政府压力，天津总商会要求“尚未办理各行支配承购数目统限三日措齐，如数送会”，[③] 在这一过程中发现通盛元、大盛川、大同、大德成、大德通五商号认购数目太少，随即指定五家商户认购公债1万元，限于次日“下午六钟一律交齐，倘有推诿，致干未便”，[④] 要求限期必须急速办理。

（三）或抗或逃：商民承买公债

北洋时期承买政府公债实则成为商民的负担。迫于政府和商会的双重压力，商民或有接受，但更多的还是采取请求减免、迂回抗争或刻意逃避的态度。1925年直隶募集第五次公债300万元，省长杨以德单独命令天津绸缎纱行所认20万元，该商会“召集同业全体大会，当场剀切劝募。奈到会者虽有过半数，而承认本会所定者，实寥寥无几”，[⑤] 迫于政府压力，该商会只好转头向各商号摊派募集。驻津杭州绸帮卿记绸庄、裕兴华、物华、裕丰永、裕盛永、袁震和、裕大昌、怡章鸿、俞裕盛九个商号联合致函天津总商会，极力陈情“实无担任公债之力”。[⑥] 最终九商号集体决定，为顾大局起见，认购第五次公债1000元整，转请天津总商会“力为疏通，实为公便”。[⑦] 部分商民为逃避认购公债，纷纷将商号迁入租界，但商会仍向租界华商摊派公债，认为“贵号虽已迁移租借，然华界营业岂能尽行牺牲！且贵号铺东概属绅富，对此公益之举尤应首先提倡。惟有仍请贵号详加酌核，竭力维持，如以该数为巨，不妨来会磋商，倘若固执，将恐由该县署办理，于贵号终不利益也”。[⑧] 也有商民“公然拒绝，否认承买”，[⑨] 最终被扭送警察厅。

---

① 天津市档案馆等编《天津商会档案汇编（1912—1928）》，第1361页。

② 天津市档案馆等编《天津商会档案汇编（1912—1928）》，第1361页。

③ 天津市档案馆等编《天津商会档案汇编（1912—1928）》，第1365页。

④ 天津市档案馆等编《天津商会档案汇编（1912—1928）》，第1365页。

⑤ 天津市档案馆等编《天津商会档案汇编（1912—1928）》，第1355～1356页。

⑥ 天津市档案馆等编《天津商会档案汇编（1912—1928）》，第1358页。

⑦ 天津市档案馆等编《天津商会档案汇编（1912—1928）》，第1358页。

⑧ 天津市档案馆等编《天津商会档案汇编（1912—1928）》，第1366～1367页。

⑨ 天津市档案馆等编《天津商会档案汇编（1912—1928）》，第1392页。

二　个案分析：直隶善后短期公债——政府、商会、商民的角力博弈

1926年褚玉璞督政期间，直隶发行善后短期公债总额400万元，年息8厘，采用抽签法三年还本付息，以直隶全省杂统税收入的一部分及契税收入的一部分为第一担保，直隶盐务协款为第二担保。为方便善后公债筹款，直隶省专门设立了直隶善后公债局负责公债的发行、劝募和管理。直隶善后短期公债分别由直隶善后公债局、天津警察厅、天津县公署、天津银行公会和天津总商会进行劝募，其中分配天津总商会100万元。

由于前有长期公债、第六次公债的连续摊派劝募，直隶商业凋敝，市场凋零，商民哀怨，商民意见很大，天津总商会承接善后短期公债任务后，政府、商会和商民围绕100万元公债的募集展开了三方迂回博弈，展示了北洋时期错综复杂的政商关系。

（一）商会要求政府延期认购，公债局认为商会有意拖延

1927年1月，直隶市场凋敝，金融异常紧迫，商会一方面对商民给予极大同情，另一方面又对政府派发善后短期公债的做法非常愤懑，陷于无奈之中。直隶商会曾多次向直隶警务处处长和直隶善后公债局陈述商民的惶恐和艰难，请求将长期和第六次公债办理结束后，来年开春再进行短期公债的募集。

> 案查民国十五年九月二十六日准直隶善后公债局来函，嘱派销善后短期公债一百万元。彼时文前总办正在筹设基金委员会之际，迭蒙召集银行公会、芦纲公所并敝会等开会协商，只以章程第五条盐务协款业已抵出，磋商转帐未能允办。嗣文前总办去职，即相传有缓办之说。迨后十二月初间，天津县公署派募长期并第六次公债，甫在进行，忽又接直隶善后公债局来函并派李委员家驯来会仍促办理。敝会当以长期及第六次甫经分配进行，若再遽加短期巨数，徒惹商民惊骇，转恐两无所成。当经面陈县长并李委员请将短期暂缓，俟长期及第六次办理绪束，缓至阴历转春，商业稍为活动，再为进行，未蒙谅解。[①]

① 天津市档案馆等编《天津商会档案汇编（1912—1928）》，第1378页。

> 此时本埠数十年之茶商、粮商等皆因亏累宣告停业，市面已被牵动，现若再派公债，则无力营业者有所借口，势必就此纷纷闭歇，届时市面骚动，影响治安，虽原因不由派募公债而起，然适逢其会，咎向斯归，终无以杜悠悠之口。况年关之时，金融艰窘，异乎寻常，即有力承购者亦感于金融困难，不欲多购，力虽费尽，成效毫无。倘若缓至阴历转春，则年关既过，无力者既已歇闭，无所借口，有力者适在金融活动，尚可踊跃承购。一则力大效无，一则事半功倍，惟恳暂缓须臾，仍至转年正月春节后再为进行办理等语。全场一致哀恳，几于泪下。[①]

可见，商会言辞诚恳，有理有据地要求政府缓期举办短期公债。但直隶善后公债局却认为商会有意拖延，严令要求限期认购。随后，直隶省省长褚玉璞发布发行直隶善后公债令，要求商会必须按期募集。

（二）公债局联合警察厅绕开商会自行派销公债，商会被迫出面维持秩序

善后短期公债推售不力，直隶善后公债局误以为天津总商会在有意拖延，随即指派警察厅到各区调查各商号资本情况，按照资本十分抽一分的原则，自行由直隶善后公债局向各商号派销。公债局遍发通知，限期交款，这引起各商号极大的反感和反抗。警察厅在调查资本的过程中，行事粗暴，普遍存在“营业愈空虚者，惧人疑其不稳，所答资本数目愈多；营业愈殷实者，惧人捐及公益，所答资本数目愈寡”，[②] 导致贫困商户派募债额多、殷实商号反而派募债额少的不公平现象。商会担心商号之间会酿成内乱，危及治安，不得不出面维持市面。一方面，商会仍然恳请直隶善后公债局把善后短期公债的办理权交还商会，以免商民怨愤，发生祸端。另一方面，商会按照各行业的情况重新分配了债额，计各行商 50 万元，房产公司 20 万元，三特别区 30 万元。

（三）商会拟定公债分派办法，商号纷纷申请减免

商会迫于政府压力，转而向各业各界施加认购压力。1927 年 3 月，天

---

① 天津市档案馆等编《天津商会档案汇编（1912—1928）》，第 1379 页。

② 天津市档案馆等编《天津商会档案汇编（1912—1928）》，第 1402 页。

津行商公所日界公会申诉本行财政困难，生意衰萎，请求减派公债额。紧随其后，各商号纷纷申请减免债额。3 月 31 日，广仁堂提出，“系办理慈善事业，所有房产收入为数百孤儿寡妇养命之源，非以收益为目的，历年捐税均免，官厅尚有资助，应免派公债”，①申请减免摊派的 1500 元公债。4 月 1 日，丹华火柴公司提出，“按房产增派公债 400 元，贵会前已借去 5000 元，超过应认公债甚巨，此次可由前次借垫项下划拨”，②申请由前次借垫项下划拨抵免摊派的公债 400 元。4 月 6 日，华楼兴津公司提出，“房产无多，近来时势艰难，住户短欠房租甚多，房屋复有抵押借款，月须付息数百元，几于无利可得，派令承购五百元，实无力照缴，只能认销二百元”。③档案资料显示，从 3 月 28 日到 8 月 14 日，累计共有 30 余家单位申请减免摊派的公债。④申请减免的理由大多是时势艰难，经营困难，生活维艰，难以承受公债认购的任务。

（四）商会协同警察厅，挨家挨户强派公债

经商会多方动员，善后短期公债的认购并没有达到预期的目标，商会迫不得已协同警察，挨家挨户强派公债。下文为《直隶公债局转发芦纲公所诉陈津商会偕同警察挨户强派公债迫使盐商重复认购情形文》，从中可以看出挨户催购的情形：

> 案准长芦盐运使署函开，案据芦纲公所呈称，窃据众商来所声称，近日天津商会因承募公债未能足额，复偕同各区警察到商住宅挨户分派巨额，且限期非常迫促。查商等认购公债与他行情形不同，即短期一项，已较他行独多。况商等外岸，上年又经各县公署强令认购长期公债，亦复不少，目下再认商会承销之短期公债，实难承购，请代陈运宪转函公债局电知警区，勿再公派短期公债，以昭公允等语。查芦商认购公债，曾奉钧令只认短期，不购长期。嗣因各外岸管辖县长仍强令认购长期，已属重复，今天津商会再分派短期公债，商力已属万分拮据，若再认购商会所派短期公债，致令纲总等劝募钧署所派短期，必持异议，更感困难。再四思维，惟有恳乞恩准函知直隶善后

① 天津市档案馆等编《天津商会档案汇编（1912—1928）》，第 1387 ~ 1389 页。
② 天津市档案馆等编《天津商会档案汇编（1912—1928）》，第 1387 ~ 1389 页。
③ 天津市档案馆等编《天津商会档案汇编（1912—1928）》，第 1387 ~ 1389 页。
④ 天津市档案馆等编《天津商会档案汇编（1912—1928）》，第 1387 ~ 1389 页。

公债局电知各警区、天津商会查照，勿得挨户催购，实为公便等情。据此，查该商等所称各节尚属实在情形，除指令外，相应据情函请贵局查照转知天津商会暨各警区，勿再重行分派盐商短期公债，以昭公允等因。准此，查善后短期公债，分配各银行、各行商、各盐商购销，银行部分由银行公会承募，各行商部分由贵会承募，盐商部分由芦纲公所承募，各有担任之数目，各有一定之范围，以同时派销同一之公债，芦商既另由纲总劝募，若贵会再令承销，界限固涉混淆，事实亦难办到。准函前因，除函请警察厅转饬各区知照外，相应函请贵会查照：勿再分派各盐商认购短期公债，以昭公允，至纫公谊。此致。天津总商会。[①]

在直隶善后短期公债推销过程中，因为有商民公然拒绝，否认承购，影响推销，竟然动用警察将商民扭送到警察厅。山东绅商鲁东侯，同丰栈张世五，元裕栈王占奎，商民赵相臣、连仲、王树芝、杨蔚如等人公然抵抗公债，破坏承购短期公债，商会将这些人扭送到警察厅，“严令如数照购，以儆效尤”，[②] 后“经该业行董担保悔过，并情愿遵章承购”，[③] 商会请警察厅准将张世五等人开释。

（五）商会摊派公债认购不佳，公债局严令商会限期募齐

虽各商号纷纷申请减免公债认购，但政府对商会和商民的请求熟视无睹，屡屡向商会施压，商会只能硬性摊派。表1为直隶善后短期公债各商购交情况统计。

表1　直隶善后短期公债各商购交情况（统计截止日期：1927年5月20日）

单位：元

行商	原派	已交	欠交
木商	15000	7000	8000
竹货	6000	3000	3000
旧五金	3000	525	2475
行商公所	30000	5000	25000

① 天津市档案馆等编《天津商会档案汇编（1912—1928）》，第1398页。

② 天津市档案馆等编《天津商会档案汇编（1912—1928）》，第1392页。

③ 天津市档案馆等编《天津商会档案汇编（1912—1928）》，第1398页。

续表

行商	原派	已交	欠交
茶叶	30000	7675	22325
斗店	18000	6000	12000
姜商	60000	15000	45000
砖瓦	6000	2000	4000
当商	30000	13000	17000
面粉	60000	32777	27223
海货	9000	6000	3000
纱厂	60000	30000	30000

资料来源：《直隶善后公债局传褚玉璞严命商会三日内办齐百万短期公债欠交之数令》（直隶善后公债局公函　第232号），1927年6月17日。天津市档案馆等编《天津商会档案汇编（1912—1928）》，第1400页。

表1数据显示，原派额为327000元，但是实募额只有127977元，实募率仅有39%，尚有61%的摊派额未能募集。由于募集情况不理想，6月17日，直隶善后公债局再次致函天津总商会，传达褚玉璞严命，商会必须于三日内办齐百万元短期公债。

> 昨日总座返津，询及贵会承募短期债款久未办齐，谓为玩视军储，存心延宕，不胜震怒，并责敝厅局督催不力，谕即转达，限于三日内将各商家摊销一百万元如额办齐，送局转解，倘再迟误，即惟经手人是问，仍将催办情形先行报核等因。查贵会承募债款，屡次愆延，迄未办竣，不独有失信用，敝厅局亦同受谴责。现在军用如此般迫，帅意如此严切，实万无诿宕之余地。特亟函达查照，务希祇遵帅谕，将短欠之数，尽本月十九日内全数办齐，送局转解，借济急用，勿再片延，并希即赐示复，以凭上报，至所企切。①

接函后，商会只能加大力度，再次向商民摊销公债，但还是未能在规定的时限内完成政府下发的100万元筹款任务。

（六）商会痛陈公债局干扰承募，百般欺压

1927年8月，虽历经数月，历尽艰难，直隶短期公债仅募债额60万

① 天津市档案馆等编《天津商会档案汇编（1912—1928）》，第1399页。

元，主要原因在于迭受战乱影响，市面早已凋敝，城厢富商大多通过各种途径移居租界以逃避公债，华界商户无力负担如此繁重的公债摊派任务。就在商会继续努力劝募公债之际，直隶善后公债局忽然发给警察厅债票40万元，市政局又在三特别区内另行举募市政公债50万元。两项公债的增发极大地打击了天津总商会的积极性，商会对善后短期公债的派募工作几至完全停滞。

商会认为在善后短期公债尚未办理完成的情况下，政府临时增发公债有失公允。然而政府对商会的怨言不作任何解释和答复，商会“动以感情则不应，再四函催而不复，唇焦舌敝，充耳不闻”。[①] 商会对政府的愤懑和不满溢于言表。

> 复查短期公债发行总额为四百万元，原议支配银行界担任二百万元，天津总商会担任一百万元，芦纲盐商担任一百万元。是发行总额既已按数支配，不知发给警厅之四十万元系增额乎？抑额内乎？果系增额，是天津商界担任之一百万元，业均如数承购，否则任意加增，若再发给戒严司令部数十万元派销商界，而对敝会一百万元仍令如数募足，试问敝会将向何处销售？而天津商民又岂堪屡屡负担耶？倘在额内，则原议既经支配妥协，又孰肯李代桃僵？且公债当局亦何厚于彼而薄于此，致贻事后之纷扰耶？且查历任行政当局对于发行公债，向无如额募足之时，此次既然雷厉风行，必应同等待遇，方昭公允。闻银行界担任之二百万元，大致业已募足，相差无多，敝会现在虽募六十万元，然加入警饷所派之四十万元，亦不得不谓如额担负。惟盐商之一百万元，闻交过者现尚不足三十万元，并未闻公债局如何严催，而亦未闻盐商仍拟继续办理，斯则为各商怀疑莫释，屡向敝会根询而无以答复者也。[②]

最后，天津总商会认为自己已经为政府服务竭尽全力，是政府临时增发公债影响了善后短期公债的销售，“倘中间若不参加警饷公债，而特区再能如额派销，则此百万之数，岂非早已募齐？……中途变更计划，以致影响本会派销”，[③] 导致没有足额完成劝募的责任不在商会，而在政府本身。

① 天津市档案馆等编《天津商会档案汇编（1912—1928）》，第1406页。

② 天津市档案馆等编《天津商会档案汇编（1912—1928）》，第1404页。

③ 天津市档案馆等编《天津商会档案汇编（1912—1928）》，第1403页。

（七）公债局被裁撤，公债余额向各界强制摊派

因商会和公债局及警察厅相互指控，矛盾加深，直隶善后短期公债的募集被暂时叫停，直隶省于1927年7月裁撤直隶善后公债局，令其“将未尽事宜赶紧清理，一俟就绪，即归并财政厅接收，以资结束”，但直隶善后公债局裁撤后并不意味着公债劝募工作的结束。1927年8月2日，直隶财政厅致函天津总商会，要求其除已交的60万元外，还需继续劝募。8月25日，直隶省省长致函商会中德高望重的杜宝祯、高联奎、杨西园、张品题等四会董，陈述政府当局的财政困窘情况，希望他们大力协助政府办理短期公债事宜。[①] 8月26日，天津商会复函直隶省省长，一方面诉陈承募直隶善后短期公债遇续派警饷公债冲击情形及解决办法；另一方面认为目前很多公司都将事务所迁移到租界以逃避公债摊派，虽然商会屡屡催缴，但募集相当困难，目前“统计共售出短期公债债票六十四万二千九百八十五元；其房产公司并绅富方面之尚未承购及未缴齐者，核计仍有二十四万七千六百二十元”。[②] 不得已，天津商会只能把善后短期公债的承销明细造册移送直隶财政厅，并承诺商会将继续尽力协助政府向未完成摊销任务的商户催销。为此，商会将收售短期公债票面并解送各数目造具清册，向政府报送房产、绅富原派公债数额清册12本，债票余额清册1本，详细载明“短期公债票面六十四万元。下余净实存未售出票面三十六万元”，附带报送房产公司住户房产并富绅未承购及购不足数各户清册12本，“统共该派购公债票面二十四万七千六百二十元”。[③]

8月31日，直隶省省长褚玉璞复函，认为商会应承募各商家应销短期公债100万元，但现在承募数远没有达到，因此命令“余额酌由绅富及房产公司分别摊认，应准照办。仰即积极进行，催令一律照交，以期克日竣事，借济急需”。[④] 并指令财政厅协助商会办理摊派事宜。为此，财政厅拟定摊派方案，各商户按照房屋数量，以10元/间的标准被强行摊销公债。[⑤]

即使财政厅介入强制进行摊派，天津总商会也没能完成100万元的募资任务。究其原因，客观上，直隶省一直处于军阀混战、战事频发地区，省长更迭频繁，政治动荡不安，水旱灾害不断，经济长年凋敝，市场凋零，

① 天津市档案馆等编《天津商会档案汇编（1912—1928）》，第1405页。

② 天津市档案馆等编《天津商会档案汇编（1912—1928）》，第1406～1407页。

③ 天津市档案馆等编《天津商会档案汇编（1912—1928）》，第1406～1407页。

④ 天津市档案馆等编《天津商会档案汇编（1912—1928）》，第1406～1407页。

⑤ 天津市档案馆等编《天津商会档案汇编（1912—1928）》，第1408～1409页。

商民根本没有多余财力购买公债，加之政府信用持续恶化，所以直隶善后短期公债的失败也就在情理之中。

三　政府、商会、商民围绕公债发行的博弈：基于“胆小鬼”博弈模型的分析

（一）“胆小鬼”博弈模型与公债发行的博弈理论分析框架

“胆小鬼”博弈模型是经典的博弈模型之一。该模型强调在狭路相逢的博弈中，如果一方前进另一方也前进将会两败俱伤，他们获得的收益为（-2，-2）；如果双方后退两者都无法达成预期目标，他们的收益为（-1，-1）；如果一方前进一方后退，那么前进一方将会获得最大收益，双方获得的收益为（1，-1）或（-1，1）。所以在双方的博弈策略中，最佳的纳什均衡是一方选择前进，而希望另一方后退。

在公债募集中，如果引入“胆小鬼”博弈模型，那么博弈的双方就是政府与商会，他们分别有两种选择，即前进或后退。因为公债发行比“胆小鬼”博弈模型假设的情形要更加复杂，本文对该模型略作修正，经修正的博弈矩阵如图1所示：

		发行方	
		前进（硬）	后退（软）
承募方	前进（硬）	−e,c	b,c
	后退（软）	a,−b	b,c

图1　修正后的政府与商会“胆小鬼”公债发行博弈模型

在“胆小鬼”博弈模型中，其假设是狭路相逢的博弈方具有势均力敌的实力，但是在公债的募集中，发行方与承募方明显缺乏均衡的实际条件，因此，需要对模型做局部的修正。发行方（政府）发行公债，如果达成了预期目标，我们赋值其达成的目标值为a；如果没有达成目标，其预期收益都为c，此时c值小于a值。在政府选择不发行公债之时，可视为后退策略，此时c值为0。承募方（商会或商民）就不一样了，因为承募方与发行方并非势均力敌，因此其博弈情况要复杂一些。假设承募方的最大预期为b，此时政府选择后退策略，承募方获得最大收益值。但是如果发行方选择前进策略，而承募方选择后退策略，此时政府获得了最大收益值a，承募方将会获得与预期相反的值-b。如果发行方采取了前进策略，承募方也毫不让步，此时将会两败俱伤，在传统的“胆小鬼”博弈模型

中，此时二者的收益为（-2，-2），然而由于承募方并不具备“胆小鬼”博弈模型中与发行方势均力敌的假设条件，此时承募方获得的收益为-e。而且通常情况下，-e的值是等于或大于-b的值，因为商会、商民如果与政府对抗，很明显政府将会“还之以礼”，此时商会、商民将会遭受更大的损失。反观政府的情况就不一样了，因为掌握了决定性的话语权，即使承募方与政府对抗，政府最大的损失也无非终止公债的发行，此时效益最低值也应为其选择后退策略的c值。

（二）“胆小鬼”博弈模型下的各方决策

1. “软”还是“硬”：政府公债发行的博弈决策

从政府的决策视角而言，其博弈的关键点在于对公债的发行，是以“软”还是“硬”的态度面对商会与商民。北洋时期军费甚靡，发行公债本身是补充军费日渐亏空的财政手段，如果以“软”募集，商会、商民可按自身财力自由认购，势必募款寥寥，因此北洋时期大多数地方政府募集公债，皆有勒派之举，政府对商会、商民的态度，是以“硬”为主。当然不排除部分地方政府亦有“软”募之举，如暂缓公债募集期限以恤民艰，但是此种“软”之面态，也是建立在“硬”募之举上的。所谓的“以恤民艰”也只是幌子，无非披着仁慈的外衣，好让更多商会、商民认为政府是颇有“政商一体”之心的，免得商会、商民抗勒反派，难以达到政府预期的收益。

在“胆小鬼”博弈模型的博弈决策中，政府的博弈决策很明显是选择前进策略。因为政府一旦选择后退策略，不发行公债或者由商会、商民自由认购，政府的收益将会是c，远远小于选择前进策略的a。政府不仅有选择前进策略的动机，即募集款项以资军需，更有选择前进策略的条件，即掌握地方军政大权的政府，其话语权远远大于商会与商民。从文化环境角度而言，虽然北洋时期已是民国，但是是时清政府覆亡也才一二十年，官本位的文化思潮并未消除，官大于民的传统观念依然根植于当时的官民心中。既然政府有选择前进策略的动机，又有选择前进策略的条件，那么在公债发行中，其最佳的纳什均衡就是前进，即选择强硬态度发行公债。

2. “迎”还是“拒”：商会承募公债的博弈决策

从商会的博弈视角而言，其博弈程度要更为复杂。因为商会在公债募集中，扮演了承上启下的中间角色。对上，商会尽量不能开罪政府；对下，又要代表广大商民的利益。这就意味着，商会在公债募集中，需要考虑的因素更为繁杂。

前述已经明晰，强权政府不大可能让步于商会，因此政府在公债发行中采取前进的强硬策略。此时剩下的选择就是商会应该如何应对。商会如果采取前进策略，即与政府“刀枪相对”，很明显处于弱势地位的商会立即会遭到政府的“刀枪回应”，此时商会将得不偿失。最大的理性化决策是，商会选择后退策略。

“胆小鬼”博弈模型形象生动地描述了公债发行博弈中商会扮演的角色：“胆小鬼”。北洋时期的中国，商会发展并不成熟，没有完善的组织网络，更无雄厚的财力资本和金融实力，可谓先天不足。部分商会甚至依附于军阀政府，对政府言听计从。实际上，商会代表了广大商民的利益，但是面对政府的强行勒派，只能“舍鱼而取熊掌”，即舍弃商民的利益诉求，倒向政府一边。部分商会面对政府巨额的公债摊派，也与政府讨价还价，但是政府一旦采取强硬策略，商会立即“退避三舍”，不少商会迫于政府的压力，甚至强行帮助政府推销公债，形象地扮演了“胆小鬼”的角色。

在直隶善后短期公债发行之初，面对政府的强行勒派，商会此时尚且能代表商民的利益，有理有据地要求政府延期认购，但直隶善后公债局却认为商会有意拖延，严令商会、商民必须按期募集，此时商会立即“胆小”，站到政府一侧，从为民请情转为向民施压，不仅规定认购公债的期限，还直接把各界遗老姓名住址也添列在认购公债名单上，甚至协同警察厅，挨家挨户强行摊派公债。可见商会“胆小鬼”的形象跃然纸上。

3. 或“认”或“逃”或“抗”：商民承募公债的博弈决策

面对公债的强行摊派，商民的决策余地似乎要小得多。在政府选择了前进策略的情况下，连商会都无法抗衡选择退避三舍，更何况是分散的商民。面对直隶善后短期公债的强行摊派，商民只能苦苦恳求政府减免派额，此举侧面表明商民在某种程度上认可了政府的勒派之举，只渴求减少勒派的数额，表明商民在博弈中已经基本没有回旋的余地。不少商民不堪忍受政府的强行勒派，除了躲进租界以避强派，似乎也无更好的博弈选择。至于对抗发行之举，也只是偶发现象。大多数情形下，商民的博弈决策只能是或“认”或“逃”的后退策略。

比较有趣的是，如果将商会比喻成“胆小鬼”的角色，那么政府在公债发行中自然就扮演了“吸血鬼”的角色，商民最终沦为了“倒霉鬼”。三“鬼”的形象，生动展现了北洋时期公债发行中政府、商会、商民的博弈决策。作为“吸血鬼”的政府，自然希望多募集公债，采取强行勒派的方式，“吸血无度”；而作为“胆小鬼”的商会，虽然代表了商民的利益，但是在政府强行施压下，最终倒向了政府一边；而作为“倒霉鬼”的商民，自然就沦为被“吸血”的对象。

（三）公债募集难以均衡的博弈

“胆小鬼”博弈模型在理论上虽然揭示了公债发行中各方的博弈过程，并最终得出发行方前进、承募方后退的博弈均衡结果，但是此种均衡只能是停留在理论意义上的理想状态。在北洋政府特定的历史条件下，大部分地方政府发行公债的预期目标均远超商民的实际承受能力，这种理想的均衡状态是很难实现的。

在直隶善后短期公债发行中，天津总商会负责承销 100 万元，但是最终实际认购数目 64 万元，实募率为 64%，这就表明实际上政府没有达到预期的收益值 a，没有获得最佳均衡状态。究其主要原因，是直隶省常年军阀混战，战事频仍，天灾不断，经济萧条，市场凋零，商民根本无力担负 100 万元的公债募集额，即使政府强行摊派，商会强行推销，其募款仍然寥寥。因此，在直隶善后短期公债筹募的三方博弈中，其结果并未达到理论上的最佳均衡状态。

直隶善后短期公债的发行并非个案，北洋时期全国不少地区的公债募集，实际上远未达到预期募集额款，“胆小鬼”博弈均衡的“失衡”在全国各地比比皆是。例如江西省拟发行公债数额为 2668 万元，但是实募额只有 2307 万元，实募比约为 86%；浙江省拟发行公债数额为 1960 万元，但是实募额只有 1425 万元，实募比约为 73%；上海市拟发行公债数额为 46 万元，但是实募额只有 28 万元，实募比约为 60%。如果上述公债的实募比例尚算及格，那么同期湖南省公债的实际募款率只有 42%①，云南省的靖国公债和整理金融锡税公债的实募比仅为 12%②和 1.6%③。

以上表明，理想状况下的博弈均衡结果在北洋时期难以出现。其原因在于公债发行方军需浩繁，支出无度，而承募方无资认购，个中矛盾不言而喻。此种情形下，政府无法募集预期款项，商号或其他承募人甚至要敲髓洒膏认购公债，民膏被吸尽。而政府所募款项大多数用于军政开支，很少投入实业生产，从而商业更加凋零，经济更加凋敝，人民愈发困苦，长

① 潘国旗：《北洋政府时期的地方公债探析》，《浙江大学学报》（人文社会科学版）2018 年第 4 期。

② 《云南省长公署关于查办结束募集靖国公债事给财政厅的训令》，1921 年 5 月 3 日，云南省政府秘书处档案，档案号：1106－004－01779－001。

③ 《云南省公署关于发云南随征整理金融借款暂行条例的训令》，1926 年 8 月 18 日，云南省政府秘书处档案，档案号：1106－004－01775－016。

此以往，公债筹资的实效与理论均衡的偏离日渐加大。

结　语

围绕直隶善后短期公债的筹募，政府、商会和商民的角力博弈反映了中国官场、商场和市场三者的错综复杂面相。

直隶省省长、善后公债局、警察厅等反映的官场阶层，无视市场规则，擅自增派公债，蔑视绅商阶层，欺压商民，公债在他们眼里，不过是敛财的强制性手段而已。因此政府的信用大打折扣，强派的公债变成了赋税和捐输的变种，并没有实现资源的优化重组。这种威权主义下的官场强权策略导致中国近代地方公债市场从一开始就不完全符合西方公债学的发行规则，而天然带有政治性强、依附性强的特征。这种官场强权主义控制下的公债市场反映出近代中国的财政投融资市场发育天然不足。

商会作为联结政府与商民的纽带，一方面迫于压力执行政府意旨，另一方面又得千方百计安抚商民，生怕商民爆发内乱。但最终在政府高压政策之下，商会倒向政府，甚至协助警察厅挨家挨户强派公债，扭送商民入警。商会本应主要站在商民利益一边，但中国商会组织自古与官员阶层结下密不可分的联系，从来没有摆脱官本位的观念，从来没有独立掌控自己的政治话语权，只能在下层商民和上层官员之间迂回，其行为处事一旦涉及自身利益，便会选择站到政府一边，这表明中国商业组织发育的脆弱性和不成熟性。事实上，商会在面对政府摊派苛捐、公债之时并非伊始便选择与政府“狼狈为奸”，也有据理力争甚至反抗。苏州、上海、南京商会在面对政府临时加征捐税时便做过一定抗争。例如1921年南京商会就反对承募十年内国公债，“南京总商会因北京政府发行十年内国公债，增加商民负担，殊难承认”。[①] 然而，在反对公债发行中，商会内心也矛盾重重，因为从面上而言，商会代表的毕竟还是商民的利益，在公债发行中公然强烈反对，与政府利益产生矛盾冲突。但是由于自身弱小，商会明显缺乏与政府彻底决裂的勇气，总是通过上书请命等方式，或适当讨价还价，通过柔性的方式表达自身利益诉求，尽量避免与政府“刀枪相对”。面对公债的不合理摊派，商会也是极其憎厌，当商民请求商会出面为其主持大局时，商会也面临两难的博弈抉择：如果正面对抗政府，势必自身难保；但若不为民请命，又势必权威受损，甚至商民生乱。这种下接商民上应枢宪

① 《宁商会反对公债运动》，《民国日报》1921年8月15日，第8版。

的尴尬境地，使商会在博弈中确难做出最佳抉择。但是，近代中国商业发展极其缓慢，这也就意味着商会的妥协本质。二者冲突取其轻，经过反复思量，商会最终不得不倒向政府。正如天津商会面对政府摊派的公债，一开始也是为民请命，请求延期认购，但是面对政府的再三催逼，不得不协同政府强派公债，这充分体现了商会私相妥协的软弱特性。在善后短期公债的募集问题上，天津商会与其他商会不同的是，对于公债局干扰承募、百般欺压的行为进行了强烈抗议，这是十分难得的。然而其抗议的方式，也仅仅局限在上书财政厅等政府部门，并未通过其他强硬措施反映诉求，这就意味着，即使公债局被撤销，余下的公债摊派也并未停止，仍然强制向各界摊派。可以说，天津商会的柔性抗议，虽有方式等方面的差异，但亦是近代中国商业萧条、商会软弱妥协的体现。

实际上，商民之所以对公债摊派如此深恶痛绝，除了近代商业不景气、经营困难、利润微薄无力认筹，尚有一个原因，那便是债券市场的信用难以保证。梳理北洋时期报刊可发现，商会要求维持政府债务信用的呼声频繁见诸报端。例如 1919 年《新闻报》便发表了《商会电请维持公债信用》一文，“上海总商会致电北京电云：……元年八厘公债到期未付，展限两年至九年二月二号，转瞬又届，若再失信，不特以后公债无信用可言，即□后各项公债，人人举报危险之想”。[①] 又《民国日报》发表《沪商会请维持公债信用》一文，“上海总商会电请维持元年八厘整理公债信用”。[②] 这表明北洋时期公债不能按时还本付息已为常态。根据千家驹的统计，北洋时期中央政府发行公债累计 610069588 元，但是偿还额只有 447716731 元，尚余 162352857 元未能偿清。换言之，超过 1/4 的公债未能偿还（未能如期偿还尚未统计在内）[③]，公债债信已经大打折扣。不仅中央政府公债不能如数按期偿还，地方公债逾期亦属常态。再以直隶省为例，发行的公债到期，政府无力偿还，只能借整顿的名义以新长债替代短旧债，毫无债信可言。1926 年，直隶省出台《直隶省整理公债条例》，按该条例，政府将开滦矿务局所担保的直隶兴利公债等五次公债一律化散为整，延长年限，原计划 1932 年到期的兴利公债，被延长到 1950 年前后偿清。这遭到天津市各界反对，“按照各该公债原定期限，至民国二十一年即可一律还清，为期业已不远，自应仍照原案办理，俾得如期清偿，以释

① 《商会电请维持公债信用》，《新闻报》1919 年 11 月 17 日，第 9 版。

② 《沪商会请维持公债信用》，《民国日报》1925 年 3 月 27 日，第 2 版。

③ 千家驹：《中国的内债》，社会调查所，1933，第 10～11 页。

人民负担。今若易以分为二十四年偿还之整理公债，不但期限相去悬殊，执票人损失过巨”。[①] 政府债信违约案例在前，商民自然不愿认购新债，政府只能选择强硬摊派，引发政府—商会—商民的多方博弈。需要指出的是，尽管商会选择向政府屈服，但是并不意味着公债的顺利筹集，商民或逃或抗，最终公债也未能全数募集。

以商人、百工为主体的商民阶层是中国经济发展的原动力，但近代中国多灾多难，危机重重，每当遇有公债筹资派募，商民总是成为政府筹集资金的首选目标，近代中国出现的劝捐、捐输、公债摊派都是如此。政治方面的专制独裁、经济方面自给自足的自然经济、思想方面保守从众的观念都使以商民为代表的中国的市民阶层缺乏充分的独立开化的发育土壤，因此市场发育程度较低，商民最终沦为政治压迫、经济剥夺的对象，这也是近代中国商业发展萧条的另一种解读。

The Struggle and Game of Purchasing Government Bonds among Government, Chamber of Commerce and Merchant

——Taking the Aftermath Short-term Bonds of Zhili in Beiyang Period as an Example

Dong Shilin, Ma Jinhua

Abstract: In Beiyang period, due to insufficient military expenditure, the government was unable to make ends meet, so the government had to issue bonds to replenish its finances. However, the government financial resources were limited, government bonds were not creditworthy, and there were very few buyers of government bonds, then the government imposed a levy on the sale of bonds. The chamber of commerce was a key target for government bonds. Firstly, the government persuaded the chamber of commerce buy bonds. Secondly, The government forced the chamber of commerce buying bonds. In the face of government pressure, The chamber of commerce either applied for buying less, or applied for ex-

① 《直隶：整理公债改名二次兴利公债》，《银行月刊》第7卷第2期，1927年，第106～107页。

tension. Once the government took a tough stance, the chamber of commerce only accepted the task to sale bonds for merchant. Merchants were overwhelmed, and they either fled or rebelled, so the task of selling bonds didn't work well. The selling of short-term bonds of Zhili reflects the relationship among government, chamber of commerce and merchant. This case presents the attitude and game of government, chamber of commerce and merchant on selling bonds, and describes the intricacies of Chinese officialdom, business and market.

Keywords: Government; Chamber of Commerce; Merchant; Aftermath Short-term Bonds of Zhili; Game

成一家之言的学术精品*

——《傅筑夫文集》读后感

魏明孔**

摘　要：傅筑夫教授是我国最负盛名的经济史学家之一，系中国经济史学科的重要奠基人与推动者。本文对傅筑夫教授的生平、学术成就和思想进行了初步介绍。傅筑夫教授著作等身，是研究中国经济史的大家，兼蓄经济学眼界与历史胸襟。他的研究深刻影响了四代学人。此外，傅筑夫教授不但是优秀的研究者，还是位卓有成就的教育家，他为中国经济史学科培养输送了大批人才。

关键词：傅筑夫；经济史学家；中国经济史学科

2020 年 6 月 20 日，笔者应首都经济贸易大学出版社之邀为《傅筑夫文集》申请国家出版基金所写的推荐意见略云：

> 傅筑夫教授是我国最负盛名的经济史学家之一，系中国经济史学科的重要奠基人与推动者，其论著深刻影响了四代学人，且今后还会深远影响国内外学术界尤其经济史学界。
>
> 傅先生的主要代表作包括五卷本《中国封建社会经济史》、三卷本《中国经济史论丛》（上、下、补编）、《中国古代经济史概论》以及《傅筑夫论著补编》。其中《傅筑夫论著补编》系第一次整理出版，主要内容有傅筑夫自述；新中国建立前发表在《东方杂志》《中国经济》《文史杂志》《社会科学丛刊》《图书评论》等刊物上的文章，如《中国经济结构之历史的检讨》《由经济史考察中国封建制度生成与毁

* 本文系中国社会科学院“登峰战略”资深学科带头人项目的阶段性成果。

** 魏明孔，男，甘肃皋兰人，中国社会科学院大学特聘教授，主要研究方向为中国传统经济史。

灭的时代问题》《中国经济衰落之历史的原因》《研究中国经济史的意义及方法》《由汉代的经济变动说明两汉的兴亡》等。另外还包括其未刊的笔记、书信等。

傅筑夫先生全面探讨了从西周至宋代中国经济发展、经济制度演进变迁的历程，以及就中国经济史的分期、一些重大问题的性质和原因等提出了独具特色、自成体系的一系列见解。作者的核心观点包括：一是中国奴隶制发展与古代希腊、罗马相比，发展很不充分，但其在殷商末年崩溃之后，残存的时间却又很长，几乎与迄近代为止的全部历史相始终。二是长达 2000 余年的封建社会可分为前后两个不同阶段，即典型的封建制度和变态的封建制度。前者产生于西周初年，崩溃于东周前期，其基本特征是领主制经济；变态封建制产生于东周前期，一直延续到鸦片战争前的清代，其核心内容以地主制经济为主。说其是变态的封建制，因为其与原来纯粹的封建社会不同，当中夹杂着一些资本主义因素。三是中国在战国时期的社会经济结构中已经有了资本主义因素的萌芽，出现了产生资本主义的前提条件，并有了一定程度的发展。四是中国封建社会经济发展长期停滞，资本主义因素不能正常发展，小农经济是总的根源。五是不赞成以朝代标名中国经济史的分期，因为中国历史发展的一个非常明显特点，就是社会经济的发展不是直线进行的，而是一种动荡不定的波浪状态，经济发展的周期有长有短，并不与朝代的兴衰完全同步。

上述观点自成体系，独树一帜。我们不得不折服作者对汗牛充栋史料的搜集、整理、甄别与解读之功力，对于中国历史发展演变的整体把握，对于中国在世界地位的准确判断，对于理论体系的严谨构建，等等。傅先生的著作，系通古今之变、成一家之言的学术精品。

傅筑夫先生的论著，有些出版时间较早，学者已无法购买；有些系零散见于解放前杂志，查阅非常不便；有些论著还没有整理出版，学界深以为憾。今天《傅筑夫文集》的编辑出版，系功德无量之举，经济学界、历史学界尤其经济史学界将翘首以待！

傅筑夫先生，1902 年 9 月 27 日生于今河北省永年县，名作楫，以字显。1911—1915 年在家乡念私塾，1918 年 8 月至 1922 年 7 月在当时的直隶第十三中学读书，后报考北京高等师范学校理化预科，1924 年进入改名的北京师范大学理化系。当时学术氛围浓厚，思想活跃，学派林立，校方允许学生跨系听课，也允许学生自由更换专业，校方充分尊重学生的兴趣。傅筑夫当时旁听了梁启超、鲁迅、黄侃、钱玄同、马裕藻、杨树达等名师的课，这对其影响非常大，他的学习兴趣发生了变化，便于第二学期转入国文系。在国文系，傅筑夫系统学习了文字学、音韵学、训诂学等，选修了古典文学、文艺理论和外国文学名著等。在这期间，他逐渐对艺术和宗教问题感兴趣。后来，在鲁迅先生的建议与指导下，傅筑夫从事中国古代神话的资料搜集与研究工作。众所周知，当时鲁迅先生正在撰写名著《中国小说史略》。这样的训练，无疑为傅筑夫从浩瀚的古籍中搜集、整理与甄别资料，为后来主要从事中国经济史研究和教学奠定了坚实基础。

20世纪初，正是中国社会转型的重要时期。作为一个才华横溢且有远大理想的青年才俊，傅筑夫先生关注社会变革，将学业攻读方向转向社会科学尤其经济史。早在20世纪20年代，傅筑夫先生便开始用马克思主义的经济理论来分析和研究中国的社会经济问题，并写成约23万字的《中国社会问题之理论与实际》专著，于1931年4月由天津百城书局出版，这是其“农民问题与中国革命”研究计划的一部分。可见傅筑夫先生的研究顺应当时中国的社会变革之大势，他的学术研究自觉参与了中国命运的大论战，应该说他的研究非常接地气，具有理论高度。

1937年1月至1939年5月，傅筑夫自费赴英国伦敦大学政治经济学院留学，先后在罗宾斯（L. Robins）教授和陶尼（H. Taweny）教授的指导下研究经济理论和经济史。在伦敦大学期间，胡寄窗先生也在这里留学，他们时常在一起探讨经济史方面的学术问题，二位最后均成为享誉海内外的经济史、经济思想史的学术大师。傅筑夫先生在英国留学期间，省吃俭用购买了约800本专业书，这些书辗转运到重庆沙坪坝时却遭到日本飞机轰炸，最后只留下一张书单，这是傅筑夫先生心中永远的痛。[①]

归国后的1939年7月至1945年7月六年间，傅筑夫先生在重庆国立编译馆任编纂并兼任四川教育学院教授。在傅筑夫教授发起并亲自主持下，大后方开展了规模庞大的中国古代经济史资料的搜集与整理工作。编译馆当时给傅筑夫先生配备了4名辅助人员以及10余位抄写员。与此同时，傅筑夫还邀请了著名农史学专家、时任国立复旦大学经济系教授的王毓瑚先生参加整理工作。[②] 傅筑夫先生等充分利用当时的学术研究环境，

---

① 瞿宁武：《傅筑夫传》，原载《晋阳学刊》，收入《中国当代社会科学家》第4辑，书目文献出版社，1983。

② 杨直民：《王毓瑚传略》，王广阳等编《王毓瑚论文集·附录》，中国农业出版社，2005。

系统收集整理了大量经济史史料，这在当时可谓蔚为壮观，至今仍然令人叹为观止！傅筑夫先生认为，中国经济史本是一门重要的基础学科，但长期以来研究者非常少，资料不易搜集是造成这种状况的主要原因之一。另外，当时国立编译馆具有从事中国经济史资料搜集整理得天独厚的条件。由于有傅筑夫和王毓瑚诸先生的领衔主持并不断商讨定夺，工作进展得非常顺利，到抗战胜利前夕，第一轮经济史资料的搜集工作告一段落。课题组用纵条格厚纸做卡片，用毛笔抄写的资料多达数大箱，这些卡片分纲列目，分类条编，每章均有简明扼要的说明与分析。尽管傅筑夫先生主持的工作成果在当时还只是资料卡片，却已经构成了中国经济史研究的雏形或初步框架。

1947 年元月至 7 月，傅筑夫离开四川前去东北大学，任商学院院长兼学校教务长，讲授中国经济史和经济学。鉴于当时沈阳地区社会秩序混乱，教学和科研工作及生活均受到严重影响，傅筑夫便举家前往天津。1947 年 8 月，傅筑夫任南开大学教授，同时讲授中国经济史、外国经济史两门课，另外还教授经济研究所研究生的课程，除此之外，傅先生还兼任经济研究所研究生指导委员会主任委员。1947 年 8 月至 1948 年 10 月，傅先生还兼任天津《民国日报》副总主笔，读书、教书、撰写社论是他这一阶段的主要工作状态，长期处于连轴转状态。新中国建立后，傅筑夫先生在南开大学开设了《资本论》研究的课程，同时为在校大学生开设中国经济史和外国经济史两门课。值得一提的是，傅筑夫教授与讲授政治经济学的谷书堂先生兴趣相同，他们时常共同探讨学术问题，他们讨论的成果便是 1957 年由天津人民出版社付梓的合著《中国原始资本积累问题》。1957 年，傅筑夫被错划为右派，被迫离开了他心爱的讲台。在这种环境下，傅筑夫先生开始了第二轮的经济史资料的搜集与整理工作。虽然这次的条件与第一次相差较大，但是在认真总结以前经验教训的基础上，这次经济史资料整理的搜集范围进一步扩展，内容更加完备与充实。令人痛心的是，“文革”中他被迫将多年积累的明清时期关于中国经济史的资料付之一炬，以至于计划撰写七卷本的《中国封建社会经济史》只能完成前五卷，没有明、清两卷，这成为经济史学术界不可弥补的巨大损失。尽管傅筑夫先生在“文革”中丢失了大量明清时期的资料，但直到 20 世纪 80 年代末，傅先生积累的经济史资料居全国之冠是没有疑义的。据张汉如教授 1987 年春天目睹傅筑夫先生尚存资料后做出的保守估计，不会少于百万字。

1978 年夏天，傅筑夫先生的学术研究环境得到了很大的改善，当然这与我国进入改革开放时代密不可分。同时，对他来说还有一个机缘，即被借调到北京工作，这样他离开工作生活了30年的南开大学，来到北京经济学院即今日的首都经济贸易大学，主要承担国家科学发展规划中的重点项目“中国经济通史”。学术界认为傅先生是当时领衔完成这一重大课题的不二人选。

在从南开大学调动到北京之后的6年多时间，傅筑夫先生虽然年逾古稀且体弱多病，但他研究和撰写中国经济史论著可谓殚精竭虑，到了废寝忘食的程度。在这期间，傅筑夫先生先后完成并出版了312.8万字的9本专著，以每年撰写超过50万字的速度在与时间赛跑。据专家不完全统计，这些论著引证的史料和当代考古资料约10319条，[①] 平均每万言引证史料约33条。这充分体现了傅先生学术根基之深，言必有据，文必有引，同时也足见傅筑夫先生养心治学的擎括功夫与老而弥坚的探索精神。在北京的岁月，傅筑夫先生几乎每天都要工作到午夜，工作时长超过12小时。

傅筑夫先生著作等身，研究领域广泛，观点鲜明，见解深刻，文笔清新，其研究独树一帜，系蜚声海内外的著名经济史学家。傅筑夫先生构建了一个理解我国传统经济的系统性分析框架，其论著具有理论深度和历史厚重感，展现了一代学术大师成一家之言的宽广视野与学术创新能力。傅筑夫先生是研究中国经济史的大家，他兼具经济学眼界与历史胸襟。

傅筑夫先生一再强调，研究经济史不仅要系统地积累资料，而且要熟知经济理论、经济规律，只有这样才能辨别经济史料的真正价值。同时，他还强调在甄别史料方面要有沙里淘金的功夫。从傅筑夫先生对经济史研究的理论和方法中，我们可以清晰地体会到，从事经济史研究不仅需要历史知识、经济知识的储备，还要有一定的自然科学知识积累，作为一位成功的中国经济史研究学者，尤其要有坚实的古文修养。不仅如此，学习和研究经济史还需要学贯中西，要进行必要的中外比较。这是傅筑夫研究者对其深入研究后得出的结论。

对于中国早在战国时期就已经大量使用金银货币，有大量商业资本，又有雇佣劳动，但资本主义萌芽没有发展为资本主义生产方式问题，傅筑夫认为，中国自秦汉以来主要是地主经济，商业资本没有转化为产业资本，而是被用来兼并土地，这成为中国历代统治者面临的最大难题。阻碍中国经济发展的主要因素是封建统治者实行了抑商政策，用限制市场经济

---

① 张汉如：《学贯中西　博通古今——傅筑夫的学术道路和思想研究》，南开大学出版社，2009。

的办法限制商品经济的发展，连军队装备和供应宫廷需要的东西也要抛开市场，成立专门机构来供应。因此，他认为汉代桑弘羊的盐铁专卖政策抑制了传统中国商品经济的发展，从这一点而言，桑弘羊的专卖政策存在长期负面影响。

傅筑夫先生的论著多有独到见解，如他谈到思想意识上“谋生”与“谋利”是有根本区别的，“谋生”基本上属于自然经济的范畴，“谋利”则属于市场经济的范畴。傅筑夫先生的这些经济史结论，实为老一代学者学贵自得、成一家之言的心得记录。通读傅筑夫先生的论著，我们可以真切地体会到其尽管经历了难以想象的艰难曲折，但自始至终坚守严谨求实的学风，坚持追求真理的大无畏精神，面对中国传统社会浩如烟海的史料能够深入浅出，既能坚持论从史出，又能敢于提出质疑，不泥古，不拘陈说，不守藩篱，不望风阿世，通过自己艰辛的学术跋涉，刻志兢兢，形成了独树一帜的学术思想。

傅筑夫先生作为著名教育家，他对教学与研究者提出了独特的评价标准：熟悉本专业业务而无创见，只能算个教书匠；要想成为大师，必须有系统的创见；要想成为宗师，则必须形成学派，后继有人。傅筑夫无疑是学术宗师，而他对教学的高见无疑是在长期的教学第一线的实践与教学管理工作中得出的。1932 年 7 月至 1936 年 10 月，傅筑夫在国立中央大学任校长秘书时兼任教授，教授中国经济史课程，由此开始了其全力研究经济史的学术生涯。傅筑夫无疑是国内最早教授中国经济史的教授之一，同时这也是教学相长的一个成功案例。傅筑夫在中国人民大学近代经济史研究生班的任教，为其教育生涯留下了浓墨重彩的一笔。1953 年中国人民大学在全国招收了 16 名中国近代经济史研究生，他们均是各大学德才兼备的在职人员，学制是 3 年。1954 年 9 月，傅筑夫被聘为中国历史研究室国民经济史教授，系近代经济史研究生班的任课老师。傅筑夫到中国人民大学兼职伊始，就一边授课一边编写讲义，并指导研究生撰写论文。傅筑夫在中国人民大学研究生班的讲义最后形成 80 万字的《中国近代经济史》。当年中国人民大学的这 16 位研究生，后来均成为我国经济史研究与教学的领军人物。今天仍然活跃在学坛的经济史大师、新中国经济史奠基者之一的赵德馨教授，就是其中的一位。另外还有中国社会科学院经济研究所的陈振中研究员、中南财经政法大学的周秀鸾教授、南开大学的郭士浩教授、复旦大学的叶士昌教授、西南财经大学的钟振教授和侯宗卫教授、辽宁大学的于素云教授和张俊华教授、中国人民大学的张耀煊教授、兰州大学的魏永理教授等。[①]

在学习傅筑夫先生论著过程中，笔者深深地为先生治学精神的恢宏气度，学术造诣的博大精深，追求真理的顽强精神所折服，同时敬仰傅先生丰富多彩的社会阅历和贯通古今中外的学术视野以及传道解惑授业的名师风范。傅先生在近现代学术史尤其在经济史领域具有非常重要的地位，他是一个立体型的学者。傅筑夫先生独树一帜的学术品格，其彰显的追求真理的科学态度，在社会发生剧烈转型的今天，更显得弥足珍贵！

应首都经济贸易大学出版社的邀请，由笔者为《傅筑夫文集》[②] 写序，这样笔者有机会对先生全集先睹为快。傅筑夫先生的论著博大精深，容笔者在以后的学习过程中慢慢消化。

Academic Boutique of Establishing His Own School of Thought

——*Collected Works of Fu Zhufu* Thoughts after reading

Wei Mingkong

Abstract: Professor Fu Zhufu is one of the most famous economic historians in my country and an important founder and promoter of the discipline of Chinese economic history. This article provides a preliminary introduction to Professor Fu Zhufu's life, academic achievements and thoughts. Professor Fu Zhufu has written extensively and is a master of Chinese economic history, possessing both an economic vision and a historical mind. His research profoundly influenced four generations of scholars. In addition, Professor Fu Zhufu is not only an excellent researcher, but also an accomplished educator. He has trained a large number of talents for the discipline of Chinese economic history.

Keywords: Fu Zhufu; Economic Historian; Discipline of Chinese Economic History

---

① 孙睿：《中国人民大学经济史学的发展》，魏明孔主编《中国经济史学研究报告（2022）》，社会科学文献出版社，2023，第107页。

② 《傅筑夫文集》第1辑系5卷本的《中国封建社会经济史》，已由首都经济贸易大学出版社于2023年6月出版。

稿　约

2022年，中国经济史学会会刊砥砺前行！自本年开始，中国经济史学会会刊《中国经济史评论》将由每年的两辑改为四辑。《中国经济史评论》由中国经济史学会、河北师范大学历史文化学院、《河北师范大学学报》编辑部共同主办。会刊主要刊登中国古代经济史、中国近代经济史、中国现代经济史以及世界经济史等方面的研究文章，同时也会兼顾书评、综述等方面的佳作！

虽然经历了9年的积累和沉淀，但前路仍然坎坷，仍然需要您的呵护和惠爱！虽栉风沐雨，我们希望您能与我们一路同行，无问西东。我们深知，推动中国经济史学研究的发展是当代学人的一份沉甸甸的责任。没有经济史学的研究，就没有对中国社会经济发展道路的深刻认识；没有经济史学的研究，我们就不能从全球视野和历史视野中认识与把握中国的特质及方位；没有经济史学的研究，我们也不能为中国特色社会主义政治经济学体系的构建贡献力量；没有经济史学的研究，我们更不能为构建中国特色的学术话语体系添砖加瓦。我们欢迎您的真知灼见，不论您是谁，大佬、大腕、大咖、年轻的学者、博士生、硕士生，我们都敞开怀抱！

具体事项告知如下：

1. 本刊主要发表经济史研究方面的学术论文，同时兼顾学术述评等。注重学术性、理论性、专业性和知识性。

2. 稿件文字、标点、年代、数字等书写方式及注释格式请参照《中国经济史评论》2022年第1辑。来稿请采用脚注，每页分别编序。来稿请附300字以内的中、英文摘要，以及3～5个中、英文关键词。为方便我们工作，文稿请尽量采用单倍行距，正文宋体五号字，摘要、关键词、大段引文楷体五号字，注释宋体小五号字。

3. 本刊取舍稿件以学术水平为准，请作者来稿时务必附姓名、学历学位、单位、职务职称、主要研究方向、地址、邮编、电话、电子邮箱等。本刊尊重作者版权，除不符合国家出版管理规定的内容外，一般不对来稿进行删改，仅做必要的技术性和文字性修改。无论来稿采用与否，稿件一律不退，烦请自留底稿。

4. 来稿篇幅不限，本刊欢迎长论文。

5. 本刊采用电子投稿，投稿信箱为 zgjjspl@ 126. com。

我们常年征稿，期待您惠赐大作！

《中国经济史评论》编辑部

2022 年 1 月 14 日

图书在版编目（CIP）数据

中国经济史评论．2023 年．第 3 辑：总第 21 辑 / 魏明孔，戴建兵主编；隋福民执行主编．-- 北京：社会科学文献出版社，2023.10

（中国经济史学会会刊）

ISBN 978 - 7 - 5228 - 2555 - 7

Ⅰ．①中… Ⅱ．①魏… ②戴… ③隋… Ⅲ．①中国经济史 - 文集 Ⅳ．①F129 - 53

中国国家版本馆 CIP 数据核字（2023）第 184230 号

中国经济史学会会刊

中国经济史评论 2023 年第 3 辑（总第 21 辑）

主　　编 / 魏明孔　戴建兵

执行主编 / 隋福民

出 版 人 / 冀祥德

组稿编辑 / 周　丽

责任编辑 / 李　淼

文稿编辑 / 贾全胜

责任印制 / 王京美

出　　版 / 社会科学文献出版社 · 城市和绿色发展分社（010）59367143

地址：北京市北三环中路甲 29 号院华龙大厦　邮编：100029

网址：www. ssap. com. cn

发　　行 / 社会科学文献出版社（010）59367028

印　　装 / 三河市龙林印务有限公司

规　　格 / 开　本：787mm × 1092mm　1/16

印　张：14. 5　字　数：257 千字

版　　次 / 2023 年 10 月第 1 版　2023 年 10 月第 1 次印刷

书　　号 / ISBN 978 - 7 - 5228 - 2555 - 7

定　　价 / 98. 00 元

读者服务电话：4008918866